事业单位人事管理与财务管理研究

韩晓萃　谢银梅　曾思颖　曾美平 ◎ 著

中国出版集团　现代出版社

图书在版编目（CIP）数据

事业单位人事管理与财务管理研究 / 韩晓萃等著
. -- 北京 : 现代出版社 , 2023.10
ISBN 978-7-5231-0545-0

Ⅰ . ①事… Ⅱ . ①韩… Ⅲ . ①行政事业单位—人事管理—研究—中国②行政事业单位—财务管理—研究—中国
Ⅳ . ① D630.3 ② F812.2

中国国家版本馆 CIP 数据核字 (2023) 第 175113 号

事业单位人事管理与财务管理研究

作　　者	韩晓萃　谢银梅　曾思颖　曾美平著
责任编辑	姜　军
出版发行	现代出版社
地　　址	北京市朝阳区安外安华里 504 号
邮　　编	100011
电　　话	010-64267325　64245264（传真）
网　　址	www.1980xd.com
印　　刷	北京四海锦诚印刷技术有限公司
版　　次	2023 年 10 月第 1 版　2023 年 10 月第 1 次印刷
开　　本	185mm × 260mm　1 /16
印　　张	13.75
字　　数	331 千字
书　　号	ISBN 978-7-5231-0545-0
定　　价	68.00 元

前言

事业单位具有为社会提供服务的基础职能，其内部管理工作效率能够直接影响其服务质量。人事管理与财务管理作为事业单位内部管理工作的重要组成部分，是影响事业单位运行效率的关键性因素。随着社会经济发展和科技的不断进步，为了能够有效解决人事管理与财务管理工作中的瓶颈问题，需要坚持以创新为发展驱动，全面提高人事管理与财务管理工作质量，全面优化管理工作模式。

基于此，本书围绕事业单位人事管理与财务管理展开研究，在内容安排上共分为两篇，第一篇是事业单位人事管理，先是从什么是事业单位、事业单位人事管理的原理、事业单位人事管理的机遇与挑战以及事业单位人事制度改革探究等方面阐释事业单位人事管理的基础理论，然后讨论了事业单位工作人员的招募甄选、培训与开发、绩效管理、薪酬管理和激励机制建设，最后分析了科研事业单位和文化事业单位人事管理的问题与对策，探讨了“互联网+”背景下事业单位人事管理变革和事业单位人事管理信息化建设；第二篇是事业单位财务管理，从事业单位财务管理的基础理论切入，分析了事业单位财务管理的含义、特征、内容，目标与任务，原则与方法以及事业单位人事管理与财务管理的相互促进，重点研究事业单位资产管理、负债管理、净资产管理、收入与支出管理、财务报告与财务分析，探索了基于大数据、人工智能、新会计制度、科学化与精细化的事业单位财务管理创新。

本书旨在为学习者提供事业单位人事管理与财务管理的基本知识、工作环节、方法与技巧等，希望这些理论阐释可以为从事相关工作的管理者提供参考与帮助。全书结构严谨，内容翔实，通俗易懂，是一本值得学习研究的著作。

笔者在本书撰写的过程中，参考和借鉴了大量事业单位人事管理与财务管理相关的研究成果及期刊、著作、论文等，在此对相关作者表示诚挚的感谢。由于笔者的学识和经验有限，书中难免会有疏漏和不足之处，恳请各位专家学者与广大读者批评指正。

笔者

2023年6月

目 录

第一篇

事业单位人事管理

第一章　事业单位人事管理的基础理论

第一节　什么是事业单位

一、事业单位的含义

事业单位是指国家为了社会公益目的，由国家机关举办或者其他组织利用国有资产举办的，从事教育、科技、文化、卫生等活动的社会服务组织。

事业单位一般要接受国家行政机关的领导，要有其组织或机构的表现形式，要成为法人实体。从目前情况来看，事业单位绝大部分由国家出资建立，大多为行政单位的下属机构，也有一部分由民间建立，或由企业集团建立。事业单位有以下特征：一是不以营利为目的；二是财政及其他单位拨入的资金主要不以经济利益的获取为回报。

我国的事业单位在功能上对应国外的是非营利组织（NPO）、非政府组织（NGO）。国外的这些组织是社会自治组织，而在我国，事业单位和政府的关系比较密切。这些不同点，有些是社会制度不同造成的，有的是由于我国的社会自治能力不足造成的。

二、事业单位的分类

事业单位一般是国家设置的、带有一定公益性质的机构，但不属于政府机构。一般情况下，国家会对这些事业单位予以财政补助，分为全额拨款事业单位、差额拨款事业单位；还有一种是自主事业单位，是国家不拨款的事业单位。

（一）全额拨款事业单位

全额拨款事业单位是指全额预算管理的事业单位，其所需的事业经费全部由国家预算拨款。这种管理形式，一般适用于没有收入或收入不稳定的事业单位，如学校、科研单位、卫生防疫、工商管理等事业单位，即人员费用、公用费用都要由国家财政提供。采用这种管理形式，有利于国家对事业单位的收入进行全面的管理和监督，同时，也使事业单位的经费得到充分的保证。

（二）差额拨款事业单位

按差额比例拨款，由财政承担部分经费并列入预算；单位承担其余部分，由单位在税前列支，如医院等。

差额拨款单位的人员费用由国家财政拨款，其他费用自筹。按照国家有关规定，差额拨款单位要根据经费自主程度，实行工资总额包干或其他符合自身特点的管理办法，促使其逐步减少国家财政拨款，向经费自收自支过渡。

（三）自主事业单位

自主事业单位是国家不拨款的事业单位。自收自支事业单位作为事业单位的一种主要形式，不需要地方财政直接拨款。

目前，我国正在进行事业单位的分类改革，即按照社会功能将现有事业单位划分为承担行政职能、从事生产经营活动和从事公益服务三类。对完全行使行政职能的事业单位，改革方向是结合深化行政体制改革和政府机构改革的背景，根据具体情况，进行相应调整，具备条件的转为行政机构；对承担部分行政职能的事业单位，将其行政职能和公益服务职能与有关单位的职能和机构进行整合。对从事生产经营活动的事业单位，已经实现或经过相应调整后可以实现由市场配置资源的，改革方向是逐步转为企业，依法进行企业注册，并注销事业单位，注销事业编制。对从事公益服务的，根据职责任务、服务对象和资源配置等方面的不同情况，初步分为公益一类、公益二类两类。承担义务教育、基础性科研、公共文化、公共卫生及基层基本医疗服务等基本公益服务，不能或不宜由市场配置资源的，划入公益一类，即纯公益类的事业单位，由政府出资保障，不再允许其存在经营活动。承担职业教育、高等教育、非营利性医疗等公益服务的事业单位，可部分由市场配置资源的，划入公益二类，即属于准公益类的事业单位，允许其部分由市场配置资源，但不允许其进行以营利为目的的生产经营活动。

事业单位的范围涵盖较广，从行业分布来看，可以分为以下24类：科学研究事业单位；教育事业单位；文化事业单位；勘察设计事业单位；新闻出版事业单位；广播影视事业单位；卫生事业单位；体育事业单位；农、林、牧、水事业单位；交通事业单位；气象事业单位；地震事业单位；海洋事业单位；环保事业单位；测绘事业单位；信息咨询事业单位；质量监督事业单位；知识产权事业单位；物质仓储事业单位；城市公用事业单位；社会福利事业单位；经济监督事业单位；机关后勤事业单位；公证服务等其他事业单位。

三、事业单位的性质和宗旨

事业单位是相对于企业单位而言的。它们不以营利为目的，是国家机构的分支。

事业单位是以公益服务为主要宗旨的一些公益性单位、非公益性职能部门等。它参与社会事务管理，履行管理和服务职能，宗旨是为社会服务，主要从事教育、科技、文化、卫生等活动。

四、事业单位的特征

（一）事业单位的基本特征

第一，依法设立。事业单位的设立，应区分不同情况由法定审批机关批准、依法登记，或者依照法律规定直接进行法人登记。

第二，从事公益服务。事业单位从事的是教育、科技、文化、卫生等涉及人民群众公共利益的服务活动，一般不履行行政管理职能。

第三，不以营利为目的。事业单位一般不从事生产经营活动，经费来源有的需要财政完全保证，有的可通过从事一些经批准的服务活动取得部分收入，但取得的收入只能用于事业单位的再发展，不得用于管理层和职员分红等。

第四，社会组织。事业单位是组织机构而不是个人，要有自己的名称、组织机构和场所，有与其业务活动相适应的从业人员和经费来源，能够独立承担民事责任。

（二）事业单位功能特征

第一，服务性。服务性是事业单位最基本、最鲜明的特征。事业单位主要分布在教、科、文、卫等领域，是保障国家政治、经济、文化生活正常进行的社会服务支持系统。

第二，公益性。公益性是由事业单位的社会功能和市场经济体制的要求决定的。在一些领域，某些产品或服务，如教育、卫生、基础研究、市政管理等，不能或无法由市场来提供，要由政府组织、管理或者委托社会公共服务机构从事社会公共产品的生产，以满足社会发展和公众的需求。

第三，知识密集性。绝大多数事业单位是以脑力劳动为主体的知识密集性组织，专业人才是事业单位的主要构成人员。利用科技文化知识为社会各方面提供服务是事业单位的主要手段。

第二节 事业单位人事管理的原理阐释

一、事业单位人事管理的内涵和重要性

人事管理是建立科学的制度，对单位内部的干部职工开展技能训练、素能培养、人员管理、绩效考核和工资管理等工作。人事管理可以通过单位干部职工的思想、心理、履职状态进行动态引导和控制，实现人岗匹配、职责与能力匹配，以期充分发掘人的潜力，不断提高事业单位的公共服务能力和水平。具体而言，事业单位人事管理的重要性主要有：

一是有利于促进事业单位创新发展。我国事业单位进入深化改革阶段，进入改革的深水区，单位逐渐取消编制管理，向公开招聘和竞聘上岗转变，合同聘用制度成为未来的方向，干部职工工资实现绩效制度管理，这些改革必然要求事业单位的人事管理进行改变，以适应事业单位体制改革的基本要求。

二是有利于提高事业单位服务效能。通过人事管理的绩效考核、组织管理等措施实施，能够激发干部职工的工作积极性，促进单位高效优质运行，为社会大众提供更加有效的公共服务。

三是有利于提高干部职工整体素能。人事管理核心的工作就是对干部职工进行绩效考核和队伍培训，正反向激励干部职工的上进心和提高专业水平和职业能力。

二、事业单位人事管理的原理

（一）要素有用原理

组织中每个成员都是有用的，就看我们怎么使用。每个人只要能放在一个与其能力和愿望相匹配的地方，就能发挥其价值。也就是说，当组织中某个成员工作绩效不高的时候，我们首先应该考虑是否把他安置在了合适的岗位上，再进一步考察他在工作中的表现。

我们可以从以下三个方面来理解要素有用原理。

第一，人才的任用需要一定的环境，包括知遇和政策。知遇是说要有伯乐式的领导者对人才任用所发挥的关键作用。政策是指具体的人力资源使用政策，如“公开招聘”“竞争上岗”等政策，这样可以使许多人才走上更高的岗位，甚至领导岗位。

第二，人的素质往往呈现复杂的双向性。如吝啬鬼有时也很慷慨，一向认真的人也会

马虎，坚强的人也会有胆怯，懦弱的人也会铤而走险；等等。这给了解人、用其所长以及发现和任用人才增加了许多困难，要求人事管理者知人善任。

第三，人的素质往往在肯定中包含着否定，否定中包含着肯定。优点和缺点共存，失误往往掩盖着成功的因素。各种素质的模糊集合使人的特征呈现出千姿百态，形成“横看成岭侧成峰，远近高低各不同”的现象。一个优秀的领导者应当成为善于捕捉每个人身上的闪光点并加以利用的伯乐。人事管理的问题本质上就是管理者怎么用人的问题。

（二）同素异构原理

同素异构原理来自化学中的一个原理，意思是指事物成分因排列次序和结构上的变化而引起不同的结果甚至发生质的变化。把自然界的同素异构原理移植到人力资源开发与管理领域，意思是指用同样数量的人，用不同的组织网络连接起来，形成不同的权资结构和协作关系，达到正确处理劳动者之间的关系，充分发挥每个劳动者的技能、专长和积极性、创造性，这样便取得了完全不同的效果，即优化组合人力资源。利用系统理论分析，组织结构的作用是使人力资源形成一个有机整体，使之有效地发挥整体功能大于个体功能之和的优势。

该原理提示我们，人的很多能力都是在特定的环境和条件下表现出来的。能力不是单一的，需要在团队中与不同能力的人组合在一起从而表现出其能力；能力不是平面的，处于不同的管理层次展现的能力层级是不同的。现代管理学认为，组织能力本身也是一种资本。我们进一步认定：结构决定功能。同素异构要求从结构角度入手考虑人员的组合。

（三）激励强化原理

人的思想感情对其潜力的发挥至关重要。激励可以调动人的主观能动性，强化期望行为，从而显著地提高劳动生产率。这就叫作激励强化原理。根据这一原理，对人力资源的开发与管理，除了应注意人在数量上调配外，更应注意对人的动机的激发。这里的关键是设置目标，目标应该符合企业总体目标的要求，又包含较多的个人需要，既具有一定的挑战性，也在一定程度上存在实现的可能性。目标管理可激励组织成员能动地工作。此外，及时的鼓励和绩效承认也将在很大程度上起到对被管理对象的激励作用。

人们的行为由动机决定和支配，动机则是在需要的基础上产生的；每一需要满足的程度将引起新的需要的产生。具有能动性是人力资源与其他资源相区别的一个显著特征，激励是调动人力资源能动性的基本措施。激励一方面使人得到了尊重，另一方面使人得到了行动的动力。激励的关键是把握人的需求，人的欲望是动态变化的，是有层级的，只有成功地把握被激励对象的兴趣，才能进行科学的激励，才能强化行为人的行为或刺激我们需要的行为的发生。

（四）互补增值原理

人作为个体，不可能十全十美，而是各有长短，即所谓“金无足赤，人无完人”。但我们的工作往往是群体承担的，作为群体，完全可以通过个体间取长补短而形成整体优势，达到组织目标。这就是互补原理。互补的目的是获得整体大于局部之和的结果，实现人力资源的增值。

互补的内容主要包括：知识互补、能力互补、性格互补、年龄互补、关系互补和性别互补。若个体在知识领域、知识的深度和广度上实现互补，那么整个集体的知识结构就比较全面、合理。若个体在能力类型、能力大小方面实现互补，那么整个集体的能力就比较全面，在各种能力上都可以形成优势，这种集体的能力结构就比较合理。若每个个体各自具有不同的性格特点而具有互补性。比如：有人内向，有人外向；有人急躁，有人冷静；有人激烈，有人温和；有人直爽，有人含蓄；等等。那么，作为一个整体而言，这个集体就易于形成良好的人际关系并具有胜任处理各类问题的良好的性格结构。员工的年龄不仅与人的体力、智力有关，也与人的经验和心理有关。一个集体，根据其承担任务的性质和要求，都有一个合适的员工年龄结构，既可以在体力、智力、经验、心理上进行互补，又可以实现人力资源的新陈代谢，焕发出持久的活力。每个员工都有自己特殊的社会关系，包括亲戚、朋友、同学、同乡，以及师父、徒弟、师兄弟、老上级、老部下、老同事，等等。如果个人的社会关系重合不多，具有较强的互补性，那么从整体上看，就易于形成集体的社会关系优势。从性别角度看，女性较为细心和有耐心，男性则较为粗犷和坚强，男女性别的合理搭配，可以带来互补的优势。

互补增值原理体现出组织构建团队的思想，只有团队中成员依据互补增值原理配置，团队才有战斗力，否则，团队就成了“团伙”。

（五）弹性冗余原理

弹性冗余原理是指在人事管理过程中必须留有余地，保持合理弹性，一方面使人感觉工作紧张，有压力，另一方面又感觉还有潜力和余力。也就是人的工作状态处于合理的“度”的状态。这个度包括体力劳动强度、脑力劳动强度、劳动时间强度和工作目标强度。

工作中过分紧张，压力便转化为压抑，而轻松过度又使人丧失斗志，缺乏战斗力。

弹性冗余原理要求我们要始终让相关人员处于有活力的状态，有能力、有潜力、有余力地完成需要完成的工作。

（六）能力成长原理

能力成长原理认为，尽管不同的人，其能力成长具有不同的特点，相同的人在不同的阶段，其能力成长也具有不同的特点，但是，能力成长还是具有一定的规律性。

人的能力的成长与年龄变化、智力成长速度、知识及经验积累程度密切相关，并呈现出不同的变化特点。

首先，是年龄与能力成长的关系。一个人刚出生时，其能力很低；随着年龄的增长，个人能力也会不断地增长，但增长到一定程度以后，个人能力将不再增长，并逐渐出现能力衰减的趋势；到一个人死亡时，其能力也就完全失去。这就提示我们：需要构建组织员工合理的年龄结构，也就是我们常说的老中青结合。当然，不同行业、不同岗位对年龄的要求是不一样的。

其次，是智力与能力成长的关系。一个人的智力决定一个人的能力，智力的成长速度决定能力的成长速度，智力的结构决定能力的结构。一个人的智力高于另一个人，并非表明其能力一定高于另一个人，因为智力转化成能力需要过程，还会受到各种因素的制约。现实中用人，如果无法判断用谁，最简单的方法就是智力测验，用智力高的人风险较小。

再次，是知识与能力成长的关系。一个人的知识总量越多，其具有的能力、潜力就越大；一个人的知识增长越快，其能力成长也就越快。反过来，一个人的能力高，有助于其掌握更多的知识并进一步将知识转化为能力，从而形成知识与能力的良性互动。但是，个人的知识总量及其增长速度总受到智力的制约，没有智力就不可能掌握知识。在招聘的时候，我们可以通过笔试的方法对应聘者的知识进行测验，也可以通过验文凭检测其理解知识的水平。

最后，是经验与能力的关系。经验与能力成长之间的关系是一种曲线关系：一个人的能力会随着经验的积累而不断增加。但是，当一个人经验积累到一定程度以后，就不一定促进能力的成长，因为经验积累过度后，会使个人形成思维定式，降低个人吸收新知识的欲望。当然，也有例外。经验与能力是否完全呈现出正向关系，其根本就在于创新思维及创新能力。克服能力及经验惰性是提升经验对能力正向作用的关键。总体情形是，经验与能力之间呈边际效应递减。在管理中我们突破惰性，培养新鲜血液、积极从外部引进人才是打破自身的经验惰性的重要路径。

能力成长原理告诉我们，用人时要更多地关注其可能的潜力，不是只用他的今天，因为今天正在消失。我们要关注他的成长，关注他是否具有成长潜力以及成长成本，这些成为我们选人、育人和用人的依据。

（七）能力实现原理

人才的核心是人身上所拥有的能力，而人事管理关注的则是能力实现的程度，能力实现就成为人事管理的基本原理。

按照能力所处的状态，能力可以分为潜在能力和现实能力，潜在能力转化为现实能力，就是能力实现问题。能力的实现与激励程度、工作压力以及职位能力要求有密切的关系。

能力只是一种客观存在，只有将能力表现在行为中才能由能力创造出效益。潜在能力的发挥与激励程度存在着十分密切的关系。也就是说，对一个人采取的激励措施越有力，其发挥潜在能力的积极性越大，从而使能力实现的程度越高。这里要特别强调两点：

其一，能力实现与激励程度密切相关，但二者不是简单的线性关系。即使没有激励，个人能力也能得到一定程度的实现；当从无激励到有激励时，个人能力的实现程度就有一个很大程度的提高。随着激励不断增强，个人能力实现程度也在不断增加。但是，当激励程度达到某一临界值后，能力实现的程度、提高的速度将逐渐放慢。甚至到原有激励措施提高到一定程度时，能力实现程度反而有所下降。其原因就在于人的欲望是呈现螺旋式上升状态，激励措施边际效应递减。

其二，能力实现程度与个人获得激励预期密切相关。即当一个人认为自己能够通过努力获得激励的预期越肯定，其发挥潜在能力的积极性就越高，从而能力实现程度就越高。当一个人认为自己根本不可能通过努力获得激励（获得激励的预期为零）时，这个人几乎不可能发挥潜在能力，能力实现程度就很低。许多管理者都用许诺来刺激员工努力就是对此原理的运用。不论怎样激励，人的能力的发挥都存在相对的极限。且一旦预期落空，人的能力实现程度就可能大大不如没有激励时。

如果人的潜在能力与其所在的岗位相适应，则能力实现程度较高，反之较低。管理者需要注意的是，能力高低无所谓，最重要的是其在现实中可能实现的能力，只有实现的能力才可以给我们创造财富。创造良好的环境、促进人的能力发挥是现代人事管理关注的焦点。

（八）能力岗位匹配原理

不同的岗位对能力有不同的要求，岗位对能力的要求既包括总量的要求，也包括结构的要求；一个人的能力不同，适应的岗位类别不同，对岗位难易程度的要求不同。因此，必须使能力与岗位之间保持良好的匹配关系，这种匹配关系是一种动态的匹配。

应用能力岗位匹配有一个关键问题：是从人的能力出发要求实现将恰当的人放在合适的位置上，还是从岗位的要求出发使得每一岗位的人都有与其要求相对应的人。从市场竞争角度看，应该考虑依照岗位的要求；但从管理发挥人的能动性出发，则需要考虑的是合理地安排人。

能力岗位之间的匹配是相对的，不匹配是绝对的。应用能力岗位匹配原理就是看是否将人的能力的发挥或是岗位要求放在更为主动的位置上，以促进人事管理。

从人的能力出发，一定的能力对应了一定的责、权、利，这是其能力责任范围；一定岗位也对应了一定的责、权、利，这是企业岗位责任的范围。从人的角度出发所界定的能力对应的责、权、利，与岗位所对应的责、权、利二者重合属于偶然的，因此，能力与岗位之间的不匹配是绝对的。我们要思考的是怎样才会有高绩效。

我们将个人能力与岗位要求的能力之间的差值定义为能力差，对于一些人而言，岗位所要求的能力高于其自身能力反而有助于取得高绩效，而有的人则是当其自身能力高于岗位要求之时才能取得高绩效。个人特征与工作岗位特征的有机结合是高绩效的基础。

每一个人都有能力，企业评价一个人的能力不是单纯地评估其能力，而是把他与特定岗位联系起来。注意一个简单的原则，一位优秀的士兵并不一定就是一位合格的班长。我们企业在用人中常常犯一种错误，就是将一个在某一岗位表现突出的人提拔到领导岗位上，其结果可能适得其反。

能力与报酬的匹配程度越高，组织成员的工作绩效就会越好。具有不同的能力总量和结构特点的组织成员，应该给予不同的报酬，能力总量越高，待遇就越好；在能力总量相同的情况下，能力结构越能适应组织发展需要，待遇就越好。这就是能力报酬匹配原理的基本内容。

需要提醒的是，这里的能力报酬匹配中的“能”，更多是指与能力相关的薪酬，这就有能力的潜力、能力的表现、能力的产出结果。对于主要从事程序性事务工作、能力结构较为稳定的组织成员，应以固定报酬作为其报酬的主要组成部分。如对于一般意义上的内部行政人员就是如此。对于主要从事非程序化工作、能力结构不够稳定、潜在能力较大的组织成员，应以非固定报酬作为其报酬的主要组成部分，将其报酬与其能力发挥情况联系起来考核。如技术研发、市场销售人员的薪酬等。

需要进一步说明的是，我们考察能力岗位匹配，不能单独考察某一个人的能力与特定岗位之间的匹配度，还需要关注与相关联岗位其他人员能力之间的协调性。

第三节 事业单位人事管理的机遇与挑战

一、事业单位人事管理面临的机遇

（一）政策改革促进过去传统的人事管理改变

随着市场经济的快速发展，人力资源配置的市场化使传统的行政配置方式被淘汰。人力资源进行契约化，也就是以法律的形式来使劳资的双方权利义务更加明确，这样传统的根据行政分配为主的劳动关系就与当前的发展不相适应，并逐渐消失，尤其是国企和事业单位的人事管理不断与国际接轨。

（二）文化提升

文化的提升主要体现在以下两个方面：一方面，随着全球一体化的发展，职场文化得到提升，并逐步树立并完善具有特色的职场文化，以往出现的论资排辈等不良现象逐渐被摒弃；另一方面，单位对员工要更加重视，从而使员工的归属感不断增强。

（三）管理程序不断优化

开始重新定位人才需求，不仅从“量”方面明确自身所需要的人才，更加注重“质”方面，力争实现人力资源成本的最低，通过发挥人力资源的潜在价值来获取和使用人才。当前人事管理程序向着不断优化的方向发展。

（四）引进国外人才，人资需求总量不断增加

随着全球化步伐的加快，国家间的人力资源流动也加快，这就使我国更多地从国际市场引入高等人力资源，从而使我国的人力资源质量不断提高，并且有利于国际制造业转向我国，推动我国的就业和经济增长。

二、事业单位人事管理面临的挑战

（一）裁员带来的挑战

在当前的发展背景下，很多单位为了降低成本，谋求长远发展采取了裁员等措施，通

过裁员虽然能够降低运营成本，缓解发展压力，但是同时会使员工的归属感不断降低，且也不利于树立良好的组织形象。由此可见，当前面临着科学合理裁员和稳定组织成员士气的挑战。

（二）降薪带来的压力

与裁员相比，降薪震荡性较小而且容易操作和实施。如果人事管理体系不够健全，而且没有相配套的结构体系，这样绩效考核和薪酬管理方面就会困难，很容易出现不科学的现象。

（三）人才招聘十分困难

随着知识经济时代的到来，对高层次和潜力比较大的人才招聘竞争激励，又因单位对高端人才非常重视，从而使高端人才流动非常缓慢，无法满足当前的发展需求。

（四）文化是关键

随着薪酬的降低，为了调动员工的工作积极性开始重视非物质激励，开始注重塑造的文化，这就给仅仅以业绩为导向的文化提出了新的挑战。此时，塑造新的文化，为员工创造良好的氛围，使员工的凝聚力和归属感不断增强，成为当前的一大挑战。

三、我国人事管理的应对措施

事物都具有两面性，当前发展中既面临着各种机遇，又面临着巨大挑战，只有把握机遇，采取一定的措施来克服挑战才能得到更好发展，并推动人事管理的快速发展。

（一）改变传统观念，实行战略转变

为了更好地应对挑战，有必要将传统的人事管理向着战略人事管理转变，可以制定人事管理的相应措施和战略目标来调动员工的积极性，从而使人事管理和的战略目标保持意志和动态的协调。

（二）不断完善管理机制，从而提高管理水平

第一，应当不断完善当前的绩效机制，从各个环节进行科学管理和把握；第二，应当建立薪酬绩效制度，使薪酬更加公平合理；第三，要适当补偿利益缺失者，从而不断调动所有员工的工作积极性和主动性。

（三）抓住创新机遇，进行改革

在今后的发展中应当根据自身的发展情况和外部的大环境，通过及时改变来适应客观发展的需要，这在一定程度上也推动着变革的进行。因此，应当抓住机遇，通过精简机构来使组织结构得到优化。

（四）坚持以人为本，塑造文化，优化管理策略

我国坚持以人为本，而且现代的经营理念应当以人为本，因此在塑造自身文化时也要坚持以人为本，使员工的归属感不断增强，更好地为发展作出贡献。此外，还要抓住机遇来实现战略转型，不断优化管理策略，从而实现更好的发展。

第四节　事业单位人事制度改革探究

一、事业单位人事制度改革的重要意义

社会的飞速发展也推动了人类文明的不断进步，传统的人事制度已经不能满足现阶段社会发展的需求。在“铁饭碗”思想根深蒂固的背景下，推行人事管理制度改革无疑是为事业单位注入新养分。首先，事业单位人事制度的改革能够进一步推动事业单位本身的改革发展。通过人事管理制度的改革不断选拔优秀的人才，改变以往“事业人”的硬性模式，使企业人才始终保持持续向上的工作积极性。可见，事业单位人事制度改革能够为社会发展提供更多的优秀人才。其次，对事业单位人事制度的改革实现了岗位竞争的公平性，人才在公正、平等、民主的工作环境下更益于自身发展。所以，事业单位人事制度的改革对事业单位自身发展及社会和谐发展而言都具有重要意义。

二、事业单位人事管理制度改革所面临的困境

（一）制度管理不完善

在人事制度的改革方面，之前的事业单位人事制度会直接影响老员工对新制度的执行力。如老员工无法正确面对新政策改革；部分事业单位岗位竞争存在不公平情况，通过关系网获取岗位已成为常态。这种固有的人事制度直接影响了事业单位工作管理效率，甚至触犯了国家法律。可见，现有的事业单位人事管理制度仍然不完善。

（二）改革方向不明确

事业单位对人事制度改革的积极性参差不齐。部分单位较注重人事制度改革，试图通过人事制度改革为事业单位注入新的活力，但没能在实施过程中把握正确的改革方向。在人事制度改革中较容易出现员工思想不定，与事业单位产生法律纠纷问题，甚至职工集体上访等不良现象。这些人事制度改革的问题不仅影响事业单位正常工作，更影响了事业单位整体形象。

三、解决事业单位人事制度改革的路径

（一）更新思想观念

以社会主义市场经济体制的迅猛发展和各地区的实际情况为依据，遵从党中央对深化干部人事制度改革的具体要求，对事业单位人事制度的改革势在必行，并积累了丰富的改革经验，主要通过以下三个方面进行深入探索：选人用人制度、职称改革以及工资分配。事业单位在制度改革中仍存在较多困难。对此，应强化人事制度改革的思想观念。

（二）强化大局观

事业单位进行人事制度改革是整个企业改革的配套内容，不能将人事制度改革置于各项改革之外，而需将人事制度改革与其他改革进行协调和补充。如对于事业单位人员分流的政策用于政府机构改革的相关政策进行协调，才能够突出其特殊性。事业单位改革应紧密围绕经济发展，否则将会使改革失去本来的意义。

（三）强化发展观

对于事业单位的人事制度改革工作，应从形势发展着手，强化发展观念。首先，在事业单位结构方面应以经济发展为依据进一步明确事业单位的重点改革方向。如目前的事业单位改革应着手科技开发和社区服务等方面。将事业单位的改革渗透到社会发展需求当中，从而发挥事业单位人事改革的意义。其次，事业单位人事制度改革应以发展事业为主，在改革的基础上转变旧思想，提升事业单位的发展质量和服务功能。

（四）强化创新观

在事业单位人事制度改革方面，首先，应强化创新观，以创新为目标，把握事业单位改革的正确方向。通过把握创新理念使事业单位改革适应时代发展需求，为事业单位长期

稳定发展奠定基础。通过创新人事制度管理模式，提升事业单位整体素质，从而有效推动事业单位的稳定发展。其次，推动岗位管理制度时应大胆创新，转变用人机制，建立符合社会主义市场经济需求的新型人事管理制度。最后，用法律和经济手段把控事业单位管理模式，实现从微观到宏观，从直接到间接的人事管理模式。

四、事业单位人事制度改革要把握四个环节

（一）营造良好的氛围

目前，部分事业单位仍存在畏难情绪，对事业单位人事制度改革的认识不足，这些问题都阻碍了事业单位的全面改革。所以，首先应深化认识，统一思想，营造良好的改革氛围。对此，应加大宣传，可借助大众媒体大力宣传事业单位人事制度改革的精神和意义。通过宣传营造舆论氛围，从而为提升社会认知创造良好环境。

（二）提升改革针对性

事业单位人事制度改革的涉及面较广，包括了分类、放权、搞活、脱钩等精神的落实。这就要求在实际工作中加强调查，积极征求意见，根据实际情况设定改革的路径。可按照分类、放权、搞活和脱钩等路径开展探索。通过分类指导不断推进事业单位人事制度的改革体系，紧密结合各行业发展需求，探索分类改革的有效途径和经验。通过调动各类人员的积极性和创新性推动人才成长，最终建立社会化的专业人才队伍。

（三）节约改革的成本

在制度改革方面，首先，应积极借鉴成功经验，如组织人员到外地学习。其次，组织试点发挥典型的引导作用。加强对事业单位人事制度改革的统筹规划，坚持边总结边完善的探索原则。再次，把握正确的改革方向，以聘用制度为基础不断健全用人制度，制定可行的实施办法。通过举办事业单位人事制度改革业务骨干的培训班集中改革思路。最后，将落聘人员进行妥善安置，尽量使落聘人员找到合理的位置。可针对落聘人员的特点和需求分类建立台账，对这类人群进行培训提升其再就业能力。

（四）保证改革的成效

事业单位的人事制度改革牵涉面较广，应将措施不断硬化才能够保证改革成果。其一，应健全工作制度，严格按照改革纪律实施。通过将人事制度改革作为量化目标管理考核的重要内容以充分确保改革成效。其二，应不断完善改革的配套措施，加强对聘用合同

的监管力度。

1. 完善三大机制

事业单位人事制度改革牵涉国家、集体和个人的利益，更关系到事业单位的整体发展。所以，党中央和政府对此较为重视。对此，应将试点作为改革实践的关键环节，不断构建新机制以提升改革力度。

2. 完善代谢机制

事业单位在深化改革的过程中会因专业技术人员比例不足或者管理人员过剩而导致负担过重。这种人员结构不合理的问题严重阻碍了制度改革的落实。对此，应不断提升事业单位自身的竞争力，出台人员优化和人员结构比例规定。通过政策改革有效控制非专业技术人员的调入，同时实行专业人员竞争上岗制度，从而有效构建事业单位人员优化代谢机制，通过不断完善代谢机制有效提升事业单位的核心竞争力。

3. 完善分管机制

事业单位的人员分为三大类，包括行政管理、专业技术和工勤人员。随着制度改革的不断深入，对工勤人员和专业技术人员已经出台了相应的意见，也逐渐走向了规范化的道路。但行政人员的管理却延缓了进度，并没有形成相应配套的管理制度。为加强管理的规范性应尽快排除障碍，通过健全事业单位管理人员的选拔制度，提升行政人员的整体素质，从而使三者形成科学的配套体系。

4. 完善保障机制

事业单位改革应以相关的政策、制度和法规为依据，将改革的重点放在落聘人员安置方面。应妥善处理落聘人员的去留问题，规避因处理不当导致的成本损失问题。

具体方法可以从完善配套政策着手，为其提供更多的竞聘机会和培训，提升自身能力后重新参与到竞聘中来。但是，在此期间要为落聘人员提供基本的工资和生活保障，使其在担任社会其他岗位时能够有配套利益跟随，如原单位对落聘人员五险一金的政策安排。因此，有效解决人员流动的首要前提便是对社会保障机制的完善。

通过一系列的制度完善可有效解决进口与出口的协调问题，优化人才资源的配置，为事业单位注入持续不断的活力。

第二章　事业单位人事管理的一般内容

第一节　人员招募甄选

一、人员的招募

（一）招募的含义

在人员招募实践中，招募往往与招聘同时使用，这使得两者的内涵区分起来较为困难。从广义上而言，招募指空缺职位工作人员补充的整个过程，包括了从人才信息收集到决定录用的整个过程。从狭义上来说，招募与招聘的内涵接近，主要是指人才补充过程中对应聘者信息收集的过程。准确理解招募的内涵应当把握以下要点：

1. 招募是人才信息收集的过程

现代社会专业设置越来越具体，事业单位在用人过程中对专门人才的选择也越来越严格。事业单位想要获得自己需要的人才，就必须广泛地发布用人需求，全方位地收集、审查、对比应聘人员信息。一方面，要保证应聘人员技能的专门化和专业化；另一方面，要尽可能不遗漏招募范围内任何优秀的人才。只有在全面收集各类应聘人员信息的基础上，事业单位才能获得合适的、优秀的人才。

2. 招募是一种缓冲性的人事管理活动

缓冲性人事管理旨在为事业单位提供一个备用的人才库。备用人才库的建立是在事业单位实施人员补充计划的招募阶段所累积、储备的人才信息库。有了备用人才库，事业单位可以在进行战略调整、业务拓展等用人短缺的时期，随时调用备用人才库资源，以缓解人力资源压力。因此，招募不仅是收集人才信息的过程，同时也是储备人才信息的过程。

3. 招募更注重用人信息来源及范围

因组织性质和工作特点的不同，事业单位在用人信息的来源和范围方面比一般的组织有更高的要求。从来源上说，选择哪些就业群体在就业者年龄、专业、工作经验、品德素养等基本条件上均有严格的规定；从范围上说，事业单位更注重专业范围和地域空间范围的结合，在既定的专业范围内应当尽可能扩大地域空间范围。

4. 招募以有效的人员录用和配置为取向

人员录用的范围是由招募的信息收集广度决定的，人员录用质量同样由招募过程中信息收集水平来决定。在招募阶段，人事管理者能够全面、认真、扎实地获取人才信息，最大限度地提高求职信息的可信度，就会为事业单位后期录用高质量的人才打下基础。而在人员配置阶段，被录用者能否完全胜任空缺职位以及被录用者能否完全尽心尽力地投入工作，均取决于招募阶段招募者与应聘者信息互通的对称程度。

（二）招募的意义

招募工作的有效实施对于人事后期管理有着重要的意义。招募过程中能否最大限度地获得事业单位急需的、理想的人才信息，将对整个事业单位业务计划的开展有重要影响。同时，招募过程本身也是公共管理部门的管理理念的体现过程，广泛的人才招募不仅能够提升事业单位的公信力，而且能够促进社会的有序发展。

1. 招募对人事管理的意义

第一，招募是实现事业单位人员规划的一种手段。人事规划是在工作分析的基础上，通过全面盘点现有人力资源的数量与质量，对未来人力资源供需状况作出的预测。招募程序是在当人力资源供给小于预期需求的情况下启动的，并以补充现有人力资源短缺为首要目标。完成空缺人员的补充，可以直接满足事业单位人员规划对人员数量与质量的要求。

第二，招募与人事管理的其他职能关系密切。招募开始之前，要利用职位分析对每一个岗位有一个全面认识，然后通过人力资源规划对每一个岗位人力资源数量和质量的需求进行预测，当人力资源预测出现短缺时，需要进行人力资源的补充。招募是空缺人员补充计划的起点，它是对应聘者信息的全面收集过程。招募之后，事业单位将会面临人员的选拔录用、录用后工作人员的开发培训、职业生涯管理、薪酬管理、绩效管理及工作关系管理等一系列管理过程。

第三，招募影响着工作人员的工作状态。事业单位工作人员的工作状态受多种因素的影响。招募是人员进入事业单位之前进一步认识事业单位的重要渠道，招募过程中信息传递得真实与否，招募过程是否公平合理，招募者是否尽职尽责等均不同程度地反映了事业单位工作人员的工作态度。这种态度对应聘者来说则代表了事业单位的工作状态，这必然影响其以后在公共管理过程中的行为。

第四，招募影响着人事管理的费用。招募成本是人事管理成本的重要组成部分。现代社会中社会流动和社会交往的成本较高，这在一定程度上增加了招募的成本。招募成本主要包括广告费用、宣传资料费用、外出招募费用、外地应聘人员食宿费用及招募人员工资等。事业单位人员的招募更应该注重成本的节约，从而在总体上降低公共管理的成本。

2. 招募对事业单位发展的意义

第一，招募决定着事业单位发展的质量。人才质量对事业单位发展的重要性是不言而喻的。事业单位在新人员引入之时，如果能严格挑选，吸纳优秀人才，将有力地改善事业单位人员的质量状况，为良好的公共事业发展创造有利条件。招募时的精挑细选，也会为后期事业单位人员开发和事业单位整体人力资源质量的提升开一个好头。

第二，招募决定着事业单位管理目标的实现。事业单位各工作岗位的设定均有明确的规定，事业单位尤其注重优秀人才的吸纳和引入。因此，事业单位某一工作岗位出现空缺时，不仅需要及时补充与原工作人员具有同等素质和水平的人员，以确保公共管理工作的顺利进行，而且还应当注重工作人员能力和素质的改进，从而更有效地促进公共管理事业的发展。从这一意义上来说，招募与事业单位的管理目标紧密相关。

3. 招募的外部性影响

第一，招募是事业单位表达管理理念的重要途径。在招募过程中，事业单位要对内、外发布有关职位的相关信息，介绍相关职位的职责要求，必要时还要和应聘人员进行接触交流，在向社会公开招聘时则涉及信息的透明性问题，这些均在不同程度上反映了事业单位用人、管人的基本理念，同时也是管理理念的一种表达。

第二，招募影响着事业单位的社会公信力。事业单位的人才引进代表着国家行政管理机构人员的准入机制，用人信息的透明体现了公共管理部门信息公开的基本状况。一次民主、公开、公平的招募，能够向社会展现事业单位良好的姿态，极大地提高事业单位的社会公信力。

第三，招募影响着社会的和谐有序发展。事业单位人员招募也是公共管理的一部分，招募过程中良好的工作作风能够给社会树立榜样，从而带动社会风气向积极的方向发展。不仅如此，事业单位担负着国家、社会管理的重要职能，各个工作岗位需要具有崇高理想、高度责任感和高素质的人才担任，选拔贤能的人才必将促进社会的和谐有序发展。

（三）招募的原则

原则是规范事物发展的根本规则，也是事物本质属性的要求，它体现了事物发展的某些规律性。设定招募的原则可使事业单位的招募工作更加科学、合理，对事业单位发展的促进作用更大。招募工作必须要按照以下四个原则实施。

1. 全面、公开原则

全面、公开原则是指在招募信息发布时和应聘者信息收集时应当坚持的信息完全对称。招募是招募者与应聘者之间信息互通的过程，从事业单位的角度来看，就是发布招募信息和收集应聘者信息的过程。在信息发布时应当在必要的范围内全面、广泛、公开发布信息，内部招聘同样如此。在对应聘者信息进行收集、了解时，同样要全面、深入，并且只能收集应聘者可公开的信息，防止对其隐私的侵犯。

2. 公平、竞争原则

公平原则是指在接收应聘者信息时一视同仁、平等对待。有些事业单位人事管理者对跟自己有亲缘关系的应聘者通常实行各种各样的优先、优惠条件，或对其他应聘者作出种种限制，从而造成某种就业歧视和就业壁垒，这是没有坚持公平原则的表现。竞争原则是指在公平原则基础上对用人信息初步筛选时应坚持科学淘汰机制的原则。公平性也不意味着有求必选，而是需要结合任职资格要求给出一定的规则，进行科学、合理的选择。

3. 互择、择优原则

规范的招募程序需要进行初选，从而在大量的应聘者当中有鉴别地接受应聘者信息。互择意味着双方相互考查、分别作出选择。只有坚持公平性才会给予应聘者选择的权利与机会，从而破除传统招募中招募者单方表决的弊病，这样事业单位才能获得真正有工作意愿的应聘者。择优指在互择的基础上招募者保有的最终决定权利。只有将互择与择优结合起来，人事管理部门才能为事业单位引进最优秀的、最有工作积极性的人才。

4. 因事、因能原则

因事原则是指在空缺职位及其填补者人选的确定过程中应当坚持以人力资源规划和事业单位业务需要为出发点，而非因人判定。在招募信息发布过程中，也要根据职位的特点选择恰当的人员信息的范围和来源，避免出现某些部门中如“萝卜招募”“量身定制”等不良事件。因能原则要求在择优招募过程中考查的重点应当是工作能力，而非应聘者的身份归属。

（四）招募阶段的工作流程与方法

从招募工作的主要任务来说，招募就是发布用人信息，收集应聘人员的资料，初步审查、评价应聘者，为后续人才甄选做好充分准备的过程。这一阶段的工作是甄选和录用的基础，是事业单位人才挑选的主要来源，对事业单位最终选到优秀人才有着十分重要的意义。做好招募阶段的工作就相当于完成了整个人员补充计划的一半。该阶段具体包括以下两个方面：

1. 招募前的准备

（1）收集人员短缺信息。

招募之前事业单位的人事管理机构要做很多准备工作，以明确事业单位有哪些空缺职位，需要什么样的任职人才，这是招募工作开展的第一步。职位分析和人力资源规划能够对事业单位人员短缺及任职资格进行具体的分析，这是招募之前准备工作的重要内容。人员短缺信息的收集有三条主要途径：一是经由上级人事部门审批；二是通过各用人部门申请；三是人事管理部门统筹规划。收集人员短缺信息应当注重三方面内容：一是人员短缺岗位的信息，即哪些职位需要用人，具体的工作是什么；二是人员短缺的质量要求，即任职资格和条件；三是人员短缺的数量，即需要多少人来补充空缺岗位。这三方面的信息应当关联起来，注意区分不同职位在用人数量和质量上的不同要求，合理把握数量与质量的关系，切不能一概而论。

（2）制订招募计划。

明确人员短缺信息之后，就可以考虑招募的规模、范围、来源等具体问题。一般需要同具体的用人部门，针对招募的过程制订一个详细的招募计划，便于规范具体的招募工作。招募计划包括以下六个方面：

一是招募的规模。招募的规模是指事业单位就某些空缺职位最终择优录用所需人选时应当介入的竞争者数量，它是差额招募的必备条件。招募规模的确定要充分考虑事业单位的社会影响力，并适当作出调整。社会影响力越大，该空缺职位可吸引的应聘者就越多，这时需要控制规模，以节约招募成本。社会影响力较小时，应聘该职位的人员可能不足，人事管理者就应当采取多种途径尽可能广范围地发布招募信息，吸引更多的人参与招募。

二是招募的途径。招募途径主要是针对内部招募和外部招募而言的。内部招募和外部招募各有其适用条件，同时也各有其优劣，应当合理选择。一般应考虑事业单位内部人员的富余程度、职位的重要性、任职者的胜任条件及内部员工士气等因素。

三是招募的范围。招募的范围是指招募的地域空间要求，即事业单位考虑在哪些地域范围招募人才。选择招募地域范围时应当重点考虑两方面的因素：其一，空缺职位的类型。一般来说，层次较高或比较重要的职位，需要在较大范围内招募；而层次较低或一般性的职位，可以考虑在小范围内招募。其二，空缺职位的任职要求。任职资格特殊，需要精英型人才时，招募的范围应当大一些；而任职条件一般，普遍型人才足以胜任时，招募范围可以小一些。

四是招募的来源。对招募来源做出规划也是十分必要的，如果招募来源合适，必然会提高招募的成功率。确定招募来源时同样要与空缺职位的特征结合起来。对于管理性岗位的招募，首先应当考虑内部招募，然后才考虑在其他单位或部门内外相近职位任职人员中进行招募。对于专业技术性岗位的招募首选高校，同时也可以考虑在行业内外相近职位中进行挖掘。

五是招募的进度。空缺职位任职人员的补充，必须在事业单位用人之前完成，包括招募、甄选与录用等工作，否则会对事业单位用人造成困难。招募是整个人员补充过程的起点，进度的安排要及早着手，恰当规划。首先应当分清招募阶段所包含的各个具体步骤，然后对每一步骤需要的大致时间作出规定，最后建立一个招募进度表，详细表明各招募环节的时间分配。

六是招募的预算。招募的预算关乎招募成本，并影响着人事管理成本和廉洁管理的文化建设，因此，应当有一个明确的规划。招募预算主要针对管理费用，该费用可以分为劳务费用、业务费用和其他管理费用。劳务费用主要包括招募人员工资、福利、生活补助、外出招募差旅费、餐饮费、内部招募加班费等。业务费用主要包括通信费、间接招募咨询与服务费、广告费、外地应聘者招待费等。其他管理费用包括如资料费、办公用品费、设备折旧费、水电物业费用等。

（3）招募计划审批。

招募计划是否科学、可行，应当经过人力资源部门主管者的详细论证，并经本部门管理高层同意，报经上级人事管理部门批准方可施行。人事管理具有辅助管理和战略管理的特点，其决策对事业单位管理事业的发展有着不可忽视的影响。人员的流动是事业单位长期稳定发展和重要业务开展的决定性因素，也是事业单位战略管理的主要方面。因此，对于人员招募的方案和计划必须经过相关审批才能开展。

2. 招募工作的开展

（1）发布招募信息。

招募工作开展的第一步就是发布招募信息。招募信息的发布要根据招募计划中对招募时间、范围、来源以及招募途径的规划进行，一般应遵循及时、面广原则以及层次性原则。及时、面广原则是对招募信息发布在时间和范围方面的要求，层次性原则是对招募对象素质特征的考虑，要结合工作岗位向特定人员发布招募信息。

（2）收集应聘者资料。

招募工作开展的第二步是收集应聘者资料。根据信息发布渠道的不同，应当使用最为方便的信息接收方式。收集应聘者资料要注意：时间规定，即在规定的时间内接收相关应聘者的资料和信息；条件规定，即严格按照任职资格和条件接收应聘者信息，既不能照单全收，也不能区分过严；数量规定，即根据招募的规模来确定信息接收的数量。

3. 招募工作的完成

（1）整理应聘者信息。

收集应聘者资料后必须要对相关资料进行整理。资料的整理主要有两项工作：一是分类整理。可以按照应聘者不同的特征进行分类，方便人员信息的检索，如按照年龄、学历、任职情况、技能资格等进行归类。二是筛选整理。对明显不符合任职资格和要求的应聘信息可以果断排除，以减少人才甄选的工作量。

（2）为人才甄选做准备。

招募工作的最后阶段是要做好人才甄选的过渡工作。招募阶段对人才甄选的准备主要是向甄选者移交应聘人员资料。甄选需要相关专业领域的专家、本部门高层管理者或上级人事管理部门的参与，他们必须事先对应聘者的相关情况作一下了解，然后才能结合事业单位用人需求有目的地考察应聘者，移交应聘者资料就相对重要。移交应聘者资料后，招募工作结束，甄选阶段开始。

二、人员的甄选

（一）甄选的内涵

甄选也称遴选、选拔，它是处于招募和录用之间的过渡环节，既不是初步筛选，也不是最终录用决策，而是一个鉴别、考核、谈判与评价的阶段。准确理解甄选的概念，应把握以下四方面内容：

1. 甄选是选择与被选择的结合

在一般意义上，甄选是由事业单位单向考核应聘者各方面素质与能力的过程，应聘者往往处于被动地位。单向考核不仅使应聘者真实的意愿表达与能力展示受到限制，而且也不利于事业单位深入了解应聘者及选择合适人选。建立在“以人为本”基础上的双向选择可以使事业单位与应聘者之间进行更细致的了解，这有利于对人才进行全面考察。事业单位应当积极提供相关信息，充分展现吸引力，并给予应聘者足够的重视和尊重，给应聘者留出更多的表现空间和机会。

2. 甄选是“人—职匹配”与“人—事业匹配”的结合

“人—职匹配”重在考察应聘者知识、技能、胜任力及工作绩效等因素，它是建立在空缺职位任职资格分析基础上的选拔过程。“人—职匹配”对于工作绩效的提升有重要的意义，它能够区分出合格者和不合格者。但具有杰出工作能力、有较高“人—职匹配”性的应聘者不一定完全熟知公共管理事业的价值取向，不一定充分领会为社会公众服务的精神实质。因此，还需介入“人—事业匹配”过程，以便于甄选到更能符合公共事业发展要求的新任职者。

3. 甄选是优异性与适合性的结合

人才甄选还应当在优异性与适合性的选择上把握合适的尺度。优异性表明应聘者在内在、外在素质的各个方面综合表现优秀、出众，具备胜任空缺职位的条件。优异性是人才选择的充分条件。在优异性之外还应当重点考虑任职的适合性，即应聘者通过霍兰德人格模型或沙因“职业锚”等类似测试，表明其人格类型或职业倾向与公共管理职业及事业单位空缺职位类型相吻合的特性。适合性是人才甄选的必要条件。在人才甄选过程中必须把这两个条件紧密结合起来。

4. 甄选是科学性和技术性的结合

由于人才甄选对事业单位和应聘者双方都有极为重要的影响，因此甄选过程一般采取专门程序、应用专门工具对应聘者进行测试和选拔。测试的程序和工具一般来说都要具有较高的效度，以便能够真正测评出所需要的内容，有关智力、心理、性格、能力等的测评工具都必须具有一定的科学性。而一些主观性测评程序则需要技术性支持，如面试，工作样本测试等，这必须由相关领域经验丰富的专家实施，有时这类测试还要求具有一定的艺术性。

（二）甄选的意义

人才甄选是招募基础上的人才挑选活动，其直接目的在于为事业单位的空缺职位选择合适的人才。因此，甄选对于空缺职位的填补以及事业单位战略规划的实施均有重要影响。另外，甄选活动能对新进人员进行深入了解，这对人事管理的积极作用也十分明显。

1. 甄选对人事管理的意义

第一，有效地降低招聘风险。科学的人才甄选程序和工具保证了人才测评的效度，它可以对应聘者个人的能力、个性特点、工作风格、思想品德等与公共管理工作相关的各方面素质进行测评，所得到的结果可用于比较、鉴别，择优、择需地录用人才。选择有责任感、高素质的应聘者可避免不符合条件的应聘者进入事业单位，以确保公共事业管理的有效性。

第二，有利于人员的配置和管理。对应聘者进行各种测试的过程同时也是全面了解应聘者的过程，甄选最终必然要确定出事业单位拟录用的合适人选。在确定人选时，甄选者一般要考虑可用人选可胜任哪些岗位、晋升发展的空间如何、对事业发展的影响如何等问题，对这些问题确认的依据是在甄选者对应聘者全面了解、严格测试之后得出的。这些确认依据也可以为人事管理者合理配置新进人员时做参考，人事管理机构也应当根据甄选者的确认依据安排新工作人员入职，以提高管理效率。

第三，为人员未来的发展奠定基础。理想的人才甄选以适合事业单位和职位需要为目标，但并非每次招募都能选择到最优的人才，人才甄选同样也要以发展的眼光看待应聘者。甄选时不仅要看到应聘者目前的特点与职位、与事业单位需要的契合度，而且也要考察应聘者的可塑性。人力资源最大的特点在于资源的可变性，甄选在某种程度上要把人力资源的可变性条件作为选择的重点，为工作人员未来的发展奠定基础。

2. 甄选对事业单位发展的意义

第一，有助于文明风尚的形成。事业单位文明风尚的形成需要一个长期的过程，也需要全体工作人员的共同参与。人才招募是事业单位的人员入口，也是应聘者了解事业单位内部环境的窗口，对新进人员了解事业单位行政风格有着重要的影响。一次公开公平、高度负责和人性化的甄选过程能够增强新进工作人员的公平意识、责任意识，塑造事业单位的良好形象，有效构建文明行政风尚。对内部招募来说，甄选过程本身就是事业单位行政风格和价值观的体现。

第二，有助于事业单位管理事业的发展。事业单位人员的招聘由多种原因引起，这从总体上反映了事业单位用人的短缺和对人才的需求。一般而言，用人短缺表明某一公共管理岗位所分管的管理事务处于无人接管状态，急需有足够胜任力的工作人员接手并开展工作。进行人才招募是补充岗位人员短缺的重要途径之一，它使公共事业发展的连续性有了保障。严格按照空缺职位工作职责要求所挑选的人才，也必然能够促进公共事业的发展。

第三，有助于事业单位绩效的改进。有效的人才甄选不仅能够区分合格与不合格的应聘者，还能够分辨合格应聘者的基准性胜任素质和优异性胜任素质。人才甄选必然以优异性胜任素质为导向，选择能力与素质均优秀的人才。正常情况下，优秀人才将会带来较好的个人绩效，同时还能发挥良好的影响力，这有助于事业单位整体绩效的改进。

（三）甄选的原则

1. 知事知人原则

甄选过程中对人才的测试和评价要有一定依据，使人才素质的展现与评价标准具有可比较的基础，这样才能合理评价人才。人才测评过程是知人的过程，而寻求评价依据则是知事的过程，即对要弥补的空缺岗位进行全面的了解。知人与知事相结合，才能获得适合的人才。

2. 择优择需原则

人才甄选最终需要甄选者作出拟录用应聘者的决定。确认拟录用者时，要把人才素质的优异性和事业单位事业发展的需求结合起来。择优择需原则体现了用人所长、按需择人的理念。择优是前提和基础，择需是目的和根本。

3. 科学实用原则

科学实用原则主要针对甄选中所用到的各种测试的程序和工具而言。一方面，测试程序和工具要满足科学性的要求，必须使用有一定科学根据的、成熟的方法和工具，准确测试应聘人员的基本素质；另一方面，所选用的程序和工具要切实有用，测试项目要能和空缺职位的胜任资格与素质对应起来，同时也要符合公共行政的基本价值取向。

4. 公平人性原则

在整个人员甄选过程中，均要坚持公平竞争、公开透明的原则，平等对待每一位应聘者，尽可能提供一致的测试环境，使用相同的评价体系。看待应聘者应当秉持平等的身份、关怀的姿态、鼓励的方式，尽可能减少对应聘者的情绪干预，以体现人性化的价值内涵。

（四）甄选的基本程序

为了保证甄选工作的顺利进行，提高甄选工作的效率，更好地维护甄选工作的科学性、公平性和实用性，甄选工作的开展也应当按照一定的程序进行。从宏观的角度来看，甄选工作主要包括甄选前的准备、甄选工作的开展、甄选工作的完成以及甄选工作的评估等四个基本环节。

1. 甄选前的准备

第一，组织甄选参与人员。甄选参与人员包括甄选者和被甄选者。甄选者应由人事管理者、具体用人部门主管、事业单位的高层管理者以及上级人事部门人员共同组成，必要时可聘用相关专家。人事管理者重点考核应聘者资格条件以及信息的真实性，具体用人部门主管应当对应聘者的业务技能及应聘者与职位的匹配性进行着重考察，事业单位高层管理者需要把握应聘者与事业单位事业发展规划、发展目标之间的融合性，上级人事部门的工作人员则要对整个甄选过程进行宏观监控。被甄选者由通过招募决策所确定的可进入甄选环节的应聘者构成。甄选参与人员确定之后，还应将甄选的具体时间、地点及甄选流程安排、注意事项等告知参与人员。

第二，了解拟甄选的应聘者。招募阶段对应聘者信息的初步筛选主要是依据应聘者外在的、基本的条件，甄选阶段则要细致深入地了解应聘者，不仅要对各方面任职资格与条件进行核准，还要对其内在的素质与能力进行测试与评价。在甄选开始之前，人事管理部门要将被甄选者的详细资料递交给甄选者，并及时接受咨询与询问，帮助甄选者认识应聘者。甄选者则应当在正式甄选程序开始之前对每一位被甄选者各方面的情况进行了解。

第三，确定甄选的内容和项目。人的素质和能力包含多个方面，在甄选环节的有限时间中，甄选者不可能面面俱到地对被甄选者进行测试。因此，必须对甄选的内容和测试的项目进行合理安排。甄选内容与测试项目的安排要符合“不遗漏，不多余”的标准，要根据空缺职位的任职要求恰当取舍，尽可能用最简洁的甄选内容完成对应聘者重要素质与能力的考察。

第四，确定甄选的形式和工具。根据甄选内容与测试项目的不同，选用相应的甄选形式和测试工具。在甄选形式和测试工具选择的过程中要注重科学性、适用性，同时也要考虑事业单位现有的条件和能力。对于事业单位难以提供且必要的甄选手段，可考虑借助于专门的人才测评机构来完成。如果使用问卷、测试题等工具完成测试的人事部门和甄选者应当提前制作问卷、拟定试题。

第五，准备甄选要使用的场所。一般甄选工作的开展还需要一定的场所来辅助完成。需要情景测试的应当布置好测试环境，利用工作模拟考核的需要准备相应的设施、设备等。这些工作都应当在甄选之前做好准备，并加以调试，以确保甄选工作的顺利进行。

2. 甄选工作的开展

实施甄选时，事业单位人员管理机构需要做好三方面工作：首先，组织甄选参与人员准时到场。甄选者未到场的应当及时联系，确认原因，并采取相应的措施；被甄选者未到场的也应当问明原因。到场甄选者要安排好甄选的顺序。其次，在甄选进行过程中需要记录、采集数据或者辅助完成测试的，甄选者应该积极介入。维持良好的甄选秩序，及时处理突发情况和意外事件。尽可能满足各方甄选参与人员的特殊需要，以保证甄选工作的正常实施。最后，甄选结束后，要及时妥善处理设施、设备，尽可能恢复甄选场所的原状，做好场所管理的移交工作。

3. 甄选工作的完成

甄选工作的目的是挑选空缺职位所需要的人选，决定哪些人进入录用环节并最终确定胜任空缺职位人选。甄选环节要为人员录用提供最可靠的依据，以保证最终确定人选的适合性。作出拟录用决策标志着甄选工作的完成。以下针对甄选环节和拟录用决策作详细介绍。

第一，分析甄选结果。甄选结果一般会以数值、分值或文字的形式呈现，甄选者需要对这些结果进行统计、计分或编码，并按一定的标准排序，形成利于比较和选择的度量值。分析结果时可以参照已有的测评标准，也可以使用相关统计分析软件和工具。对于文字描述型或事件记录型结果，需要使用定性分析的方法，这一步最好由有经验的甄选者或相关领域的专家来完成。

第二，作出拟录用决策。甄选工作结束之前，应由甄选者作出拟录用决策。甄选者参与了应聘人员测试、选拔的整个过程，对应聘者各方面的情况都十分了解，不仅可以在应聘者之间进行比较鉴别，而且也可以根据空缺职位要求和事业单位需要进行分析，确保所作出的拟录用决策有一定的合理性。拟录用决策是正式录用决策的重要参考，一般可以适当放宽拟录用的人数，预备一定的差额。

三、提高事业单位公开招聘人岗匹配度

（一）事业单位开展公开招聘的重要性分析

单从字面含义展开分析，人岗匹配是指事业单位内部各岗位人员能满足岗位工作需求，可以顺利完成工作任务与工作目标。从这一角度来说，人岗匹配度可以理解为事业单位内部人员的岗位胜任能力。但通过更深层次的分析，可以得出人岗匹配度与事业单位内部员工的思维方式、行为方式以及个性特征存在密切关联，可以精准反映员工在思想层面与心理层面能否与事业单位保持一致。但就目前形势而言，国内事业单位普遍存在人岗匹配度较低这一问题，这也导致事业单位内部各个岗位、各个部门人员无法开展科学合理、行之有效的互动与交流，更加无法发挥各自的作用与优势，顺利完成各自的工作任务与工作目标。而事业单位开展公开招聘，可以结合事业单位自身管理工作需求和实际工作需求，根据既定程序科学选择考试形式与考核形式，聘用满足事业单位招聘条件的应聘人员。事业单位开展公开招聘工作，始终秉承平等原则、公开原则、竞争上岗原则以及择优录取原则，引进管理型人才、技术型人才和基础工勤人员。

综上所述，事业单位开展公开招聘的重要性主要体现在以下方面。首先，事业单位是高素质人才聚集地与知识聚集地，而人事管理工作具备一定的滞后性，严重影响到人员的合理流动与科学分配，限制事业单位内部人员的职业发展。而采用公开招聘这种方式，满足市场整体发展需求，可以最大限度地实现人力资源的科学分配。其次，公开招聘面向社会各界，招聘流程更加公开，信息一目了然，有助于事业单位人事管理工作制度化发展、科学化发展与规范化发展。再次，通过公开招聘，可以吸引大量具备创新意识的社会型人才、实用型人才，使人才在岗位竞争环节各展所能，在社会范围内推动竞争意识普及。最

后，通过公开招聘这种方式，可以对应聘人员的知识储备、专业技能、职业素养以及抗压能力展开全方位、多角度的测试，显著提升人才甄别效率，转变传统事业单位固定式人员结构，为事业单位创新发展提供源源不断的人力资源支持。

（二）事业单位开展公开招聘工作现存问题分析

1. 未科学设置招聘条件

就目前形势而言，国内事业单位在开展公开招聘时设定的招聘条件与岗位计划是极为关键的工作内容，这项工作的开展与事业单位公开招聘的工作效率和工作质量存在密切关联。由于部分事业单位在公开招聘环节，并未科学合理地设置岗位报考条件和岗位计划，严重限制了公开招聘活动的顺利开展。与此同时，部分事业单位在开展公开招聘时，通常由单位领导或者人事部门负责设置招聘条件与招聘计划，并未对事业单位内部各个岗位的实际用人需求展开深度分析与综合性考量，因此，无法将各个岗位所对应的关键因素精准提炼出来。而报考条件招聘计划无法得到精准的数据信息支持，招聘条件与招聘标准缺乏针对性。不仅如此，部分事业单位受到传统观念影响，公开招聘环节过于注重应聘者的学历，“唯学历论”这一现象极为严重，导致部分符合报考要求的应聘者的合法权益无法得到有效保障，更加无法保证事业单位内部人岗匹配程度，公开招聘的优势与价值得不到有效体现。

2. 考核方式与考核内容缺乏针对性

事业单位在开展公开招聘时，通常选择用笔试方式与面试方式融合的方式开展人才招聘，笔试环节主要检验应聘者的行政能力和专业知识掌握情况，而无法有效检验应聘者的知识转化能力与知识迁移能力，这也导致事业单位最终引进大量缺乏实践经验和综合能力的研究型人才与理论型人才，无法将自身所掌握的专业技能与理论知识应用于实践工作岗位，岗位胜任能力低下。尤其针对专业性较强的实践性岗位，传统考核方式难以对应聘人员的实践技能、创造能力展开有效检验，因此应聘者的综合素养和综合素质与岗位实际需求难以呈现高度契合。与此同时，部分事业单位在组织面试活动时，会选择直接照搬公务员的面试流程和面试内容，对应聘者实施结构化面试，通过试题对应聘者的理解能力、分析能力、应急能力展开考查。但主要以基本素养为主，考核内容与工作性质缺乏必要的联系，导致成功应聘者在进入工作岗位后，由于无法满足岗位用人需求，无法顺利完成岗位工作任务与工作目标，自身价值得不到有效凸显，同时也给事业单位的发展带来巨大阻碍。

3. 公开招聘投入过高

事业单位在面向社会各界开展公开招聘时，会涉及设置岗位招聘计划工作、发布公开招聘信息工作、资格初审工作、准考证打印工作以及考生报名工作、考生缴费工作、考生体检工作、考生面试工作及最终的招聘公示，从公开招聘活动开始到最终完成招聘活动，经历时间过长，不仅严重影响到事业单位各项工作的开展效率，而且对于应聘者而言，等待时间过长，会使应聘者在等待环节错失其他应聘机会，容易使应聘者出现焦躁不安的情绪，严重者甚至会有部分应聘成功者，将这种不满情绪带入工作岗位。与此同时，很多高素质应聘者也会因此进入其他单位任职，导致大批高素质人才流失，增加事业单位的招聘时间与招聘成本。

（三）事业单位提升公开招聘人岗匹配度的实践策略

1. 科学开展笔试考核

在事业单位开展公开招聘时，笔试试题存在一定的局限性，无法将应聘者的职业能力与职业素养精准反映出来。因此，在命题时，相关人员应当保证引入精准性试题，笔试结果可以精准反映应聘者的真实情况。结合岗位用人需求，科学开发高难度试题，并且针对不同岗位、不同专业设置差异化题型库。在公共考核环节，需要结合事业单位内部岗位的共同点，对专业科目开展综合性考量，设置出与之对应的考试内容与考试方式。这是由于岗位特点不同，对应聘者的要求也会存在明显差异，因此可以将考核结果作为更深层次考核的核心依据，这也可以显著提升笔试测试的稳定性与科学性，最大限度地保证人岗匹配程度，提升各个岗位成功应聘者与岗位的契合程度。

除此之外，为保证试题的适用性与灵活性，可以将公务员考核作为参考，将职业能力纳入公共考核范畴，职业能力是指应聘者在某一领域或某一职业当中的潜在能力和职业素养，具体而言，是指在某些活动开展环节，展现出超常的潜力以及特殊技能。不仅如此，在公开招聘环节也可以设置笔试考核，选择统一考试内容与考试形式考核某一专业人员，这种方式不仅可以有效减轻命题者的工作负担，而且可以最大限度地保证试题难度一致。

2. 科学开展面试考核

面试也是事业单位开展公开招聘工作的关键环节，需要在现有面试工作的基础上，作出相应优化与调整，拓宽更加多元化的考核方式。借助现场表达方式和实践测试形式为面试质量提供保障，确保将面试活动的作用与价值充分体现出来。因此，在面试考核环节，需要结合岗位实际用人需求，选择多样化考核方式开展多元化考核。可以科学设定情景模式，模拟实际的工作环境和工作状况，这种方式可以对各岗位人员的细致观察能力和技能转化能力、随机应变能力展开有效培养。而通过无领导讨论形式，可以将全体应聘者划分为各个讨论小组，整个讨论环节没有主持人与负责人，由应聘者依次发言，并且在各自的意见发表后，在后面签字。由考核人员对整个讨论环节和讨论结果展开科学评测，以此确保每位应聘者都充分参与到讨论当中，这种方式可以对应聘者的优势与劣势展开深度考量。

3. 做好招聘分类工作

事业单位的业务范围较为宽泛，规模较大，涉及专业种类繁多，因此事业单位在专业性与行业性双重突出的背景下，岗位需求以及人员需求同样呈现出多样性特征。为此，事业单位在开展公开招聘工作时，应当合理运用多重考核方法，将各个岗位特点、各个行业特点以及岗位用人层次、用人类型充分体现出来，秉承平等竞争原则、公开竞争原则、择优录取原则，结合事业单位内部各个岗位、各个部门的实际用人需求，科学选择多元化考核方式，对人员的综合素质与综合技能展开全方位、多角度的考核，以此确保精准掌握应聘者的实际工作信息。结合基础岗位用人标准以及更深层次的岗位用人需求，展开全方位对比，最大限度地保证人员与岗位的匹配程度。

（1）科学开展岗位分类。

事业单位的岗位考核主要包括技术考核、管理考核以及工勤技能考核，因此在公开招聘环节，需要结合各个岗位的用人特点开展科学分类。从而聘用更具创新意识、岗位胜任能力更强的高素质人才。对于技术岗位而言，由于未来主要负责技术单位内部技术工作，因此需要应聘者具备极强的专业技能和创新意识，可以将自身所掌握的技能与专业知识应用于岗位创新环节，与岗位实际工人需求保持高度契合。与此同时，在岗位招聘标准设计环节，不仅需要满足专业需求，还需要发挥事业单位的社会服务功能，推动公共事业稳定发展，并且结合具体的工作特点以及更深层次的工作规律，完成各个岗位的人员招聘。在公开招聘环节，不断总结招聘经验，对传统考核模式与考核内容作出相应优化与调整。在考试环节可以适当取消公共科目，针对性地开展专业知识测试和专业技能测试。

需要注意的是，这项优化措施主要适用于技术岗位，这是由于单就技术岗位而言，公共科目的作用与价值较小，因此应当适当降低考核比例，以此保证考核工作的科学性与合理性。而针对管理岗位人员需要深度履行自身的领导职责与岗位管理职责，因此应当将提升事业单位整体运行效率作为岗位设置目标，确保各项运营工作可以得到稳定落实与高效运行，显著提升事业单位的管理工作水平。在开展考核工作时，需要清晰呈现管理工作岗位的职责，确保应聘者具备良好的应急能力、行政处理能力、沟通协调能力以及组织能力。同时，也需要对应聘者的心理素质发展以及道德修养保持高度关注。而针对更为基础的工勤技能工作岗位而言，主要负责设备维修工作、后勤保障工作等服务类内容，因此在这一岗位人员招聘环节应当结合工作特点，取消笔试或者简单开展行政能力测试即可，最大限度地保证人岗匹配程度。

（2）科学开展行业分类。

在公开招聘环节，事业单位应当结合专业特点与行业特点，对应聘者开展科学考核，达到对人才的分类选拔目的。结合行业发展规律以及行业发展特点，科学设置不同的专业试题，将笔试考核划分为教育专业、综合领域以及卫生领域等多种类型。其中卫生领域可以分为医药专业、护理专业等细小类别，随后结合类别，分别设置考核内容，最大限度地实现统一管理、分类考核。

针对专业性较强的事业单位，在公开招聘环节应当针对政策方案展开深度分析，结合规定，科学选择考核内容与考核方式。针对特殊性岗位，若是缺少与条件相符的人员，应当在报名环节和入围阶段调整准入条件，在首次招聘环节可以适当降低艺术专业与文学专业学分，以此确保人岗匹配度。

第二节　人员培训与开发

一、人员培训与开发概述

（一）人员培训与开发的内涵

1. 人员培训与开发的含义及其区别

人员开发的功能是用来开启组织更广阔的视野和新的思维方式。人员开发的主要目标是即使在其眼前的工作中组织并不需要战略性思维，它也需要构建雇员的知识、技能和能力体系，以巩固组织，并为组织准备一支具有战略性思维的骨干力量。可见，人员培训与开发的战略性地位不容忽视。

广义而言，开发是指一切通过传授知识、转变观念或提高技能来改善当前或未来管理工作绩效的活动，具有未来的导向性；培训是指给新雇员或现有雇员传授其完成本职工作所必需的基本技能的过程。人员开发着眼于将来的工作和变化，它是长时间的过程；而人员培训注重短期和当前的工作，时间较短。培训与开发是短期与长期的有机结合。两者的关系可以概括为三个方面：第一，培训包含于开发，培训是开发的核心组成部分。第二，培训多为有组织的，并且有明确的参加人员、场所和起始时间；而开发的要素较为模糊。

第三，开发所涵盖的范围更为广泛，除培训外，还包括组织制度、组织文化和领导行为等种种有形、无形，以及正式、非正式的行为和活动。

具体而言，培训与开发是组织采用各种方式对组织人员提供有目的、有计划的学习，包括技能的构建和提高，以及知识、理论的提升，并借此增进个人的观念、态度、想法，改进行为，最大限度地使人员的个人素质与工作需求相匹配，适应不断变化的政治、经济、文化环境的需要，从而促进人员现在和将来的工作绩效的提高以及公共组织目标的有效实现。

2. 人员培训与开发的基本内容

事业单位人员培训与开发是事业单位获取可持续发展能力的需要，是开发高素质人才的重要手段。事业单位人员培训与开发的内容包括知识技能培训与开发、心理素质培训与开发、精神道德培训与开发。

（1）知识技能培训与开发。这是事业单位人员培训与开发的基本内容，主要包括了解单位的发展战略、现行状况、规章制度、所任职务的工作技能和所需知识等。知识技能培训与开发的主要目的在于使事业单位人员能更好地胜任自己的本职工作，并更有效率地完成本职工作。

（2）心理素质培训与开发。在过去，事业单位人员培训与开发忽略了对人力资源的心理素质的塑造和培养，因而产生了许多问题。为了更好地解决事业单位人员中存在的心理失衡等问题，培养和开发事业单位人员的潜能，使事业单位人员树立健康意识，有必要进行心理素质培训与开发，如心理辅导、心理咨询等。

（3）精神道德培训与开发。这是塑造事业单位形象的重要一环。主要培养人力资源对事业单位的忠诚，增强团队精神；塑造良好的精神状态，以更大的热情投入工作当中。同时要进行思想道德教育，树立以人为本的情操，防止权力的滥用给人民带来危害。

3. 人员培训与开发所要解决的问题

从狭义上看，事业单位人员培训与开发主要解决以下几个问题：第一，事业单位人员工作、管理技能不佳；第二，现任工作中存在的问题；第三，事业单位的观念过时，甚至歪曲；第四，事业单位绩效低下；第五，事业单位的凝聚力、归属感、认同感不强；第六，对员工职业发展不利。工作不是一成不变，而是动态发展的，于是在事业单位人员培训与开发的过程中要针对不同的情况进行设计调整。

总体来说，通过事业单位人员培训与开发可以满足四个方面的需要。第一，满足事业单位长期发展的战略需要；第二，满足事业单位发展短期计划的需要；第三，满足事业单位职位技能标准的需要；第四，满足人员自身职业生涯发展的需要。

（二）人员培训与开发的重要性

1. 人员培训与开发的必要性

（1）加强事业单位人员培训与开发，是适应当前激烈竞争的需要。知识经济时代的到来，特别是我国加入世界贸易组织后，以人力资源为核心的竞争将会更加激烈，而且这种竞争呈现出国内、国际竞争相互交织的特点。特别是发达国家凭借强大的经济实力和优越的工作、生活条件，在全球范围内“掠夺”各类高素质人力资源，为此，必须切实加强和改善对公共人力资源的管理，致力于增加公共人力资本的占有量，促进公共生产力的发展，以应对全方位的激烈竞争。这是我国在21世纪的竞争中赢得主动权的关键。

（2）加强事业单位人员培训与开发，是促进经济社会发展的需要。今后五年至十年，是我国经济社会发展进入新的历史阶段的重要时期，是促进经济结构战略性调整的重要时期，也是完善社会主义市场经济体制和扩大对外开放的重要时期，还是加快经济社会发展、实现现代化的关键时期。而要做好各方面的工作，加速实现经济社会发展的第三步战略目标，都离不开事业单位的管理、服务，而要搞好管理、服务最终取决于高素质的公共人力资源。因此，必须加强和改善事业单位管理，吸引大量高素质的公共人力资源作为经济发展的加速器。

（3）加强事业单位人员培训与开发，是提高公共人力资源永续性开发的需要。公共人力资源也是一种重要的社会资源。因此，我们要想在竞争中占有优势，必须保证人力资源的可持续开发和永续性发展。加强事业单位人员培训与开发，可以有效地提高现有人力资源的素质和能力，使现有的人力资源保持良好状态。与此同时，还有利于为新的公共人力资源的永续存在提供一种智力和物质的双向支持，使公共人力资源发展有一种可持续发展的动力支持。

2. 人员培训与开发的基本作用

事业单位人员培训与开发作为事业单位人员素质的更新机制，不论对人力资源开发、对事业单位的建设，还是对社会和经济的发展，都具有重要的作用。

（1）事业单位人员培训与开发，有利于提高事业单位人员的整体素质和业务能力。事业单位人员在进入事业单位之前已经具备一些基本的素质，进入事业单位后，还需通过实际工作和进一步的培训和开发来发展和提高自身的能力。尽管在进入事业单位之前，工作人员已具备一定的学识并具有一定的智力水平，但他们还需掌握和熟悉处理某项工作的特殊技能。基于此，对部门新录用人员的培训和开发就显得十分重要。

（2）事业单位人员培训与开发，有利于事业单位人员适应新的技术发展和社会需求。随着现代科学技术的发展，事业单位人员所涉及的业务内容和处理方法也处在不断更新和变化之中。一些新的理论和科学技术越来越多地渗透到公共管理中，如系统论、控制论以及信息论等现代管理理论日益为管理部门所用，先进的计算机和互联网技术、通信技术以及办公自动化设备也广泛地应用于事业单位。这些变迁给事业单位人员提出了挑战，要求他们更新知识结构，通过快速的学习，运用新的方法从事公共管理活动，以跟上社会发展和不断进步的潮流，更好地为公众提供服务。

（3）事业单位人员培训与开发，有利于充分挖掘和利用人力资源，促进公职人员自身的职业发展。人的品德、智力、知识、技能和体力具有很大的可塑性和发掘的潜力，事业单位人员培训和开发便是发掘人的潜能和塑造人的有效途径。高质量的人才资源不是自然形成的，它是有效培训和开发的结果。对事业单位人员进行系统培训和开发，有助于开阔其视野，提高其工作兴趣，激励其进取精神，提高其领导、计划与协调能力，从而为事业单位人员职务的晋升和未来的发展创造条件。

（三）人员培训与开发的原则和形式

1. 人员培训与开发的原则

当今世界各国的培训制度各有特色，但在人员培训的原则和形式上有许多共同点，带有一定的普遍意义。

（1）理论联系实际原则。理论联系实际原则是人员培训的一条重要经验，也是一种行之有效的学习方法。人员培训的理论联系实际原则的基本要求是既重视理论对于实践的指导作用，又重视实践对理论的基础作用。在认真学习理论的同时，要重视对培训对象实际工作能力、适应能力的培养和训练，做到理论与实际有机结合。

理论联系实际原则同时要求人员培训从实际工作的需要出发，与职位特点紧密结合，与培训对象的年龄、知识结构、能力结构、思想状况紧密结合。这样才能使培训收到实效，推动工作水平的提高。

（2）学用结合原则。学用结合原则既是人员培训的目标，也是人员培训的重要方法。其基本内容是指人员培训的内容、方式及时间安排，必须根据职位的要求确定，以达到学之为用、用为所学的目的。使培训与使用一致，在实际工作中必须做到如下几点。

第一，对培训作出全面规划。在选送受训人员时，要从实际出发，切实根据不同人员的实际需要，对口选送，有针对性地选定培训内容。主办培训的单位，应区别不同的培训对象，确定不同的培训内容，并把培训的方法、内容与受训人员的工作需要有机结合起来。对受训人员要严格要求、认真考核，把培训期间的学习成绩及时提供给选送单位，以此作为择优晋升的依据。

第二，培训内容切忌概念化、一般化。根据各类人员的工作性质和素质现状，有针对性地决定培训内容。培训的方法也应学用结合，多采用“案例教学”“演示教学”及其他合适的教学方法，也可根据培训内容来选择对口的人员进行培训。

（3）考核与奖励相结合原则。培训与开发工作与其他工作一样，严格考核和择优奖励是不可缺少的管理环节。严格考核是保证培训和开发质量的必要措施，也是检验培训质量的重要手段。只有培训考核合格，才能择优录用或提拔，因此，对受训人员进行严格考核和择优奖励的原则成为调动其积极性的有力杠杆。

（4）加强职业道德培训教育原则。事业单位人员培训与开发是要让事业单位人员掌握职业所需要的基本技能和理论知识。但应该指出，人员培训与开发并非单纯的就业训练和纯技术性的培训教育，而是要提高事业单位人员素质，把事业单位人员培养成为适应当前形势的新型人才。因此，在人员培训与开发中，除应向劳动者传授职业技术知识以外，还应加强事业单位人员的职业道德教育，要使事业单位人员培养起职业荣誉感和责任感，使他们认识到自己所负的职业责任和社会责任，帮助他们树立正确的职业观和人生道德观。在培训过程中，要通过灵活有效的教学方法来合理安排相关的职业道德培训，这是事业单位人员培训开发的一个重要内容。

（5）领导负责制原则。事业单位人员培训与开发是组织部门人才永续发展的主要动力，因此，本部门领导担负重要职责，要亲自抓。只有领导负责到底，事业单位人员培训与开发才不会出现半途而废的结果。领导在培训与开发活动实践中起着不可忽视的作用，它保障着培训与开发活动能够顺利运行下去。

（6）分级培训原则。根据事业单位人员的不同职位层级进行分级培训，以体现培训的针对性和实效性原则。事业单位人员培训和开发具有自己显著的特点，因为事业单位往往置于严格的层级之下。这一层级制势必会影响人员培训和开发的方式和方法，从而使事业单位人员培训和开发具有不同于私人部门的自身特色。

2. 人员培训与开发的形式

（1）职前培训。职前培训是使新入职人员熟悉组织、适应环境的过程。新入职人员在组织中最初阶段的经历对其职业生涯往往具有重要的影响，但是在他们刚刚进入组织时并没有有机地融入组织，因此会有很大的心理压力。职前教育则可以帮助新事业单位人员减轻这种压力。具体来说，职前教育可以帮助入职员工适应事业单位的要求和目标，学习新的工作准则和有效的工作行为，帮助入职人员与同事和工作团队建立良好的关系，并帮助他们建立符合实际的期望和积极的态度。

（2）在职培训。在职培训是职员在组织内通过实践进行学习，或在工作过程中利用业余时间由上级领导有组织、有计划地进行培训。它是组织培训的主要形式，从高层管理者到基层人员，都要不断地进行有效的在职培训。这种培训形式一般针对性强，成本低，对工作的进程影响小，对于改善行政组织的管理水平、提高事业单位人员的技术操作水平以及提高公共组织的工作效率都非常有效。

（3）业余学习。业余学习是事业单位人员利用工作之外的业余时间，通过自学或函授教育等形式获得新知识，进行个人能力开发。随着社会的快速发展和竞争的日益加剧，业余学习已越来越引起事业单位人员的重视。这种培训开发的形式对于事业单位人员的自我开发和自身能力的提高有着举足轻重的作用。事业单位领导要给这种培训方式建立一种有效的激励措施，这样对于提高事业单位人员自身的积极性和创造性具有很重要的意义。

（4）脱产培训。脱产培训是根据事业单位的实际工作需要选派不同层次的、有培养前途的人员，集中时间离开工作岗位，到专门的学校、研究机构或其他培训机构脱产学习。这种培训比较正规，一般理论知识的学习比重大，是一种“充电式”的学习，一般限于高层管理者、技术骨干。由于脱产培训时间长，短期内会对组织造成一定的影响。这种培训和开发成本较高，但由于培训比较系统化、有深度，所以对提高管理人员和技术人员的素质非常有效，从长期来看，对组织非常有利。

按照其他的方式分类，事业单位的人力资源的培训与开发还有其他的类型方式。按照事业单位职务层级进行的分类最适合事业单位。在英国，按公务员的等级来划分，有高级公务员培训、中级公务员培训和初级公务员培训等多种类型。英国政府根据公务员不同的职位层次设计不同的课程和培训的周期，达到学用结合和分级培训的目的。

由此可见，事业单位人员培训和开发的形式是多种多样的，具体方式也是灵活多变的。在事业单位的人员培训开发过程中，各个部门必须做到从本部门的具体情况出发，结合自身的特点和本部门的发展状况和发展趋势，合理地安排人员培训开发的形式和具体的内容，使事业单位人员的培训开发切实落到实处，以期取得应有的功效。

二、人员培训与开发的实施

（一）人员培训与开发的需求分析

1. 人员培训与开发的需求分析的基本内涵

（1）事业单位人员培训与开发需求分析的内涵。从广义上讲，人员培训与开发的需求分析是指，组织在从事培训与开发活动之前，从长远的发展目标或近期目标出发，采用各种方法和技术，对组织及其成员的现有素质构成、知识和技能的种类等进行系统鉴别与分析，以明确组织培训与开发方向和内容的一系列管理活动。而事业单位人员培训与开发需求分析针对的组织体系则是各级国家行政机关。

（2）事业单位人员培训与开发需求分析的目的。事业单位人员培训与开发需求分析要满足政府在行政发展中不同层次的要求。

从长远看，培训与开发需求分析通过预测在未来一定时期内政府部门事业单位人员素质总体的要求，确定政府培训工作的战略目标和培训内容的总体框架，作为政府所有培训活动的指南。

从近期看，培训与开发需求分析是在近期的培训活动之前，对事业单位人员是否需要培训，以及培训什么内容和运用什么方式培训等情况进行的客观分析。了解事业单位人员现有的知识结构、能力状况等综合素质与政府组织的工作性质和未来发展要求存在的差距，从而提供高质量、高效益的培训活动。

通过培训与开发需求分析，可以建立测量政府组织培训活动的标准或指标体系，为培训工作的评估提供依据。

（3）事业单位人员培训与开发需求分析的重要性。事业单位人员培训与开发需求分析工作的重要性是显而易见的。

首先，培训与开发需求分析是确定培训与开发目标的前提，也是制定组织培训与开发规划的基础。没有培训与开发需求分析这一先行工作，培训与开发就会如无源之水，不仅会使培训与开发结果毫无成就，还会浪费大量的人力、物力和财力。

其次，培训与开发需求分析是事业单位人员规划的有机组成部分，也是实现人力资源规划的必要手段之一。人力资源规划明确了组织人才的需求方向和素质结构种类，而适应这种需要，组织可以提供的一种节约成本、提高产出的途径就是确定公务员培训与开发需求，发现差距，进行针对性的培训，实现人力资源素质与组织目标的统一。

再次，培训与开发需求分析能够决定培训的价值和成本。它用事实说明培训是否真正必要，其价值何在。并能够回答组织是录用新人员合算，还是培训现有人员更合算。

最后，培训与开发需求分析能够获得组织内外部的各种支持，因为它用翔实的资料，论证了培训的必要性，具有说服力地博得组织领导者和社会人士的支持。

2. 人员培训与开发的需求分析的基本要素

人员培训需求包括三个层次，即个人的培训需求、组织的培训需求和战略发展的培训需求。与此相对应，事业单位人员培训需求分析也包括这三个要素。

（1）个体层次上的培训与开发需求分析。个人的培训与开发需求实际上是员工基本权利的一种体现。在个体层次，培训与开发需求分析的主要任务是了解组织内员工个体现有的知识、能力、素质的状况，找出与组织目标或个人发展目标要求的差距。在此基础上，确定谁需要和应该接受培训，以及应该接受什么种类和方式的培训。主要包括：事业单位人员工作成绩、相关知识和相关技能的自我评价；从员工自我发展的角度，分析培训与开发的需求，部门主管对事业单位人员个人工作能力、工作态度、工作失误以及参加培训的情况进行访谈，选择和确定本部门谁需要获得培训；培训与开发部门对事业单位人员的知识技能和工作态度的测试和考核，用专业化的培训与开发需求分析方法确定培训与开发需求。以上三个分析主体（个人、部门主管、培训部门）的分析各具特点，需要结合使用。一般而言，事业单位人员个人都有比较强烈的接受培训的欲望。他们明白知识的价值，懂得培训与开发同未来自我发展的关系。只要部门建立了培训与个人发展如晋升、增资和未来就业等相关的机制，那么，个人职业生涯发展的内驱力促使他们对培训有着很大的兴趣。但是，员工自我培训需求分析存在着一些局限性，如员工的自我评价可能过度以自我为主导，而忽视组织或社会的需要；员工对所在工作岗位的性质和素质需要了解未必全面；员工自身有时察觉不到他们可以利用的各种选择，需要其他人员的帮助；等等。在这种情况下，要将个人培训需求与部门的人员开发计划联系起来，在员工个人进行培训需求分析的同时，征求主管部门和培训部门的需求分析意见和建议。

（2）组织层次上的培训与开发需求分析。培训与开发需求的组织分析主要是通过对组织的目标、工作性质、资源禀赋状况、工作环境等因素的分析，准确地找出组织存在的问题与人员素质的关系，以确定培训是否是解决这类问题的最有效的方法。培训与开发需求的组织分析涉及能够影响培训规划的组织的各个组成部分，包括对组织目标的检查、组织资源的评估、组织特质的分析以及环境的影响等方面。组织分析的目的是在收集与分析组织绩效和组织特质的基础上，确认绩效问题及其症结，寻找可能解决的办法，为培训部门提供参考。

一般而言，组织层次上的培训与开发需求分析主要包括下列几个重要步骤：

第一，组织目标分析。明确、清晰的组织目标既对组织的发展起决定性作用，又对培训规划的设计与执行起决定性作用，组织目标决定培训与开发目标。

第二，组织资源分析。组织资源分析包括对组织的资金、时间、人力等资源的分析。一般情况下，通过对下面问题的分析，就可了解一个组织资源的大致情况：组织所能提供的经费将影响培训的范围和深度；培训需要适当的时间，如果时间紧迫或安排不当，极有可能造成不尽如人意的培训结果；对组织人力状况的了解非常重要，它是决定是否培训的关键因素。组织的人力状况包括工作人员的数量、工作人员的年龄、工作人员对工作与单位的态度、工作人员的技能水平和知识水平、工作人员的工作效率等。

第三，组织特质与环境分析。组织特质与环境对培训与开发的成功与否也起重要的影响作用。因为，当培训规划和组织的价值不一致时，培训与开发的效果则很难保证。组织特质与环境分析主要是对组织的系统结构、文化、资讯传播情况的了解，包括系统特质、文化特质以及资讯传播特质；等等。

（3）战略层次上的培训需求分析。传统上，人们习惯于把培训需求分析集中在个体和组织需求的层次上，并以此作为设计培训与开发规划的依据。一般来说，集中于个体与组织的需求，往往是对组织过去与现在的需求比较敏感。但是，当组织状况发生了重大变化时，那种集中于过去和现在的需求分析将会引起组织资源的无效应用。过去，组织变革缓慢微小，未来的需求经常是过去倾向的逻辑延展。但现在这种状况已经发生了巨大的变化。培训与开发需求的未来分析，即战略分析，已越来越受到人们的重视并被提到重要的战略位置之上。

培训与开发需求的战略分析，主要包括以下几个方面：

第一，组织优先权的改变。引起组织优先权改变的因素是多种多样的，主要包括新技术的引进，财政上的约束，组织的撤销、分割或合并，各种临时性、突发性任务的出现等。

第二，人事预测。人事预测主要包括需求预测和供给预测。需求预测主要是考察一个组织所需要的人员数量以及这些人员必须掌握的技能。对于稳定性组织而言，过去的倾向无疑是未来需求的指示灯。而对于经历巨大变革的组织来说，过去的倾向需求只有和其他预测技术结合起来才可确定未来的需求。供给预测不但要考察可能参加工作的人员的数量，而且要考察这些人员所具有的技能状况，以便为人员的录用、培训与再培训提供依据。

第三，组织态度调查。在培训需求的战略分析中，收集全体工作人员对其工作、补偿金、救济金、同事等的态度和满意程度也是很有用处的。因为，对组织态度的调查能够帮助查出组织内最需要培训的领域，是否需要培训以外的方法，而且还能找出和确认那些阻碍改革和反对培训的领域。

3. 人员培训与开发的需求分析方法

人员培训与开发需求分析要运用一定的技术方法，具体包括如下方法：

（1）问题分析法。这是一种较为有效并被广泛运用于培训与开发需求分析的方法，也称绩效差距分析法。它在分析事业单位及其成员存在差距的基础上，分析造成差距的症结和根源，论证培训与开发对于解决问题和提高组织绩效的有效性。问题分析法的具体步骤如下：第一，发现问题，即找出部门工作中存在的差距，通过收集资料、观察、面谈和问卷等各种方式，明确部门中存在的问题，它是分析问题的起点；第二，分析问题，即分析存在问题的主要原因，它成为论证培训与开发需求必要性的前提；第三，论证培训与开发需求的必要性；第四，说明为解决部门工作中的问题所需要的培训种类、培训内容和培训方式。

（2）全面分析法。这是指通过对事业单位全面、系统的调查和分析，确定工作部门现实状况与理想状况之间的差距，从而明确培训与开发的必要性以及培训与开发内容的分析方法。全面分析法强调对组织运转的各个方面进行考察，而非仅仅针对某方面问题进行分析，需要投入较多的资金和时间，通常在任务相对简单的部门中采用。但此种分析方法有利于比较全面地分析和认识问题，分析的结果也可以用于人事管理的其他环节。

（3）社会调查法。此种方法实际上是进行培训需求分析的具体方法，包括直接观察法、民意测验法、问卷调查法、关键人物访谈法、文献调查法、小组或专家讨论法等。

（二）人员培训与开发的规划设计

1. 人员培训与开发模式

人员培训与开发模式是指培训工作的系统化机制。它对加强培训的针对性，提高培训的效果、推进事业单位培训目标的实现具有重要的意义。在事业单位人力资源规划设计中，应该根据组织自身的任务、特点、需求选择与之相适应的培训模式，以便更好地达到培训效果。

（1）系统培训模式。此种模式将培训看作一系列逻辑的步骤，是一个循环反复的过程，而非局限于某一阶段性的培训。其要素包括四个方面：第一，确定培训的目的、要求、标准、原则、规章制度等。第二，进行培训需求分析。第三，培训规划的制定和实施。包括根据培训需求分析明确培训目标、培训参与人员角色、培训内容、培训辅助设备和场地等，并且做好培训前、培训中、培训后的工作，并且随时对培训进行控制、跟踪、反馈。第四，对培训计划进行评估。这一环节主要是对以往培训成果的检测，以便更好地了解培训是否有效地达到了目标，并据此进行培训方案的调整、废止或下一次培训。

（2）学习型组织模式。学习型组织模式包括三个方面：第一，个体的学习是自觉地创造性学习。培训的目的就是要使个体能更好地投入自身学习当中，创造自我，超越自我。第二，进行知识共享和创新的团队学习。营造集体学习的氛围，使得知识能够在不同部门流动、融合，为组织的发展提供丰富的信息资源。第三，营造整个组织的学习氛围，满足组织不断发展、变革的需要。通过组织内主动的学习，不断地创新自我变革的能力，保持整个组织的持续向前发展。

彼得·圣吉在《第五项修炼——学习型组织的艺术与实践》中提出了五项原则，即：第一，自我超越，辨认出个人最重要的能力。第二，改善心智模式，心智模式是指由于过去的经历、习惯、知识素养、价值观等形成的基本的、固定的思维方式和行为习惯。心智模式的改善有助于创新性的提高。第三，共同愿景，体现了组织未来发展的伟大目标以及组织成员共同愿望的实现。第四，团队学习，基于“深度会谈”的方式，发展团员团队精神与实现共同目标的能力。第五，系统思考，一种整体思考形成结论的能力，能够不断分析总结复杂事物的发展。

这种学习型组织模式更有助于事业单位把握培训的精髓。阿什里德研究中心认为学习型组织是培训与发展的最高层次——聚焦阶段。在学习型组织中，人们时刻关注通往目标实现的正确途径。学习型组织始终把他们行动中的每一个细小环节都看作整体行为，受大家一致看法的引导。珀恩·肯德拉则把学习型组织看作一个有效的周期，并高度重视个人学习和组织学习，并将其看作能创造重要财富的一种途径。

（3）咨询型模式。这种模式侧重于从培训者的角度来进行培训，使组织更具弹性和应对力。咨询型模式包括内部顾问咨询和外部顾问咨询两种形式。前者更具有针对性，更加了解情况，但是创新性不强；而后者更加专业，而且为组织开阔了眼界，带来新的技能、方法和理念，但是费用较高，并且可能不能更好地把握组织，并融入其中。咨询型模式的过程一般按照以下的逻辑顺序来进行：第一，获准进入组织；第二，调查与分析；第三，提出问题及解决方案；第四，进行指导并解决；第五，完成培训，退出该组织。

2. 人员培训与开发的规划设计内容

完整的培训与开发规划包括：学员、讲师的选择，培训时间、场地的安排，教材、讲义的准备，培训经费的落实。

（1）确定学员和讲师。根据需求分析，事业单位可以确定接受培训的对象。据此，事业单位需要明确培训对象的知识背景、现任工作技能以及所需工作技能、培训的目标，以便因人施教，具有针对性和高效性。例如，岗前培训就有别于晋升培训。

讲师的选择也具有举足轻重的地位。培训的需求同时决定了担任培训工作的教师队伍的结构、专业分类和知识水平等，主管部门需要组织一支与培训需求相一致的师资队伍。对于不同的培训内容可以选择不同的讲师类型。对于知识技能培训，可以选择高校教师、专家、学者，或事业单位的高层领导，具体的业务技能可以选择本部门的优秀员工等；对于心理素质培训，可以选择心理咨询机构以及相关领域的专家、学者；对于精神道德的培训，则选择党校、党委干部等。

（2）培训时间、场地的选择。培训时间要视培训目标和任务而定，并且富有弹性。对于目标可以在短期内实现的培训可以选择短期的培训方式集中进行，以便更好地节约成本，提高效率；而对于长期的、体系性的学习，则需要经历较长的培训，最好采用分散式的培训时间，有助于学习的循序渐进。同时，要考虑到事业单位人员的闲暇时间和劳动时间的分配。

对于培训地点的选择主要有以下几种：组织内部会议室、组织外部会议室、宾馆内的会议室。要针对不同的培训对象和培训内容来进行地点的选择。

（3）教材、讲义的安排。教材的来源主要有四种：外面公开出售的教材、组织内部的教材、培训公司开发的教材和培训师编写的教材。可以通过两种方式进行选择，一是由事业单位上级进行选择；二是由培训师自行选择。教材和讲义的安排视培训的内容和目标而定。

（4）培训经费的落实。首先，需要考虑培训中的各种花费。包括讲师、设备、教材、管理等各项花费。其次，应该考虑机会成本问题。一般而言，在政府部门，公务员参加培训是他们的一项基本权利。公务员参加某些培训不需要任何费用，但有些则需要他们支付因参加培训而需要的机会成本。但是这些不容易计算，成本专家认为机会成本最保守的计算方法是，将培训对象培训期间的工资数额翻一番。

3. 人员培训与开发的具体操作阶段

人员培训与开发的具体操作包括三个阶段：第一，前期准备工作阶段；第二，培训实施阶段；第三，知识或技能的传授阶段。以下主要介绍前两个阶段。

（1）前期准备工作阶段。前期准备工作是基础性工作，事业单位人员培训与开发具体操作中首先反映了这一点。它主要包括以下内容：第一，确认并通知参加培训的学员（在培训实施前的先行检查），如从事的工作内容、工作经验与资历、工作意愿、工作绩效、政策、所属主管单位的态度。第二，培训后勤准备，如场地和设备、交通情况、座位安排、费用。第三，确认培训时间，如员工工作班状况，时间控制。第四，教材准备，如课程资料的编制、设备检查、活动资料准备、结业证书。第五，确认理想的讲师，如符合培训目标、讲师的专业性、讲师的配合性、在培训经费预算内。

（2）培训实施阶段。主要做好上课前的准备、培训开始的介绍工作以及培训设备的维护。

4. 人员培训与开发的费用管理

培训经费是培训的物质保证，必须做好预算。人员培训与开发的费用管理主要包括以下几个步骤：

（1）设定培训方案成本。首先，了解培训费用的总支出，包括直接成本和间接成本。如讲师、设备、教材、场地的租用、各项管理费用等。其次，要比较各种可选择培训方案的费用，并作出最优选择。再次，需要对培训的各个环节资金分配情况进行分析。最后，进行成本预算控制。

（2）计算培训成本。对于培训成本的计算有两种方法。一是利用资源需求模型计算培训成本。比较培训的不同阶段（培训项目设计、实施、需求评估、开发和评估）所需的设备、设施、人员和材料的成本。二是利用会计方法计算培训成本，包括项目开发或购买成本；向培训教师和学员提供的材料成本；设备和硬件成本；设施成本；交通和住宿成本；培训者及辅助人员工资；学员因参加培训而损失的效率（或当受训者接受培训时代替他们工作的临时工的成本）。

（3）确定培训收益。在培训结束后，要进行培训效果的评估，并评估潜在的收益。例如，可以将受训后与受训前相比较的成功者再次进行绩效比较，观察差距是否缩小。

（三）人员培训与开发的方法

1. 培训与开发的方法类型与特征

事业单位人员培训与开发的方法，是指事业单位人员培训的教育机构在实施培训的过程中，按照一定的教育思想，设计和采用一定的教学形式或教学辅助形式，对事业单位人员进行知识、技能与观念培养的一整套方法。

事业单位人员培训是成人职业教育的组成部分，事业单位人员的特性使事业单位人员培训与开发的方法不同于常规教育。其具体表现有三点：第一，事业单位人员一般具备一定的思想理论水平、文化水平和专业技能，他们中多数人有一定的阅历和经验积累。随着年龄的增长，他们中一部分人机械记忆力减弱，但理解分析能力较强。第二，事业单位人员的自我意识相对较强，他们学习目的明确，具备一定的自我指导的能力。他们在工作中感受到提高自身知识技能的重要性，学习动力较大，乐于接受培训。第三，事业单位人员年龄不一，工作阅历不同，因而在培训中表现出不同的特点和需求。基于此，事业单位的人员培训与开发在方法上要强调以下几个方面：

（1）人员的培训设计必须具有针对性，一般不以讲授纯理论知识和学术观点为主，而是把教学内容与事业单位人员的本职工作与提高其工作绩效紧密联系起来。在培训方式的设计上强调实用性，教学中突出实践性，采用让学员对实际事件进行分析和研究的方法提高解决问题的能力。

（2）对事业单位人员的培训应避免教师单向性的知识传授。应注重培养学员的主动精神，采取学员积极参与、教师和学员互动的方式进行。

（3）对事业单位人员的培训应该是一个培养学员自我学习能力的过程。因此，培训的过程应该是引导和启发式的，培训机构可以利用事业单位人员自身的知识积累和经验优势，引导学员相互交流和相互学习。

2. 培训与开发的具体方法

培训部门可根据实际需要采用灵活多样的培训方法和培训手段。目前较具代表性和较为通用的培训与开发的方法有以下几种：

（1）课堂讲授法。课堂讲授法是由教师在课堂上给受训者进行系统讲授的培训方法，是一种以教师为中心的教学培训方法。此种方法较具经济性，容易操作，因此至今仍是大部分培训的首选方法。对事业单位人员进行系统知识和理论的传授，适合于此种方式。目前在课堂讲授式培训中有“启发式讲授”“发现式讲授”和“开放式讲授”等多种形式。教师在讲授过程中通过引导和提问等多种形式调动学生的积极性，提高学生在课堂上的主动性，鼓励学生通过课堂参与提高分析问题和解决问题的能力。

（2）研讨法。在培训与开发中，研讨法是仅次于课堂讲授法而广泛使用的教学方式。其基本程序是；首先，教师提出问题；其次，学员根据问题查阅有关资料；最后，在查阅资料的基础上，在教师的指导下，学员进行交流和研讨，通过研讨，提高学员对问题的认识，或寻找到相应的解决问题的办法。具体的研讨形式可以有较大的灵活性，可以由教师主持，也可以由学员主持。目前此种培训方式的效果较为明显。

组织研讨，要制订研讨计划，明确研讨的目标和内容，设计研讨的具体方式。进行研讨的问题要有理论意义和现实意义，一般应该能够引起争论。研讨可以根据具体情况采用演讲——讨论式、小组讨论式、系列研讨式、沙龙式等不同形式。研讨中教师要善于引导，使学员较快地投入，并能围绕某些重点进行讨论。要善于总结学员提出的观点，把握讨论的节奏，控制讨论中的冲突。

（3）案例分析法。案例分析法是目前事业单位人员培训与开发中普遍采用的方法。案例分析法的优点在于它提供了具体、复杂的管理情景，让学员进行有针对性的分析。在此种培训与开发中，分析研究的主体是学员自身，通过学员的独立思考和相互讨论，提高其解决问题的能力。案例分析法的巨大优势在于它讲述的不是抽象的原则，而是提供了具体的、复杂的问题环境和背景，它鼓励学员思考和力求解决问题。同时，解决问题的行动方案可能有多个，使学员学会权衡和选择，以此来培养学员提高针对不同情景解决实际问题的能力。案例教学法的主体是学员，他们必须经过充分的准备、深入的思考、相互的探讨，才能汲取知识和经验，达到预期的能力。

案例教学的难点和关键点是案例的编写。如果案例没有真实具体的情景，不具有典型性，尤其是存在着基本的常识性错误，那么就很难启发学员，甚至还会误导学员。因此，教学案例的基本构件必须有：事件发生的背景资料、发生的时间、人物关系；事件具有典型性，代表了行政管理中的一系列重要问题；能够引起学员的争论，并能贯彻培训的目标；具有相对独立和完整的情节；案例结构合理、语言流畅。

（4）角色扮演法。这也是培训与开发的有效方法之一。角色扮演就是用事先设计的一组情景，要求学员在情景中选择各个角色，出场表演，通过与其他角色的交往或博弈过程，体现出与培训有关的行为，达到培训的目的。

角色扮演法具有多方面的功能和作用。通过角色扮演，可以发现学员的管理才能和解决问题的能力，还可以了解学员的个性特征与别人交往合作的能力。同时，通过角色扮演，培训者可以诊断学员培训中存在的问题，指导他们修正行为。

同案例分析法的重点一样，角色扮演法的关键是设计和创造什么样的角色，能够使教师把握他们要了解的东西。角色可来源于现实生活，但又避免与现存组织状况靠得太近，以防学员的消极防卫行为。最好是采用一些模拟的问题。

（5）人格拓展训练法。人格拓展训练，又称挑战权限训练，是指由教师设计出模拟的惊险情境或极限训练方法，让学员参与其中。通过此种训练，培养学员的忍耐力和克服障碍、实现目标的意志力。此种方法源于野外生存训练，以后逐步扩展到管理训练和心理训练等方面。它强调对学员意志品质和心理承受能力的培养和训练，有助于培养学员的团队精神和合作态度，培养他们对环境的适应能力和积极进取的人生态度。人格拓展训练法是一种体验式的教育方法，具有较强的实际意义。

事业单位人员培训与开发的具体方法还包括自学法、敏感性训练法、领导成就训练法等，还可运用现代科技手段来进行培训，如视听技术培训法和计算机培训法等。

（四）人员培训与开发的效果评估

为了保证事业单位人员培训与开发的效果与目的，必须对整个培训过程进行全程监控和评估，保证培训规划的有序进行，及时发现问题并纠正，保证以后的培训的提高和改进。

1. 人员培训效果评估的跟踪与监控步骤

（1）人员培训前的效果评估。

对受训者进行训前状况摸底，了解受训者在与自己的实际工作高度相关的方面的知识、技能和能力水平，目的是与培训后的状况进行比较以测定培训的效果。此项评估可以根据具体的需要进行，使配置资源合理，为效果测定服务。

（2）人员培训中的效果评估。

第一，对受训者的实际需求与培训内容的相关性进行评估。可以先确定培训内容，然后选择受训者；或先选择受训者，后确定培训内容。

第二，对受训者对培训项目的认知程度进行评估。受训者对培训项目比较了解后，才会积极接受培训。

第三，评估提供的培训内容与规划的培训内容之间的差异。

第四，评估培训的进度和中间效果。监控进度是为了保证培训项目在时间进度和资源投入进度方面与规划一致；监控中间效果是评估受训者在不同的培训阶段的提高和进步幅度，便于及时发现差距采取补救措施。

第五，对培训环境进行评估。使培训的实施与受训者的工作环境尽量相似。

（3）人员培训后的效果评估。

这主要就是绩效比较和衡量成本收益，总结事业单位人员培训中的经验和教训。

2. 人员培训效果的评估指标

人员培训效果的评估指标主要包括以下几个方面：

（1）学员反应。学员是接受培训的主体，对培训最具有发言权。因此，学员的反应是培训效果评估的重要指标，主要包括学员对培训的积极性，对培训内容、价值的认可等，其包含的指标还有情感成果，包括态度和动机在内的成果。

（2）学习标准。学习标准是衡量受训者培训学习效果的尺度。主要表现为学员对课程的吸收程度。其包含的指标为认知成果，强调受训者对原理、事实、技术、程序或过程的掌握。

（3）行为标准。此层面即培训成果的转化，主要表现为培训后学员工作行为的变化，其包含的指标为技能成果，包括技能获得和技能转换。

（4）培训绩效。即为培训后员工和组织绩效的提升，其包含的指标为员工满意度、工作效率等，比较培训的货币收益和培训成本。

3. 培训效果的评估方法

总体来说，培训效果的评估方法主要有比较评估法、集体讨论法、个体评估法和个案分析法、定量评估法和定型评估法以及问卷评估法。但是，在各个评估环节所使用的方法不尽相同。

（1）反应评估法，主要包括三种方法：观察和面谈、问卷调查、综合座谈。第一种方法表现为出勤率以及课堂气氛。主要包括课堂回答问题情况、做笔记人数等。第二种方法问卷调查是最常用的一种调查方法，需要的时间较少，获得的信息量很大，在调查内容对被调查者目标一致的情况下，问卷调查数据的质量是有保证的。问卷的内容应该包括培训内容针对性、培训师水平、培训设施、自己从培训中得到的收益如何以及自己如何评价该培训课程等问题。最后一种方法注重双方的交流，可以获得比较全面和有效的信息。

（2）学习评估法，主要包括提问法、笔试法、口试法、模拟练习与演示、角色扮演、演讲等。这些方法可以丰富培训内容，提高受训者的积极性。

（3）行为评估法，主要包括绩效评估、直接观察法、360度评估法、管理能力评鉴、统计数据法等。其中360度评估也称全方位评估，通过上司、同事、下属、自我评估等各个层面对员工进行评估。这种方法有助于综合考虑所有的情况，做到全面的行为评估。

（4）结果评估法，主要包括个人与组织绩效指标、缺勤率、离职率、成本效益分析、360度满意度调查等。

三、事业单位工作人员培训与开发中存在的问题及对策

（一）存在的问题

1. 形式化凸显

在着手于内部员工队伍建设的过程中，部分事业单位因为思想态度不端正，导致建设工作趋于形式化发展，并呈现出一定的问题。未能成立独立的培训部门，在具体的工作职能上未能进行合理规范和明确，导致关于人员的培训与开发工作在具体的职能范围上不够明确，管理人员在组织和规划培训活动期间，在思想上不够端正，对整个培训活动缺乏思想重视，在培训方案设计和活动开发期间也比较随意，严重影响整体的建设质量，甚至徒增事业单位在人员管理方面的成本。

2. 缺乏新员工有效培训

在事业单位的工作领域，新员工是单位的新鲜血液，在带来了活力的同时，其自身因为经验匮乏，导致专业素养比较薄弱，所以在培训方面的需求度比较强烈。然而就目前来讲，在新员工培训方面，事业单位缺乏思想重视，在培训体系和内容的设置上也并不规范。一般情况下，在针对新员工组织培训活动期间，通常由管理人员负责将事业单位内部的具体规章体制渗透和灌输给新员工，但是在岗位职能分析、服务理念以及业务开展的专业化技术手段等方面则缺乏有效培训。新员工培训比较笼统，导致其在今后参与工作岗位期间很难适应事业单位整体环境，同时也会严重影响整体的工作效能。

3. 缺乏针对性

就目前来讲，在培训内容设置上，事业单位所做的工作举措仍然存在着一定问题，具体表现为缺乏一定的针对性，导致培训效果受到不良影响。因为事业单位内部包含着不同的部门，所涵盖的职能范围以及在员工职业素质方面的要求也具有一定的差异性。在进行培训内容规划设置的过程中，如果缺乏模块的分类以及内容的分层整合，以笼统的方式进行培训，那么将导致参与培训的员工无法有效内化和吸收比较准确的培训内容，同时也会导致员工所具有的培训基础相对比较薄弱。

4. 缺乏长效机制

培训活动的规范性开展，在很大程度上依赖于长效机制的支撑。然而就目前来讲，事业单位在培训机制的建设上存在着明显的不合理现象。未能根据国家在事业单位公益服务

方面所提出的具体要求，在培训机制上进行完善和更新，无法给培训工作提供正确的方向指引，在具体执行方面也会受到明显阻碍。同时，在构建培训机制期间缺乏战略统筹和深入分析，也是导致培训效能无法突出的关键性原因。面对当前在内部员工培训与素质开发方面所存在的问题，事业单位需要做的是要对应提出科学的实施举措，从而实现培训和开发体系的进一步优化，为实现内部人才素质建设和优化储备而提供助力。

（二）优化对策

1. 树立培训新理念

面对内部员工培训工作，事业单位需要在思想观念上进行有效革新，从而为相关工作有效开展提供重要的思想导向。首先，需要提高对员工培训活动的重视，要认识到这一工作在优化内部工作环境，助力事业单位实现深入发展所具有的作用。其次，在具体的培训思想和理念上进行更新，要积极学习其他国家在员工培训方面所提出的先进思想，并从员工的实际发展需求出发制定柔性化的培训管理体制，从而全面提高培训管理工作的规范性与合理性。再次，在组织培训活动期间，需要从内部出发，尊重人力资源管理发展规律，从长远角度考虑分析员工所处部门的今后发展趋势，对具体的职能要素进行明确，并在此基础上针对培训活动进行战略统筹，从而保证培训开展的合理性。最后，在组织内部员工参与培训活动的过程中，需要积极践行现代化的发展理念，针对先进的培训载体进行开发，让内部员工能够拥有良好的学习环境。

2. 丰富培训内容

培训内容完善与否，在很大程度上影响着整体的培训工作质量好坏。因此，在进行培训的过程中，事业单位需要立足于自身的发展目标以及内部员工在职业规划方面所呈现的具体需求，有针对性地发掘和整理培训内容，从而保证所构建的培训体系更加规范，全面提高培训活动的有效性。首先，需要针对当前的市场环境进行全面调研，了解事业单位在公益服务方面的方向定位，对今后的发展趋势进行明确。其次，针对内部所包含的部门以及所对应的工作职能进行合理分析。在此基础上确定培训内容的发展方向，将国家在事业单位工作方面所提出的战略法规有效地渗透到培训活动当中。再次，要针对不同岗位制订科学合理的培训方案，在培训内容方面加强针对性设置，这样能够全面提高培训活动与各个部门之间的适应性，让内部员工在参与培训活动的过程中，有效地了解和掌握自己所在部门需要履行的工作职责，并在具体的工作方法和行为举措上进行规范，从而全面提高自身在工作岗位上的专业化水平。最后，在发掘与整合培训内容的过程中，需要尊重内部员工的个性化需求，在培训内容上进行创新，将富有新意的内容整合到培训活动当中，加强传统文化的宣传力度，让内部员工能够形成良好的文化意识，并在岗位的工作观念和态度上进行规范。

3. 创新培训方法

在全面实施员工培训的过程中，事业单位需要在具体的培训方法上进行多元化创新，从而为内部员工提供良好的学习环境，并在参与培训的过程中形成端正的态度，提高整体的积极性。事业单位需要强调主题知识讲座的有效开展，围绕特定主题开展知识讲座，将国家在事业单位公益服务方面所提出的职能要求，以及所制定的战略法规在讲座中进行渗透，从而坚定内部员工的政治信念，强化服务意识，促使其能够以端正的态度参与到员工培训活动当中。同时，在进行员工培训期间，需要在具体的活动组织形式上进行创新。将情境设置、案例分析、项目驱动等多种方法有效地贯彻和应用到具体的培训活动当中。

4. 完善培训机制

在组织内部员工参与培训的过程中，事业单位为了保证整体的培训效果更加突出，需要在具体的培训机制上进行完善和创新。要立足于国家所提出的战略方针，以此为支撑具体完善培训机制。加强培训考核与监督体制的合理建设，针对参与培训的员工实际表现进行有效监督，细化考核标准，并全面落实激励性的管理体制，让内部员工能够对具体的培训活动产生参与动力，并提高整体的学习效能。

第三节　人员绩效管理

一、绩效管理概述

（一）绩效的内涵和特征

1. 绩效的内涵

关于绩效，学界有不同理解。一种观点将绩效定义为在特定时间内，由特定工作职责、活动或行为产生的产出记录。该定义将绩效与任务的完成情况、产出和结果相联系，将绩效视为工作活动达到的结果。另一种观点将绩效定义为活动本身，指人们实际做的、与组织目标有关的且可以观察到的行动或行为，认为此类行为完全可以由个体自身加以控制。这两种界定各有侧重，在实践中，绩效同时包含工作行为和工作结果两个方面。

基于此，绩效是指劳动者在经济活动过程中表现出来的工作行为及由此带来的与组织和社会目标相关联的工作结果的总和。工作行为与劳动者个人的能力、劳动态度等密切联系，成为达成某种工作结果和工作业绩的必要条件。绩效具有多因性，包括组织激励状况、个人努力程度、个人能力状况和角色理解力等，还包括环境因素，如工作设备、工作条件、团队合作、管理制度、管理风格；等等，都会对员工的工作绩效产生影响。

工作绩效又可区分为组织绩效和个人绩效，可以从不同层面加以定义。从宏观层面界定，事业单位的绩效涉及公共组织总体的决策能力、政策制定和执行能力以及在经济和社会运行的实际掌控和操作过程中表现出来的效率和效果，体现为事业单位的社会绩效。从中观层面，指某一具体公共组织或机构在决策、政策制定和执行以及在组织管理、经营中表现出来的效率和效果，又称组织绩效。从微观层面看，指公共组织中某一具体员工或任职者在既定岗位或工作中的实际表现，此即员工的个人绩效。一般而言，员工绩效是公共组织绩效和事业单位社会绩效的基础，组织绩效是组织中员工绩效的综合体现，事业单位的社会绩效又是公共组织绩效和员工个人绩效的社会反映。

2. 绩效的特征

第一，多因性。绩效的多因性是指绩效状况非由单一因素所决定，相反，受许多主客观因素的影响。现代管理的经验和研究表明，员工的绩效受能力（ability）、激励（motivation）、机会（opportunity）和环境（environment）四方面因素影响，可用P=f（A，M，O，E）公式表示。

能力指员工的工作技巧和能力水平。一般情况下，能力与绩效成正比，即员工能力越强，绩效越显著。而能力高低又受多种因素制约，如个人体质、智力、受教育程度、工作经历等。

激励指员工的工作状态，即工作积极性，是保证良好工作绩效的心理基础。员工积极性的高低又取决于主客观因素，主观因素体现为员工的世界观、个体需要、兴趣、个性等；客观因素体现为工作环境、领导评价、协作关系、激励政策等。

机会带有偶然性，如某项具有挑战性的任务分配给了员工甲，员工乙因不在或随机性原因未得到此项任务，员工甲便获得了表现的机会。此种情况带有“运气”的成分，在实际工作中难以避免。

环境是影响工作绩效的外部因素，却具有不可忽视的作用，包括组织内的客观条件，如工作场所的物质条件、设备配备和工作程序，上级的领导作风和监控方式，以及组织结构、规章制度、工资福利和组织文化等。还包括组织外具有间接作用的因素，如社会政治和经济状况、市场竞争强度及人才市场状况等。

第二，多维性。多维性是指对一名员工的工作绩效要从多方面考察，不能只看一个方面。例如评价一名员工的工作，不仅要考察其工作数量，还要考察其工作质量、工作成本、费用、出勤状况及与他人的合作状况等。又如评价一名部门主管，其工作绩效不仅从他管理的部门的整体业绩中反映出来，还包含他对部下的指导、培养、监督以及在管理中的创新等。从多个维度加以考察，方能对工作人员的工作绩效有全面、准确的评价。

第三，动态性。动态性主要从时间变化的角度去评估工作人员的工作绩效。对于工作人员而言，他的工作状况和工作环境都处于变动之中，不同时段中内外因素的变化对工作效果会产生不同的影响。如由员工缺乏经验到经验得以增长，再到经验丰富；外部环境的诸种变化使工作业绩随之发生相应变化；有些工作本身具有周期性，因而工作业绩也会有相应起伏；有些工作本身具有开创性和挑战性，开始时难度较大；等等。表明对工作人员的工作绩效要用变化的眼光客观地加以衡量，以确保评估结果的实事求是和更加精准。

（二）绩效管理的内涵和环节

1. 绩效管理的内涵和作用

绩效管理是指管理者为确保组织成员的工作活动和工作产出与组织目标保持一致所实施的一系列旨在改进和提高组织成员绩效的管理活动。

对事业单位人员实施绩效管理的作用体现为以下方面：

（1）为实现事业单位的战略目标。组织战略目标是组织实施管理的终极目的作为与达成组织战略目标紧密联系的管理系统，绩效管理体系通过界定为实现组织战略目标所需要的结果、行为和员工个人特征，将这些结果、行为和特征与绩效考评和反馈过程相结合，从而引导和激励员工最大限度地施展其行为、展现此类特征，通过管理达成员工预期绩效结果，从而实现事业单位短期、中期和长期目标。

（2）为事业单位人事管理的其他环节提供依据。事业单位的人事管理有多个环节，其中职业生涯发展、晋升决策、薪酬决策乃至奖惩机制；等等，都需要以员工绩效为基础。通过绩效管理过程和手段，获取员工工作绩效信息，从而为其他一系列人事管理环节提供依据，以利于其他人事管理环节的决策。

（3）为改进组织体系和进一步开发人力资源提供依据。在绩效管理过程中，绩效考评和绩效反馈能够通过发现员工绩效达成过程中的不足、弱点和原因，发现问题背后反映出的组织系统存在的不足，发现员工在技能、经验或工作理念方面的欠缺，从而通过弥补组织系统的缺陷、通过培训和发掘员工潜能，推进组织系统发展。

2. 绩效管理的环节

（1）绩效计划的制订。

绩效计划使管理者和员工就员工今后一段时期内（一般为1年）应完成的工作任务目

标和工作责任达成共识，在协商和明晰责、权、利的基础上制订书面计划、订立协议。

绩效计划的内容可包括：

第一，特定岗位及其员工在一定周期内的工作目标；

第二，员工特定周期的工作责任和应实现的工作成果（包括量化的和非量化的工作成果）；

第三，对员工特定周期实现工作目标、实现工作成果的要求和衡量标准；

第四，对特定周期员工实现工作目标、取得工作成果的监督主体和考察方法；

第五，工作责任人为完成工作所拥有的权力和可获得的资源；

第六，工作可能遇到的困难、障碍及能够获得的支持和帮助。

绩效计划的制订可以通过双向沟通的方法，使责任主体和监督主体在工作目标上达成共识，明确各自的责任，以期更好地实现工作目标。

（2）绩效计划的实施与沟通。

绩效计划制订后，接下来便是具体实施。在绩效实施的过程中，需要做两件事情，其一是持续的绩效沟通；其二是记录实际工作状况和工作表现。

所谓绩效沟通是指上级主管人员及实施计划的监督主体及时了解员工绩效实施情况，在此基础上，对绩效实施主体遇到的困难和问题给予及时指导和帮助，以保证绩效计划的顺利实施。

要使绩效沟通积极有效，一般应力求做到：①开放性，指沟通中的真诚坦率，管理者只有做到真诚坦率，才可能从员工那里获得真实信息，从而给予有效的帮助和支持；②及时性，指沟通的时效性，经常沟通，及时发现问题、解决问题；③针对性，指沟通要针对具体问题，而不是泛泛而论、走过场。针对具体情况，了解具体问题，方能使沟通具有有效性。

沟通的方式可分为正式沟通和非正式沟通两种情况。正式沟通包括书面报告、定期面谈、小组或部门会议以及咨询等形式。非正式沟通基于管理人员和工作人员之间的接触，方式不固定，可发生于任何时间和地点，具有弹性，信息传递较为迅速。

在绩效计划实施的过程中，实施者和监督人员均应对计划实施情况加以记录，作为备案，以利及时总结查找问题，保证工作任务的顺利完成。

（3）绩效评估。

绩效评估是事业单位人员绩效管理中的核心内容，指一定时期内，公共组织按照一定的原则和标准，运用一定的方法和技术，对所属员工的工作绩效进行识别、测量和评价的过程，以判断工作人员工作目标的实现程度。

绩效评估的功能体现为以下方面。

第一，控制功能。对公共组织而言，通过绩效评估，提供一个公平客观的标准，并依据考评结果决定晋升、奖惩、调配和培训等。对员工个人而言，也成为一种控制手段，敦促员工牢记工作职责，了解工作目标，使自身的工作绩效与组织的期望保持一致。

第二，激励功能。绩效评估能够产生一定的心理效应，从而发挥激励和导向的作用。无论对成绩突出者还是落后者，绩效评估都会起到鞭策作用，工作符合要求和贡献突出者，因受到肯定和奖励的鼓舞而更加努力。工作中的落后者则会对照工作要求和先进工作者，在以后的工作中有所改进。正确的评估将发挥鼓励员工积极努力工作的导向作用。

第三，开发功能。绩效评估依据已确定的绩效标准进行，评估结果显示出的不足之处成为员工培训的需求。管理者可据之制订有针对性的培训计划，以提高员工素质。通过评估，管理者能够对工作人员的情况有较详尽的了解，从而根据员工的长处和特点确定培养方向和使用办法，发挥其长处，促进他们的发展。

在事业单位人事管理中，绩效管理呈现为一个完整的管理系统和过程，与之相比，绩效评估只是整个绩效管理体系中的一个环节。绩效管理具有前瞻性，对于员工的职业生涯和未来发展有重要意义；而绩效评估则只是对工作人员一个特定时期工作成果的评价。绩效管理有完整的计划和监控手段；而绩效评估只是整个管理过程中的手段之一。绩效管理重视事前、事中和事后的管理，而绩效评估则主要偏于事后评价。

（4）绩效反馈面谈。

绩效管理过程并非简单的评价打分，而是要进一步提升员工的工作能力，激励员工更加努力工作，更好地实现绩效目标。因此在绩效评估后，还需有上级主管人员与下属进行面谈，使员工了解自己在一定周期中的工作实绩状况，巩固成绩、改进不足，通过绩效反馈面谈使下属了解上级领导对自身的期望，再接再厉，努力工作；也使上级主管更加深入地了解员工的想法，提升工作水平，改进管理方法。

二、绩效评估

（一）绩效评估的原则

1. 客观公正原则

在绩效评估工作中，无论是对工作人员工作数量的测量，还是对工作人员工作质量的评定，都要建立在工作人员实际工作情况的基础上。工作数量的测量是对工作人员工作的客观描述，不应掺入主观因素和个人偏见；评定则是对工作人员工作质量的评价，是一项复杂的工作，具有一定的主观因素，但仍应该以客观价值为基础。遵循客观性原则是绩效评估中测量与评定工作的基础，也是使绩效评估工作真正收到实效的保证。要做到客观公正，必须打破任何人事上的远近亲疏关系，坚持公道正派的作风，实事求是，对评估对象一视同仁，公平对待每一名工作人员。由于绩效评估结果与工作人员的切身利益相联系，因此评估结果客观真实，对调动工作人员的工作积极性具有重要作用。

2. 民主公开原则

民主公开是指管理部门通过有效方式或程序使部门工作人员参与绩效评估的过程，包括征求工作人员意见、民主评议、民意测验以及工作人员进入考评机构等。绩效评估中应有相应程序让工作人员对领导和管理人员进行评议，增加考评工作的透明度，做到考评过程和考评结果的公开，绩效评估的公开本身是一种监督。

绩效评估的民主公开还表现为允许评估对象对评估结果提出申诉，行政部门应有相应的机构和程序保证工作人员的这一权利。作为一种纠偏机制，申诉程序与考评的客观公正紧密联系，对进行申诉的工作人员要给予应有的保障。

民主公开原则归根结底是为了保证绩效评估工作的客观准确，要做到这一点，还有赖于考评反馈机制的建立和健全，及时、真实考评结果的反馈能够反映工作人员对考评结果的看法。反馈机制本身也是一种监督机制，有助于绩效评估工作的公正性。在绩效评估的实际运作中可以看到，缺少民主机制的考评工作有可能渗透着较多主观因素，使考评工作缺少权威性。绩效评估工作中民主机制的真正建立，在一定程度上取决于领导者的诚意以及相应的制度规定。

3. 定量与定性互补结合原则

事业单位人员的绩效评估包括测量与评定两个方面，二者间不仅具有统一性，还具有互补性。在对事业单位人员的工作绩效加以测量和评定的过程中，量化的测量与质量的评定紧密联系在一起。对被考核人员工作的定量描述，是测量的结果，也是评定被考核人员工作情况的基础。因此，对事业单位人员工作的评定，首先应有量化基础，缺乏基本量化的考核基础，定性评价便无所依凭。但要切忌就数论数的趋向，要在量化考核的基础上对工作人员的工作数量有一个质的解释。

对事业单位人员的绩效评估应该有以下步骤：第一是对员工工作的定量描述；第二是在工作定量描述基础上的定性（价值）分析；第三是在对工作人员工作定量描述和定性分析基础上的绩效权衡，实现对工作人员工作绩效定量测量和定性分析的互补结合。在对工作人员进行绩效评估的过程中，应协调好二者间的关系。

4. 注重实绩原则

在对工作人员进行绩效评估的过程中，要注重实绩，即注重考察工作人员的实际工作成果。工作实绩是工作人员付出劳动并为社会承认的结果，是工作人员工作能力、工作态度以及实际工作质量和数量的综合体现，是绩效评估中最重要的内容。遵循注重实绩原则，可以避免绩效评估中的虚假和不真实，杜绝工作人员说空话、说假话的习气，鼓励和培养工作人员务实的工作作风。

（二）绩效评估的要素

1. 绩效评估要素的设计

要使考核真正收到实效，绩效评估要素的设计是一个重要环节。绩效评估要素的设计可分为总体设计、局部设计和单项设计几种情况。总体设计包括各类人员绩效评估的结构设计与评价要素的设计，是从整体上进行的全面设计。局部设计是在总体构架的基础上对某类人员评估的特有结构以及评定要素的设计；单项设计则是针对某类人员所进行的某些特有的或较为重要的评定要素的设计。总体设计属于一般性设计，局部和单项设计属于特殊设计，通常根据一定的评估目的进行设计。

绩效评估要素的设计应符合以下要求：

（1）有针对性。绩效评估的目的是要准确地了解工作人员的素质和实际工作情况，了解工作人员的素质状况及与实际工作职责的结合程度。由于不同部门和岗位的工作职责不同，对工作人员的素质结构有不同的要求，工作人员素质与所承担职责结合程度的外在表现也各不相同。因此在对绩效评估要素进行设计时，应针对本部门本单位的实际情况，结合本部门本单位的工作职责，从工作职责对工作人员素质提出的要求方面考虑，使评估结果符合本部门情况，最终有利于推动本部门工作。

（2）内涵明确、表达清晰。所谓内涵明确是指每个评估要素都应有明确的含义。评估要素内涵明确，有助于使实施评估者对评估要素有较为一致的认识，使不同人员的评估结果具有可比性。要做到这一点，评估要素的设计者首先应做到对考核评估各要素有符合逻辑的分类，明确每个要素评估的角度及各要素之间的相互联系。

所谓表达清晰是指评估要素的文字表述应具有直观性，使人一目了然，避免因表述过于概括、含混使评估者不知所云。如“表达能力”的表述就比较含混，使评估者不知从何处下手，若界定为“语言表达能力”或“文字表达能力”，含义就比较明确，使评估者能够给予评估对象较为准确的评价。

（3）少而精。所谓少而精是指评估要素的设计应该以能够获取评估中必要的信息为目的，选取最具有代表性和最有特征的要素，切忌烦琐。评估要素结构的简化有利于缩短考评过程，节省人力物力，提高评估的实际效果。绩效评估的实践表明，烦冗的要素体系不仅给要素设计人员和绩效评估的组织者带来麻烦，也使实际进行评估的人员感到厌倦而失去兴趣，最终使评估结果不准确或者是敷衍填写了不准确信息，或者充满重叠信息，降低了评估的真实有效性。

（4）逻辑合理。在设计评估要素时要将某一类评估指标归纳在一起，这样有利于评估者在评估中对不同评估指标加以比较。如评估指标中可以将“知识面”同“专业知识”两个评估因素放在一起，使评估人了解前者是考查被考核人知识的广度，后者则是考查被考核人在专门领域的素质状况，从不同侧面对评估对象加以评价。

2. 绩效评估要素

绩效评估要素的设计是绩效评估过程中的重要环节，评价指标的设计应含有工作业绩评价指标、工作能力评价指标和工作态度评价指标的内容。此外，评估要素中还应含有硬指标和软指标。所谓硬指标，是指可以以统计数据为基础的指标，具有客观性和可靠性；所谓软指标，则是指通过人的主观评价能够得出评价结果的指标，评判具有一定的模糊性和主观性。

（三）绩效评估的发展趋势和方法

1. 绩效评估的发展趋势

绩效评估是一个动态过程，它需要不断地汲取新的观念和先进的技术手段。目前各国事业单位绩效评估的主要发展趋势表现在以下方面：

（1）重视对员工工作绩效的综合性分析。

按照系统论的观点，任何系统都是各种要素相互作用的复合体，具有整体性和相关性。绩效评估是一个系统，包含各个方面和各种因素，且诸种因素相互影响、相互作用。以往人员的绩效考评较多强调硬性指标，忽视了不同因素之间的相互关系以及此种相互关系对工作人员工作绩效所产生的影响。如在考评中忽略工作环境对工作人员工作实效产生的影响。因此，将工作人员的素质、工作绩效和工作环境等各种因素结合起来对工作人员加以评价，成为当今对工作人员进行绩效评估的一个趋势。

（2）重视对评估过程的优化监控。

对员工绩效评估的过程也是人事管理的监控过程。按照控制理论，施控系统按照自身目的和要求推动被控系统的发展，实现对被控系统的有效监控，以实现自身目标，是一个动态的过程，其间需要不断地反馈和调整，使被控系统的行为结果与控制系统的目标差缩小，逐渐接近控制系统的目标。在事业单位人员的绩效评估中，施控系统即组织系统，被控系统为评估对象。首先，施控系统发出考评信息，如评估要素和标准等；其次，被控系统对之作出反应，按照评价的要素和标准规范和修正自己的工作行为，再将其行为结果反馈回施控系统；再次，施控系统对反馈的信息加以整理和分析，与工作目标相对照，掌握误差信息；最后，施控系统重新将新的信息输入被控系统，并指导和调整被控系统。如此反复循环进行，使被控系统的行为不断接近控制系统的目标。要使组织系统形成一种良性的循环过程，应力求使以上各个环节科学、合理、及时、准确，从而实现人员绩效评估过程的优化监控。

（3）重视评价方法的简便有效。

改革开放以前，我国人事制度的施行片面强调“定性”分析，偏于简单。改革开放后，随着量化考核的发展，评价的方法又走向另一面，过于烦琐，有时使人感到厌倦，甚至使工作受到干扰。绩效评估方法不切实际、过于烦琐或评估工作过于频繁，反而使此项工作流于形式，失去真实性，降低了评估工作的效力。

因此，如今人们重新探讨简便、有效的考核方法。从各国的情况看，绩效评估过程大致经过了简单→复杂→简单的发展历程，如今趋于程序和内容的简化。诚然，评估程序和内容的简化仍要以考评的真实客观为前提，以量化考核为基础，防止评估过程的主观随意性。现代的科学技术手段为评估方式的简便有效提供了有利条件，使经常性信息的获取、储存、处理和传递十分迅速，从而也有利于从不同角度对各种信息加以分析。

2. 绩效评估的方法

事业单位的绩效评估有多种方法，不同部门、不同单位在实际评估过程中，可根据自身特点和需要采用不同方法。以下介绍国内外几种具体方法。

（1）个人判断考核法。

个人判断考核法是指由主管领导对下属工作人员的工作进行评价判断的方法。此种方法的优点在于简便易行，部门领导人员对下属比较了解，可以结合工作实际情况对工作人员的工作态度、工作能力和工作成果加以评价。但这种凭领导者个人印象和经验进行评价判断的方法缺乏客观标准，容易受领导者个人好恶、主观情绪甚至成见等不利因素的影响。领导者本人水平直接影响着他对被评估者的评判，有可能妨碍评估结果的客观公正。因此，个人判断考核法应与其他考核方法结合使用，而不是仅以领导者个人的判断作为考核的最后结果。

（2）民意测验法。

民意测验法是指由部门工作人员共同参与的考核方式。此种方法的步骤如下：

第一，确定考核要素，每个要素均分为优、良、中、及格、不及格几个等别，然后制成考核表。

第二，由被考核者对自己在一定时期内的工作情况归纳总结，进行汇报并作出自我评价。

第三，由部门工作人员填写考核表，根据被考核人员的情况和考核表上的考核要素对被考核人员进行逐项评价打分，并给出被评价人员的平均分数。

第四，由考核机构中的人员对工作人员的评价打分进行汇总，确定被考核人员考评的最后分数和所归入的档次。

此种方法的优点是对评估对象的评价具有广泛性，使评估结果趋于客观。但此种方法的采用要建立在评价者真正了解工作人员工作情况的基础上，而且要保证进行评价者能够以认真严肃的态度去进行评价。

（3）共同确定法。

共同确定法主要用于职称的评定，是由考评小组对申报某职称者是否符合该职称的条件加以评定的方法。具体步骤如下：

第一，由本人进行述职，由基层学科考评小组根据规定的条件，针对职称申报人的情况进行评议，在此基础上考评小组推荐符合条件者。

第二，由学科职称评定委员会根据基层考评小组上报的材料和推荐意见评议投票。

第三，由职称评定总委员会最后审定。

所谓共同确定主要针对基层考评小组的审议评定方式，通常基层评定小组由7至9名学科专家组成，每人对被评议者进行评价打分，在此基础上确定平均分数，据之确定是否予以推荐。

（4）行为锚定法。

所谓行为锚定法是指针对员工有效完成工作必须具有的行为进行评估的方法。具体做法如下：

第一，列举完成某项工作的关键性行为。

第二，对各种行为的等级情况加以描述和界定。

第三，根据行为等级标准对员工的实际工作行为加以评估，确定其工作行为等级。此种评估方式直观性、针对性强，但适用方式有一定的限制，较多用于工作内容和性质具体、鲜明的岗位的测评。

（5）360度绩效测评法。

360度绩效测评法是一种全方位的、由多重主体对被考核对象加以评估的方法。其考评主体可包括员工本人、同事、上级主管、下级、服务对象等，是目前受到较多重视的一种评估方法。具体做法如下：

第一，设计对考评对象工作行为进行调查的问卷或调查表。

第二，将问卷或调查表分发给各评估主体。

第三，由各评估主体填写问卷或调查表，对考评对象进行评价打分。

第四，回收并汇总评估主体填写的问卷或调查表，经分析剔除一些非客观的因素，得出被考评对象绩效评估的综合分数和结果。

此种考评方式目的在于避免过于相信“硬性”（量化的）绩效目标，帮助人们通过各种“软性”尺度对绩效作出评价，较之仅有上级和员工两者介入的方法更能发现员工工作中的长处和存在的问题，防止评价数据的机械化和绝对化。

三、事业单位绩效管理中存在的问题与应对措施

（一）事业单位在绩效管理中所存在的主要问题

随着我国当前社会的不断进步，事业单位领导者也开始加强对于内部绩效管理有效性的认知。但由于我国事业单位的特殊属性，大部分事业单位采用市场中企业的绩效管理办法，这样就导致事业单位的绩效管理办法，无法满足事业单位的日常管理需求，虽然对事业单位的工作效率和工作质量起到了一定的促进作用，但其中所存在的问题与矛盾也越发突出，更加值得事业单位的领导者进行关注与改善。

1. 事业单位绩效管理体系缺乏理论和实践经验

我国市场化经济起步较晚，而市场中企业的内部绩效管理机制，基本照搬西方资本主义绩效管理办法，我国国内对于绩效管理理论的研究，也较为片面，未形成以统计学、管理学、经济学、心理学等综合学科组成的研究基础，这样就导致我国绩效管理理论相对落后，没有办法满足我国社会经济的快速发展。而我国事业单位的总体经营目标也与企业的经营目标差异性较大，事业单位除了要追求工作的效率以外，还需要受到国家政治、市场、历史、文化经济等多方面因素的制约，特别是我国的经济制度和国情与西方国家的差异较大，所以市场中所存在的绩效管理方式，无法满足我国事业单位的发展需求，也没有办法推进我国事业单位的发展。同时我国相关学者对于事业单位的研究起步较晚，目前仍然处于初级阶段，还未形成有效的理论研究体系。这就导致事业单位在制定绩效管理体系时，没有成形的可靠数据支持，相关理论研究与实践的不足，就导致目前事业单位绩效管理体系在实际应用时会出现多种问题。

2. 事业单位绩效管理体系刺激作用缺失

由于我国特殊的经济体制，我国事业单位一般并不产生经济效益。所以我国事业单位绩效管理体系更加注重提高工作人员的工作质量和工作效率，只起到了对于工作人员的监督作用，缺乏了绩效考核的激励功能，这样就导致事业单位工作人员的工作压力会无形增大，绩效管理的功能难以发挥促进事业单位管理水平提高的效果。甚至在某些情况下，在绩效考核工作中会出现工作人员只在考核之前重视工作效率，而当考核结束后则工作人员就会忽视这些考核机制，这样就导致绩效管理体系无法对事业单位的工作人员进行全程监督与管理，绩效管理体系流于表面，浮于形式，无法达到真正的促进作用。在事业单位绩

效管理体系中，应当加入刺激管理办法，将绩效数据与工作人员的职务晋升和奖金分配以及工资水平挂钩，以物质奖励，在一定程度上提高员工的工作积极性和工作责任感，从而促使绩效管理体系可以在事业单位的整体经营运转中获得更好的管理效果。

3. 绩效管理指标设定层次混乱，无法清楚地表达工作人员的工作质量

绩效管理所包含的管理内容相对复杂，技术含量要求更高，并且由于事业单位的特殊性质，就更加需要运用专业的知识，对事业单位的工作体系进行深度的分析，这样才可以将事业单位的工作内容进行详细的切割和定责，保证绩效管理指标可以展开有效的管理。但当前我国事业单位对于绩效管理的指标设定过于混乱，导致绩效管理指标实践性不强。

第一，我国事业单位绩效管理指标设定缺乏市场环境变量的思考，我国事业单位的发展与市场的进步是直接的对等关系，而市场环境是千变万化的，所以单一地设定某一指标无法适应环境的变化因素，从而导致无法控制合理绩效的结果。

第二，事业单位管理者在设定指标过程中，忽略了是否符合本单位的发展需求，事业单位相对于市场中存在的企业来说具有更强的针对性，责任较为分明，但在事业单位的绩效管理指标设定时某一些指标是不应当存在的，一些不适当的指标很有可能导致工作人员在工作中偏离了工作方向和工作重点，对于事业单位工作水平的提高反而起到了相反的作用。

第三，绩效指标的逐年增长指数值得探讨，部分事业单位管理者在管理过程中将绩效指标按照某一定额来进行逐年增长的设定，虽然这样的指标设定对于事业单位的整体发展来说有一定的刺激作用，但是事业单位与市场企业有所不同，发展空间和提高上限都较为有限，所以在目标设定时，应当结合任务目标所对应的工作量的饱和度以及事业单位的工作特点来展开设定，否则高难度的目标反而会降低事业单位工作者的工作积极性。

4. 绩效管理缺乏管理的评估和预测功能

绩效的评估是对事业单位绩效管理中的重要环节，合理有效的绩效管理需要管理者对企业内的绩效指标和评估方式有一定的评估基础和预测能力。其评估基础就要求事业单位管理者将事业单位的工作特点和工作范围作更加详细的了解，能够组织战略业务流程，将事业单位的内部组织结构和岗位职责进行更加清楚细致的划分，同时对于市场的变化具有一定的预测能力，能够将未来的工作规划和绩效考核范围规定在科学的增长范围内。

这些管理评估和预测功能的实现，都需要拥有大量的事业单位日常运营数据来支持，这就对事业单位管理者的数据收集处理分析能力要求更高，而相对承担的工作量也会越来越大，部分管理者并没有完成相对细致的分析管理工作，从而导致部分绩效管理目标缺乏在事业单位日常管理经营过程中的实用性。

（二）解决当前事业单位绩效管理问题的有效策略

1. 结合事业单位自身工作特点和工作性质

由于事业单位的特殊工作机制，事业单位在日常经营管理过程中，并不产生经济利益，所以这就导致事业单位的很多管理目标没有办法采用量化的方式。这对事业单位绩效考核管理产生了一定的难题，但也并不是说，没有办法将管理目标清楚地表达出来，这就需要管理者对于绩效考核的方式加以改进，使得绩效管理方向可以更加明确具体详细。而事业单位的不同职能部门所做的工作也不尽相同，因此事业单位的绩效考核也需要结合不同职能部门的工作性质来设定目标。

同时由于大部分事业单位的绩效目标无法用量化可测量的方式来表达，此时目标则应当由具体的数字转向为结果导向，而不再是追求过程导向，尽可能统一事业单位多元化目标之间的矛盾与冲突，从而使得绩效目标可以更加符合本单位的发展需求，保证事业单位工作人员可以获得公平合理的绩效考核。

2. 将激励机制加入绩效管理内容

当前我国事业单位的绩效考核机制更多的功能局限于对工作人员的监督管理，这样的管理方式会导致工作人员只看重考核的内容而轻视了整体的工作效率和工作水平。这样就导致事业单位的工作重心有所偏离。为了保证事业单位工作人员在工作过程中可以全程受到绩效考核管理的促进和监督，单位管理者就需要将激励手段加入绩效管理中，一般来说将职工的绩效考核与职工的晋升奖金和工资待遇水平相结合，职工为了获得更好的待遇，在工作中就会产生更加强烈的积极性。这样也可以加强工作人员在工作中的责任感，有效达到激励职工的目标，从而在某种程度上提高了工作人员的整体工作水平。

3. 结合事业单位实际需求设计绩效指标体系

事业单位的工作内容和管理工作体系都较为复杂，所以在事业单位中很难制定统一的绩效考核指标，但对于事业单位的发展以及工作质量来说，有效的绩效指标又是必不可少的基本条件，这就需要事业单位结合实际需求将绩效考核指标计量化，在一定基础上可使事业单位的绩效管理更加科学灵活。而对于事业单位绩效管理计量化的有效方式应当满足以下几点设计原则：

第一，绩效指标应当具备明确的目的，而不是模糊的计量概念，需要在事业单位的最终绩效考核中形成可衡量可测评的绩效考核标准而不再是笼统主观的好与不好的概念。

第二，绩效指标的设定需要更加符合现实，在事业单位的绩效管理工作中需要结合单位发展和单位工作实际情况来设定目标，如果设定的目标过高或过低都会对事业单位的工作者的积极性造成一定打击。简单来说，绩效指标是通过事业单位工作人员的共同努力可完成的目标，而不是过于远大的凭空假设。

第三，绩效管理内容需要在客观的基础上加以主观的评定，从而促使事业单位的综合绩效管理更加灵活多样化。客观指标可以保证，绩效考核更加科学合理，可以保证每一个工作人员的权利和义务。而主观指标则可以在事业单位管理过程中出现意外情况时发挥主观作用，管理者在客观条件的基础上加以主观的判断。采用这样的绩效管理手段可以将工作指标和业绩指标相结合，将个体与团体指标相结合，是绩效管理体系具有灵活性和弹性，促使绩效管理可以更加人性化，符合事业单位的管理需求。

4. 绩效管理体系应不断接受检查与修正

随着社会的不断发展，我国事业单位的社会功能性愈加丰富，事业单位工作人员的工作内容和工作方向也愈加多样化，所以绩效管理体系也应当跟随事业单位的功能性变化而不断变化。在管理过程中管理者应当随时对绩效考核指标进行审查，找出传统绩效管理中不符合社会发展和事业单位发展的内容，对该部分内容进行修正，使得绩效管理体系也随着时代的变化而不断地进步。

事业单位绩效管理是提高事业单位工作人员工作效率和社会满意程度的重要管理指标。管理者应当深度挖掘在当前事业单位绩效管理中存在的问题，并且结合事业单位本身的特点以及当前社会对于事业单位的发展需求，建立科学合理的绩效管理体系，提高事业单位的综合管理水平。

第四节　人员薪酬管理

一、薪酬管理概述

（一）薪酬的概念

薪酬是员工因向组织提供劳务而获得的各种形式的酬劳。狭义的薪酬是指货币以及可以转化为货币的外部回报。广义的薪酬既包括工资、奖金、休假等外部回报，也包括参与决策、承担更大的责任等内部回报。

外部回报是指员工因为雇佣关系从自身以外所得到的各种有形回报，也称外部薪酬。外部薪酬包括直接薪酬和间接薪酬。直接薪酬是员工薪酬的主要组成部分，它包括员工的基本薪酬，即基本工资，如周薪、月薪、年薪等；也包括员工的激励薪酬，如绩效工资、红利和利润分成等。间接薪酬即福利，包括单位向员工提供的各种保险、非工作日工资、额外的津贴和其他服务，如单身公寓、免费工作餐等。

内部回报是指员工自身心理上感受到的回报，主要体现为一些社会和心理方面的回报。它一般包括参与组织决策，获得更大的工作空间或权限、更大的责任、更有趣的工作以及更多的个人成长机会等。内部回报往往看不见也摸不着，它不是简单的物质付出，对组织来说，如果运用得当，也能对员工产生较大的激励作用。然而，在管理实践中，内部回报方式经常会被管理者忽视。

（二）薪酬的构成

薪酬的构成是指薪酬的各种组成部分及其在薪酬总量中所占的比重，它包括基本薪酬、福利和服务以及一次性奖金、股票期权等多种形式。这里着重介绍一下薪酬体系中最重要的三部分，即基本薪酬、可变薪酬和福利，也可以简单地说“薪酬=基本薪酬+可变薪酬（奖金）+福利”。

1. 基本薪酬

基本薪酬是指一个组织根据员工所承担或完成的工作本身或所具备完成工作的技能或能力向员工支付的相对稳定的经济性报酬，有时也被称为“固定薪酬”。基本薪酬通常适用于管理人员和专业人员，多采用年薪或月薪的形式。

基本薪酬是员工从组织中获得的较为稳定的经济性报酬。影响员工基本薪酬水平的因素除了员工所从事工作本身和员工所具备的完成工作的技能和能力的变化外，总体生活水平的变化，通货膨胀的程度，市场上同质劳动力的基本薪酬水平，组织所处的行业、地区以及产品占有率，绩效加薪等都会影响员工的基本薪酬水平。

2. 可变薪酬（奖金）

可变薪酬是薪酬体系中与绩效直接挂钩的经济性报酬，有时也被称为浮动薪酬、奖金或绩效奖励。实行可变薪酬的目的是在绩效和薪酬之间建立一种直接的联系。正是由于可变薪酬和绩效之间的这种直接联系，才使可变薪酬对员工具有很强的激励性，同时，这对于组织绩效总目标的实现起着非常积极的作用。通常情况下，可以将可变薪酬分为短期可变薪酬和长期可变薪酬。短期可变薪酬一般建立在非常具体的绩效目标基础之上，如项目奖、技术革新奖等；而长期可变薪酬的目的则是鼓励员工努力实现跨年度的绩效目标。许多组织的高管和核心技术人员所获得的与组织长期目标的实现挂钩的红利等，都属于长期可变薪酬的范围。

3. 福利

福利是给予工作人员的间接性经济报酬，它是在工资之外给予员工的工作和生活上的照顾，包括法定福利和组织福利。与基本薪酬和可变薪酬不同，员工福利不是以员工为组织工作的时间为计算单位。但它与基本工资一样具有刚性的特点，一旦设立不能随便被取消。

福利作为一种不同于基本薪酬的薪酬支付手段，有其独特价值：首先，福利往往采用实物支付形式，可以适当避税；其次，福利为员工的退休生活和一些不测事件提供保障；最后，福利提高了员工的购买力，使员工能以较低的成本购买所需产品，如健康保险、人寿保险等。近些年来，福利成本在国外许多组织中上升较快，他们往往采用自助餐式的福利计划帮助员工从福利中获得更大价值。然而，在我国，许多组织只愿多发工资而不愿意去搞福利，以致陷入了“福利工资货币化”的陷阱。

（三）薪酬的功能

薪酬既是组织为员工提供的收入，同时也是组织的一种成本支出，代表了组织和员工之间的一种利益交换关系。无论对员工还是组织来说，这种经济交换都至关重要。薪酬的功能主要包含以下五个方面。

1. 补偿功能

薪酬实际上是劳动力这一生产要素的价格。一方面，员工通过劳动得到薪酬去购买生活资料，以恢复体力和脑力，从而保障劳动力的生产和再生产。同时，员工还可以将部分薪酬用于自我教育开发，以增强劳动能力，实现劳动力的增值再生产。另一方面，员工大多承担着抚养孩子和赡养老人的责任，薪酬也是家庭开支的主要来源。总之，员工薪酬水平对于员工及其家庭的生存状态和生活方式的影响非常大。

2. 激励功能

员工对薪酬状况的感知影响员工的工作行为，态度以及工作绩效，即对员工产生激励作用。合理而公平的薪酬水平和薪酬制度可以使员工产生安全感、成就感以及对组织的归属感，从而提高员工的劳动积极性。反之，如果员工合理的薪酬需要得不到满足，则很可能会产生消极怠工，人际关系紧张、缺勤率和离职率上升等不良后果。现阶段，我国员工对组织薪酬制度和薪酬水平的满意度都不是很高，这不仅是薪酬水平的问题，还涉及薪酬制度、薪酬结构、员工薪酬期望等方面的问题。

3. 调节功能

薪酬差异是促进人力资源合理流动和配置的主要动力。在组织内部，组织可以通过调整内部薪酬水平来引导人员流动，实现人力资源的合理配置。一些针对劳动条件、劳动强度的津贴（如高温津贴，山区津贴等）在一定程度上起到的就是人力资源的调节作用。在组织外部，组织可以利用报酬的差异从市场上吸引急需的人才。薪酬作为流动社会中的一种市场信号，除了其具有的经济功能以外，还能很好地说明一个人在社会上所处的位置。员工对薪酬的关注是人力资源流动的重要依据。

4. 引导功能

薪酬实际上是组织向员工传递的一种特别强烈的信号。通过这种信号，组织可以让员工了解什么样的行为、态度以及业绩是受到鼓励的，是对组织有贡献的，从而引导员工的工作行为、态度，促使员工最终的绩效朝着组织期望的方向发展。相反，不合理和不公正的薪酬则会引导员工采取不符合组织利益的行为，从而导致组织经营目标难以实现和价值观混乱。因此，如何通过充分利用薪酬来引导、改善组织经营绩效，是组织薪酬管理的一个重大课题。

5. 强化功能

薪酬会对员工的行为和态度发挥很强的引导作用。因此，合理和富有弹性的薪酬制度有助于组织塑造良好的组织文化，能对已经存在的组织文化起到积极的强化作用。但是，如果组织的薪酬制度与组织文化之间存在冲突，薪酬就会对组织文化和组织的价值观产生严重的消极影响。例如，如果组织推行的是以个人绩效为基础的可变薪酬方案则会在组织内部起到强化个人主义的作用，导致一种崇尚独立、彼此竞争的个人主义文化；反之，如果薪酬的计算和发放主要以小组和团队为单位，则会强化员工的合作精神和团队意识。

（四）薪酬管理的基本要求及核心内容

1. 薪酬管理的含义及基本要求

薪酬对于组织和员工的重要性决定了薪酬管理在整个人事管理体系中的重要性。薪酬管理是指组织在经营战略和发展规划的指导下，综合考虑内外部各种因素的影响，确定自身的薪酬体系、薪酬水平、薪酬结构及薪酬形式，并进行薪酬调整和薪酬控制的整个过程。同时，组织还要持续不断地制订薪酬计划、拟订薪酬预算、就薪酬管理问题与员工进行沟通，并对薪酬体系本身的有效性作出评价，进而不断加以完善。

薪酬管理对几乎任何一个组织来说都是一个比较棘手的问题，这主要是因为组织的薪酬管理系统一般要同时达到公平性、有效性和合法性三个基本要求。

第一，薪酬管理的公平性。公平是薪酬管理的最基本要求，只有员工认为薪酬分配是公平的，才能对组织产生认同感和满意感，才能使薪酬发挥激励作用。相反，员工一旦认为自己在薪酬方面受到了不公平的对待，就会通过消极怠工、不合作、离职，甚至是偷盗或破坏单位财物来寻找心理平衡。公平性本身就是一个主观色彩较为浓厚的概念，在这里是指员工对于组织薪酬管理体系以及管理过程的公平性、公正性的看法或感知。薪酬管理的公平性涉及薪酬的外部公平性（员工将本人的薪酬与外部劳动力市场上同质劳动力相比较所产生的公平感）、薪酬的内部公平性（组织内部不同职位之间的薪酬对比问题）、绩效报酬公平性（组织内相同或相似岗位上业绩水平不同员工的薪酬对比问题）和薪酬管理过程中的公平性（薪酬管理的过程和薪酬政策的实施方式对员工公平感的影响）四个方面。

第二，薪酬管理的有效性。薪酬管理的有效性是指薪酬管理体系在多大程度上能够帮助组织实现预定的经营目标。这种经营目标不仅涉及利润率、销售额等财务指标，而且涉及服务水平、团队建设、创新和学习能力等定性指标。薪酬管理的有效性包括竞争的有效性（指组织在吸引和留住人才方面是否具有竞争性）、激励的有效性（指在提高员工工作热情和积极性方面的有效性）和经济有效性（指薪酬作为资本的成本和收益问题）等。

第三，薪酬管理的合法性。薪酬管理的合法性是指组织的薪酬制度必须要符合现行的国家政策和法律。我国现行与薪酬有关的法律主要包括《最低工资规定》《中华人民共和国劳动法》《失业保险条例》《工伤保险条例》等。

2. 薪酬管理的核心内容

（1）薪酬体系的选择。

薪酬体系明确了组织确定员工基本薪酬的基础，选择不同的薪酬体系则向员工传达了不同的薪酬价值标准。当前，国际上通行的薪酬体系主要有三种，即职位（或岗位）薪酬体系、技能薪酬体系以及能力薪酬体系，其中以职位薪酬体系的运用最为广泛。不同薪酬体系之间的根本区别在于组织确定员工基本薪酬的基础不同。职位薪酬体系是以员工从事工作的自身价值为依据来确定员工的基本薪酬，技能薪酬体系是以员工自认的技能水平为基础来确定员工的基本薪酬，能力薪酬体系则是以员工所具有的胜任能力或综合性任职资格为依据来确定员工的基本薪酬。

（2）薪酬水平的确定。

薪酬水平是指组织中各职位、各部门以及整个组织的平均薪酬水平，薪酬水平决定了组织薪酬的外部竞争性。在传统的薪酬水平概念中，更多关注的是组织的整体薪酬水平，而在当前这种全球经济一体化，各种竞争日趋激烈的市场环境中，人们开始越来越多地关注职位和职位之间、不同组织中同类工作之间或者同等学力不同组织之间的薪酬水平对比，而不是笼统的组织平均水平的对比。也就是说，组织在薪酬的外部竞争性方面的考虑日益超越了组织对内部薪酬一致性的考虑。

对个人来说，薪酬水平是越高越好；对组织而言，薪酬又是人力资本投资，是要讲投资效益的。但在市场经济的激烈竞争中，组织为了吸引、留住需要的人才，尤其是关键人才，不得不支付较高的人工成本。那么，如何确立一个组织既能够承受又具有竞争力的薪酬水平就成为一个重要问题。一般来说，影响组织薪酬水平决策的主要因素至少包括：同行业或地区中竞争对手支付的薪酬水平，组织的支付能力、组织的发展战略，社会生活成本指数等。

（3）薪酬结构的决策。

薪酬结构是指在同一组织内部，一共有多少个基本薪酬等级以及相邻两个薪酬等级之间的薪酬水平差距。在总体薪酬水平一定的情况下，员工对组织内部的薪酬结构是极为关注的，这是因为，组织内部的薪酬结构实际上反映了组织对职位和技能价值的看法。组织虽然可以设立很多基本薪酬等级，但是各薪酬等级之间的薪酬水平差距很小；也可以设立较少的薪酬等级，但是各薪酬等级之间的水平差距较大，当下备受关注的宽带薪酬就是在薪酬结构上的一种创新。因此，如果说组织的总体薪酬水平会对员工的吸引和保留产生重要作用，那么薪酬结构合理与否往往会对员工的流动率和工作积极性产生重大影响。

就薪酬结构决策来说，至少要确定以下四个指标：级数（薪酬等级数）、级距（单个薪酬等级所涵盖的职位范围，即包含哪些职位）、级范围（单个薪酬等级的薪酬范围，即薪酬上下限）、级差（相邻两个等级之间的薪酬差距，交叉和重叠程度）。如果级数较多，级范围较小，员工往往需要通过升职来实现加薪；如果级数较少，级范围较大，员工则可以在不升职的情况下实现加薪。

（4）薪酬管理政策的制定。

薪酬管理政策主要涉及组织的薪酬成本与预算控制方式以及与薪酬有关的各项具体规定，如员工的薪酬是否保密，薪酬的发放时间、形式，奖金、福利的设计以及薪酬管理的实施过程等问题。薪酬管理政策往往会涉及一些很细微的决策，但是这些看似细微的决策会对员工的工作积极性产生较大的影响。

（五）建立薪酬管理系统（薪酬设计）的一般流程

建立一套具有外部竞争性、内部公平性、成本有效性以及合理认可员工贡献、遵守相关法律规定等有效性标准的薪酬管理系统是目前我国很多组织的当务之急，也是组织人事管理的难点所在。要设计出合理科学的薪酬体系和薪酬制度，一般有以下几个步骤：

第一步，立足于组织的经营战略和人力资源战略。薪酬管理系统的建立必须要以组织的经营战略和人力资源战略为依据。因为组织的经营战略和人力资源战略不仅是组织目标所在，而且也是组织的价值追求所在，对组织战略的把握往往是确定基本薪酬体系的依据。具体来说，在涉及有关薪酬的问题时，要认真考虑“这项管理技术可以使我们达到什么样的目的”“是否有助于组织战略目标的实现”“是否支持组织文化”等问题。在现实中，组织往往因为过于关注细节问题而使薪酬管理活动流于技术层面，却把对管理技术本身的检验和评价当成了薪酬管理的目的。在建立薪酬管理体系时，如果不立足于组织战略，错把手段当成目的，只能落个费力不讨好的结局。

第二步，进行工作分析和职位评价。工作分析和职位评价是建立薪酬管理体系的基础性工作。通过工作分析和职位评价，可以充分了解组织的结构、员工所承担工作本身的价值及任职资格条件等信息。这些信息是进行薪酬等级划分、确定薪酬结构的依据。

第三步，绩效考核与评价。在现代薪酬管理体系中，薪酬与绩效的关系越来越密切。因此，在建立薪酬管理体系时要充分考虑组织的绩效考核标准与绩效评价体系，以便在薪酬尤其是可变薪酬与绩效之间建立合理科学有效的联系。

第四步，薪酬调查。薪酬调查是通过一系列标准、规范和专业的方法，对市场上各职位进行分类、汇总和统计分析，形成能够客观反映市场薪酬现状的调查报告，为组织薪酬设计方面的决策提供依据及参考。薪酬调查是薪酬设计中的重要组成部分，它重点解决的是薪酬的对外竞争力和对内公平性问题。薪酬调查报告能够帮助组织达到个性化和有针对性地设计薪酬的目的，这是确定薪酬水平的主要依据。

第五步，确定薪酬体系、薪酬水平、薪酬结构和薪酬管理政策。根据以上四个步骤的分析，联系本组织实际，在与相关人员沟通的基础上，可以逐一确定薪酬体系、薪酬水平、薪酬结构和相关的薪酬管理政策。

第六步，修订与实施。与组织的其他管理内容一样，薪酬管理体系的建立也不是一劳永逸的事情，它需要在不断的实践、检验、沟通、修正中完善和调整，以适应组织内外环境的变化。

二、基本薪酬管理

基本薪酬在绝大多数薪酬系统中都是最基础的组成部分。基本薪酬的支付依据反映着组织战略，决定着组织薪酬系统的性质，它是组织实现内部薪酬一致性的主要手段。不同薪酬体系有不同的特点和导向性，有不同的适用对象。下面对基本薪酬的基本形式——职位薪酬体系和技能薪酬体系加以论述。

（一）职位薪酬体系

1. 职位薪酬体系及其特点

职位薪酬体系是通过对职位本身的价值作出客观的评价，并根据评价的结果赋予承担这一职位的人相当薪酬的基本薪酬决定制度。职位薪酬体系是一种比较传统的确定员工基本薪酬的制度，它最大的特点是在确定基本薪酬的时候重点考虑职位本身的价值，很少考虑人的因素。

职位薪酬体系的优缺点都很明显。它的优点主要表现在：实现了同工同酬，按劳分配；按照职位系列进行薪酬管理，操作比较简单，成本较低；增加了晋升和基本薪酬之间的连带性，增强了员工提高自身技能和能力的动力。其缺点主要表现在：由于薪酬和职位直接挂钩，当员工晋升无望时，也就没机会获得大幅度的加薪，其工作积极性必然受挫，甚至会出现消极怠工和离职的现象；由于职位相对稳定，与职位联系在一起的员工薪酬也就相对稳定，这不利于组织对多变的外部环境作出迅速反应；在同一职位上的“大锅饭”现象会造成部分员工的动力不足。

2. 职位薪酬体系的设计流程

职位薪酬体系所隐含的逻辑基础是组织根据职位的相对价值给员工支付报酬。职位相对价值的评价（职位评价）要建立在对职位责任大小、技术难度、工作环境和任职的资格要求等指标分析（工作分析）的基础上。通过科学的工作分析和职位评价，为职位薪酬体系的内部一致性打下了基础。同时，一个具有适用性的薪酬体系除了要达到内部一致性的要求外，还要注意其薪酬水平在市场上是否具有竞争力，即要达到外部公平性的要求。要实现外部公平性，就要通过薪酬调查等手段充分了解相关薪酬的市场信息，进行合理的薪酬水平定位。在确定了岗位价值和薪酬水平的基础上，就可以建立职位薪酬体系了。具体来说，职位薪酬体系的建立大致需要四个步骤：第一步是工作分析；第二步是职位评价；第三步是薪酬调查；第四步是根据职位相对价值高低进行排序，即建立职位等级结构。

（二）技能薪酬体系

1. 技能薪酬体系的含义

技能薪酬体系是组织根据一个人所掌握的与工作有关的技能、能力以及知识的广度和深度支付基本薪酬的一种薪酬制度。在这种薪酬体系中，组织更多的是依据员工所拥有的工作相关技能而不是其承担的具体工作或职位的价值来支付其薪酬，它所关注的是员工对组织作出贡献的技能的提高。

根据技能的不同维度，通常可以将技能薪酬体系划分为深度技能薪酬体系和广度技能薪酬体系。深度技能指在一个范围较为明确的具有一定专业性的技术领域中不断积累而形成的专业知识、技能和经验。例如，在大型医院中，医生往往有非常严格的专业分工，像儿科、内科、外科等，这里的医生走的是深度技能职业发展轨迹。而广度技能则往往要求员工在从事工作时，需要运用其上级、下级或者同级职位上所要求的多种一般性技能，例如，在一些基层医疗单位或社区医疗机构，医疗服务人员需要具备广泛的各类医疗知识，完成一些基本的医疗诊断和处理工作。

2. 技能薪酬体系的设计流程

技能薪酬体系设计流程的重点在于开发出一种能够使技能和基本薪酬联系在一起的薪酬计划。一般来说，技能薪酬体系的设计需要以下五个步骤：

第一步，成立技能薪酬体系设计小组。技能薪酬体系设计小组的成员通常由以下人员组成：组织的高层管理人员，人力资源部门、财务部门、信息管理部门的代表，技能薪酬计划所覆盖的员工代表以及其他能够对方案设计过程中的各种技术问题提供咨询的大量专家。

第二步，进行工作任务分析。技能薪酬体系准备支付报酬的对象是那些能够有效地完成任务所需的至关重要的技能。因此，设计一套技能薪酬体系首先要系统地描述所涉及的各种工作任务。根据这些任务描述，就能理解为了达到一定的绩效水平所需要的技能层次。任务描述的详细程度取决于编写任务描述的目的。详细的工作任务信息对于培训活动来说较为合适，对技能分析来说，工作任务的描述可以相对简略一些。

第三步，评价工作任务。该步骤要求设计小组在对工作任务进行分析的基础上，评价各项工作任务的难度和重要程度，然后重新编排任务信息，对工作任务进行组合，为技能模块的界定和定价打下基础。

第四步，技能等级的确定与定价。在此步骤中有三项工作要做：一是技能描述。技能描述要求设计小组以能力的形式对工作任务描述进行重新表述，实现从工作任务本身向个人所具备的完成工作的能力的一种转移。例如，任务描述中的“需要完成的工作任务包括机械、设备故障的检修”，要用能力的方式表述为“需要具备检修机械、设备故障的能力”。即将任务描述转换为技能描述。二是技能等级模块界定。技能等级模块指员工为了按照既定标准完成工作任务而必须能够执行的一个工作任务单位。在实践中，可以根据技能模块中所包括的工作任务来对技能模块进行等级评定。例如，可以把与某工作任务对应的技能模块分为三个等级：学徒级、熟练工人级和技术专家级。每一等级都包含有具体的完成工作任务的技能要求。三是技能模块的定价。对技能模块的定价实际上就是确定每一个技能单位的货币价值。这项工作很重要，虽然已经开发了一些定价方法，但在实际操作中最常见的是组织根据一定的规则确定员工的技能水平，然后根据技能水平的总体评估来确定员工的薪酬。

第五步，技能的分析、培训和认证。这一步是设计和推行技能薪酬计划的最后一个阶段，它关注的焦点是如何使员工置身于该计划中。该步骤具体包括三个环节：一是技能分析。通过对员工进行技能分析不仅可以确定员工当前处于何种技能水平，而且是制订员工培训计划的重要依据。二是员工培训计划。员工培训计划的关键点有两个，即员工的培训需要和采取何种方式进行培训最合适。三是技能等级的认证和再认证，即制订一个能够确定员工技能水平的技能认证计划。技能认证计划应该包含认证者、认证所包含的技能水平以及员工通过何种方法表现出自己所具备的技能水平。其中认证者可以来自内部，也可以来自外部。此外，每隔一段时间对员工的技能进行重新认证也是至关重要的。

3. 技能薪酬体系的优缺点

技能薪酬体系作为一种既古老又现代的薪酬确定方式，也存在着明显的优点和缺点。技能薪酬体系的优点主要表现在：第一，技能薪酬体系在一定程度上鼓励优秀的专业人才安于本职工作，而不是去谋求报酬很高但是并不擅长的管理职位。事实上，在我国组织中长期存在官本位思想，大批优秀的工程技术人员最后以当官而不是以技术水平的持续领先作为自己事业成功的重要标志，结果导致组织在技术和管理方面遭受双重损失。第二，技能薪酬体系向员工传递的是关注自身发展和不断提高技能的信息，激励员工不断获取新的知识和技能，使员工在完成工作任务方面具有更大的灵活性和多功能性。这不仅有利于组织可以适应市场上快速的技术变革，而且有利于培养员工的持续就业能力，增强其劳动力的市场价值。第三，技能薪酬体系在员工配置方面为组织提供了更大的灵活性。同时，技能薪酬体系有利于高度参与型管理风格的形成，有助于提高员工的满意度和生产效率。

技能薪酬体系的缺点主要表现在：第一，技能薪酬体系要求组织在培训方面给予更多的投资。但技能毕竟是一种潜在的生产力，如果组织不能通过管理将这种人力资本投资转化为实际的生产力，就可能无法获得必要的利润。第二，技能薪酬体系的设计和管理比职位薪酬体系更为复杂，至少需要对每一位员工在技能的不同层级上所取得的基本成绩加以评估和记录。而对员工的技能进行评估往往需要耗费大量的时间和精力，因为不同类型的职位所要求的技能的内容和层次会有很大的差别，还必须针对不同类型的职位和人员分别制定技能等级评价标准。第三，在技能薪酬体系的设计和实施过程中，由于组织往往要在培训和工作重组方面进行投资，员工的技能会普遍得以提高，这有可能出现薪酬在短期内上涨的状况。

三、奖金管理

薪酬管理一方面要满足员工对公平性的要求，另一方面要对组织战略目标的实现产生积极的支撑作用。在基本薪酬管理中，研究如何根据职位价值、员工技能以及外部劳动力市场上的薪酬水平，来合理确定员工的基本薪酬水平，它主要关注的是薪酬的公平性问题。而本小节将要研究的奖金管理则关注的是员工的实际绩效，即将员工实际绩效与报酬直接联系，激励员工个人以及群体达到优良的绩效，从而促成组织战略目标的实现。

（一）奖金的含义与特点

奖金也称可变薪酬，它是员工在超额完成了任务或取得优秀工作成绩的情况下组织对其支付的额外薪酬，其目的是对员工进行激励，促使员工保持良好的工作势头。简单地说，奖金就是为了奖励优秀者和激励追求者所支付的报酬。奖金的发放依据主要是绩效标准，可以根据员工的工作业绩评定，也可以根据部门和组织的效益来评定。事业单位的奖励通常是指事业单位依照法律规定的标准、条件和程序，对在工作中成绩突出的人员给予物质、精神奖励的活动。其主要特点如下：

一是较强的针对性和灵活性。奖金有较大的弹性，可以根据工作需要，灵活决定其标准、范围和奖励周期等，有针对性地激励某项工作的进行；也可以抑制某些方面的问题，有效调节组织生产过程对劳动数量和质量的需求。

二是弥补基本工资制度的不足。任何薪酬形式和薪酬制度都有其功能优点和功能缺陷。例如，计时工资主要是从个人技术能力和实际劳动时间上确定劳动报酬，难以准确反映经常变化的超额劳动；计件工资主要是从产品数量上反映劳动成果，却难以反映产品质量、原材料节约和安全生产等方面的超额劳动。这些都可以通过奖金形式弥补。

三是较强的激励功能。在薪酬构成中，奖金的激励功能是最强的，这种激励功能主要来自个人实际绩效所形成的收入差别。利用这些差别，使员工的收入与劳动贡献联系在一起，起到奖励先进，鞭策后进的作用。

四是将员工贡献、收入和组织效益有机结合起来。奖金不具有保证组织员工基本生活需要的职能，它既随组织的经济效益波动，又要体现个人对组织效益的贡献。例如，当组织效益好的时候，员工的总体奖金水平会提高，但个人奖金并不一定与总水平同步提高，因为每个人的贡献是有差异的。

（二）奖励的技巧

1. 奖励措施的个性化

每个员工的需要均具有个性化，组织应实行按需激励，提高奖励的个性化差异。如美国的一家零售连锁店实施三个档次的自助食堂式的奖励计划。

2. 尽量增加物质奖励的精神含量

奖励的综合效价不仅使获奖人在物质上得到实惠，而且在精神上受到鼓励，激发其荣誉感、成就感和自豪感，从而使激励效果倍增。要重视颁奖仪式的设计，使其尽量隆重热烈、震撼人心，甚至让人终生难忘。

3. 控制适当的奖励效价差

效价差过小，搞成平均主义，会失去激励的作用，但效价差过大，超过了贡献的差距，会使员工产生不公平感。因此，在实施奖励时，要尽量使效价差与贡献差相匹配。

4. 树立恰当的奖励目标

对于一个长期的奋斗目标，一旦达到阶段性目标，就及时给予奖励，即把大目标和小步子结合起来，使员工保持较高的期望概率，从而维持较高的士气。

5. 重视非正式组织的作用

非正式组织有其积极作用，也有其消极作用。在奖惩时，除了通过正式组织开展工作外，还应关注非正式组织的反映，并及时开展工作，趋利避害，这样才会取得满意的激励效果。非正式组织的自然趋向是“保持现状，反对变革”，这种天然的保守性往往使非正式组织孤立先进、排斥先进、打击先进，降低奖励带来的正向激励效果。在这种时候，应做好非正式组织“情绪领袖”人物的工作，争取其理解和支持，至少要消除不必要的误解和对立，甚至还可以借此带动非正式组织向积极方向转化。

6. 注意奖惩的综合运用

奖励是正激励，惩罚则是负激励。奖励和惩罚都是规范人们行为的有效杠杆，是激励职工的基本手段，但要坚持从组织目标进行奖惩，而非从私人情感出发；坚持以奖励为主，惩罚为辅；注意奖惩适度；做到奖惩及时。

7. 注意疏导挫折心理

所谓挫折心理是指动机受阻。受罚者必然产生挫折感，而受到奖励时也可能产生挫折感，如希望得一等奖的却得了二等奖，自以为应该得奖结果没有得奖的人也会产生挫折心理。挫折心理一般会导致挫折行为。挫折行为主要有七种表现：

一是升华行为。这种人信奉“失败是成功之母”，将压力化为动力，这是最理想的挫折行为。二是理智行为。这种人虽没上一类人积极，却也能比较客观地看待奖罚。例如，理解领导的苦衷，理解“没有绝对的公平”，能够比较冷静、理智，没有明显的消极行为。三是自慰行为。即善于自我安慰，有一点“阿Q精神”，这种心理虽不是很积极，但也没有什么破坏性。四是消极行为。这种人遇到挫折时表现出失望、冷漠、烦恼，甚至是破罐子破摔。五是固执行为。这种行为主要发生在受到惩罚之后，想不通，有抵触，觉得领导有意跟自己过不去，所以抱着“对着干”的态度，坚持错误、拒绝改正、我行我素，往往给领导提出一个又一个难题，较难处理。六是倒退行为。这种行为多发生在女职工身上，因动机受阻，情绪失控，又哭又闹。七是攻击行为。这种行为多发生在受开除或受处罚的员工身上。重大的挫折感在其心理上产生强烈的逆反和敌对情绪。这一情况在行动上有三种表现：第一种也是最激烈的一种，即直接攻击，攻击他心中的假想敌人；第二种是转向攻击，如到家后打老婆孩子，以发泄心中的不满；第三种是自我攻击，产生自伤、自杀行为。

因此，管理者在实施奖惩时，应该把正确处理挫折行为作为一项重要的工作，认真做好，既要坚持原则，又要积极疏导，绝不能激化矛盾。

（三）事业单位的奖励制度及其运作

事业单位关于奖励的制度与实施主要依据的法律法规有《国家科学技术奖励条例》《科学技术奖励制度改革方案》《教学成果奖励条例》等。事业单位的奖励制度实施分类的管理奖励制度，每种类型都有法律法规明确规定其奖励条件及奖励程序，如政府特殊津贴，其奖励程序如下：首先，人事部逐年向各省、自治区、直辖市及计划单列市和有关部门下达选拔的控制指标参考数；其次，各省、自治区、直辖市及计划单列市和有关部门的人事厅（司、局）根据本办法结合实际情况组织实施；最后，按照行政隶属关系，由基层单位逐级向上级人事部推荐人选。根据事业单位的性质特点，事业单位的奖励制度在实施过程中不要过分强调物质利益的作用，要尽量引入市场原则，将奖励与具体的工作业绩切实连接起来。

四、福利管理

（一）福利的特点及功能

1. 福利的特点

从本质上讲，福利是一种补充性报酬，往往不以货币形式直接支付，而多以实物或服务的形式支付，如带薪休假、子女教育津贴、医疗、廉价住房、优惠价购买本组织股票、保险等。目前，福利在整个薪酬体系中所占比重越来越大。

福利作为薪酬的一种支付方式，有别于根据员工的工作时间计算的薪酬形式，它具有以下特点：一是补充性。员工福利是总报酬的重要组成部分，是对工资或奖金等报酬形式难以包含和准确反映的情况的一种补充性报酬。二是均等性。几乎所有正式员工都可得到福利。福利作为一种普惠制式的报酬形式，它的享受对象通常是组织的所有员工，而且员工与员工之间的福利待遇差别不大。三是实物性。员工福利大多表现为非现金收入，如各种保障计划、休假、服务以及实物报酬等。四是独立性。福利属于非劳动收入，与员工的工作时间、个人贡献无太大关系，且通常采用延期支付的方式。一个刚加入组织的员工往往可以享受到与一个在此工作几年的员工相同的福利待遇。福利也不同于工资和奖金，它可以完全在当期得到直接体现，有些福利项目可能要在若干年后才能为员工享受。

2. 福利的功能

在组织提供给员工的薪酬中，福利所占的比重越来越大，这对组织的人工成本产生非常重要的影响，该项人力资本投资对组织的积极意义主要表现在以下四个方面：

第一，设计良好的福利制度可以为组织吸引和保留所需要的员工。一个有竞争力的福利计划传递着一种潜在的信息，它告诉人们这是一个人性化的组织，愿意为员工的幸福生活投资。因此，组织可以通过提供非固定福利将自己和别的竞争者区别开。有些员工福利项目，如组织年金、组织补充医疗计划、员工持股计划、住房等在某种程度上相当于给员工戴上了“金手铐”，因为它们已经成为员工去留时不得不考虑的因素。

第二，员工福利有助于节省组织的人工成本。这一点主要体现在两个方面：一是大多数国家的税法中都会有组织福利可以减免纳税或延期纳税的条款。因此，单位通过提供员工福利可以获得税收优惠。二是组织利用规模经济优势代表员工购买商品和福利，比员工自己去购买要优惠。

第三，组织福利可以鼓励员工之间的合作。员工福利作为一种带有普惠制式的报酬形式，具有平均化倾向，比较适用于团队的报酬形式。然而，随着个体管理向团队管理的发展，个人绩效越来越难以测量，对外表现出来的大多是团队绩效。

第四，可以传递组织的文化和价值。现代组织越来越重视员工对组织文化和价值观的认同，而福利恰恰是体现组织的管理特色，传递组织对员工的人文关怀，创造大家庭式工作氛围和组织环境的重要手段。实践证明，那些在市场中取得巨大成功的组织，无一不重视组织文化的塑造，无一不向员工提供形式多样、富有吸引力的福利待遇。

（二）福利的种类

员工福利按照其制定依据的不同可以划分为两类：一是法定福利。法定福利是根据国家的政策、法律和法规，组织必须为员工提供的各项福利，具体来说主要指组织必须为员工缴纳的各种社会保险和住房公积金等；二是称为组织自主（补充）福利。它是组织根据自身的管理特色、财务状况和员工的内在需求，向员工提供的各种补充保障计划以及向员工提供的各种服务、实物、带薪休假等。

法定福利主要包括：养老保险、失业保险、医疗保险、工伤保险和生育保险五大社会保险以及住房公积金和法定假期。

1. 养老保险

法定的养老保险是社会保障体系中的重要内容，它是五大险种中最重要的险种，是国家和社会根据一定的法律和政策，为解决劳动者在达到国家规定的解除劳动义务的劳动年龄界限，或因年老丧失劳动能力退出劳动岗位后的基本生活而实行的社会保护和社会救助措施。养老保险具有强制性、互济性、储备性和社会性的特点。

根据我国的国情，目前我国的养老保险由三部分组成：基本养老保险、组织补充养老保险和职工个人储蓄性养老保险。其中基本养老保险也称国家基本养老保险，它是法定的养老保险制度。我国基本养老保险采用社会统筹与个人账户相结合的模式，在职工达到国家规定的退休年龄或因其他原因而退出劳动岗位并办理退休手续后，社会保险经办机构向退休职工支付基本养老保险金（也称退休金）。组织补充养老保险是指由组织根据自身的经济实力，在国家规定的实施政策和实施条件下为本组织职工建立的一种辅助性的养老保险。它居于多层次养老保险体系中的第二层次。职工个人储蓄性养老保险是中国多层次养老保险体系中的一个组成部分，它是职工自愿参加、自愿选择经办机构的一种补充保险形式。

2. 失业保险

失业保险是指国家通过立法强制实行的，由社会集中建立基金，对因失业而暂时中断生活来源的劳动者提供物质帮助的一项制度。失业保险具有普遍性、强制性和互济性的特点。普遍性表现在它覆盖了劳动队伍中的大部分成员，解除或终止劳动关系后，只要本人符合条件都有享受失业保险待遇的权利；强制性表现在它是通过国家法律规定并强制实施的；互济性表现在失业保险基金主要来源于社会筹集，由单位、个人和国家三方共同承担，并在统筹地区内统一调度使用。

3. 医疗保险

医疗保险通常是指由国家立法规定并强制实施的，当人们生病或受到伤害后，由国家或社会给予一定的物质帮助，即提供医疗服务或经济补偿的一种社会保障制度。我国20世纪50年代初建立的医疗保险制度包括公费医疗和劳保医疗，但随着市场经济体制改革的深化，这种制度难以解决市场经济条件下职工的基本医疗保障问题。国务院于1998年

12月下发了《国务院关于建立城镇职工基本医疗保险制度的决定》（以下简称《决定》），部署全国范围内全面推进职工医疗保险制度的改革工作，并要求1999年一年内全国建立起职工基本医疗保险制度。《决定》中对参与医疗保险的单位、费用的缴纳、费用的支付等问题进行了明确规定。

4. 工伤保险

工伤保险是指国家和社会为在生产、工作中遭受事故伤害和患职业性疾病的劳动者及亲属提供医疗救治、生活保障、经济补偿、医疗和职业康复等物质帮助的一种社会保障制度。工伤保险制度要遵循以下几个重要原则：无过失补偿原则，即无论职业伤害责任属于谁，受害者应得到一定的经济补偿，而且雇主不承担直接补偿责任，由工伤社会保险机构统一组织工伤补偿；风险分担、互助互济原则，这是社会保险的基本特征；个人不缴费原则，即工伤保险由单位缴纳，职工个人不缴纳任何费用，这是工伤保险与养老保险、失业保险、医疗保险的区别之处。

5. 生育保险

生育保险是国家通过立法，对怀孕、分娩女职工给予生活保障和物质帮助的一项社会政策。生育保险的宗旨在于通过向职业妇女提供生育津贴、医疗服务和产假，帮助她们恢复劳动能力，重返工作岗位。

6. 住房公积金

我国在计划经济体制下实行福利分房政策，即由国家或组织进行住宅建设、低租金分配给员工使用的制度。随着市场经济体制改革的深化，目前我国正在实行住宅的商品化改革和组织货币化分房制度，即由单位和员工共同承担住房公积金。关于住房公积金的几个基本问题，如住房公积金的建立对象、组织中哪些人可以享受住房公积金、住房公积金的缴存比例、住房公积金的支取等，在2002年3月24日颁布的《国务院关于修改〈住房公积金管理条例〉的决定》中均有明确规定。

7. 法定假期

根据《劳动法》规定，我国现行的法定假日主要有公休假日（《中华人民共和国劳动法》中有明确规定）、法定休假日（《全国年节及纪念日放假办法》中有相关规定）、带薪年休假（《职工带薪年休假条例》中有相关规定）、其他假期（如病假、探亲假、婚丧假、配偶生育假等）。

组织补充福利主要有组织补充保险计划和员工服务福利计划两种类型。组织补充保险计划主要有组织补充养老金计划、团体人寿保险计划、健康医疗保险计划。员工服务福利主要有员工援助计划、咨询服务、教育援助计划、儿童看护帮助、老人护理服务、饮食服务、健康服务以及交通、文体旅游、洗澡、取暖服务等。

五、事业单位薪酬管理存在问题与对策

（一）事业单位薪酬管理存在的问题

1. 薪酬管理制度不健全

（1）薪酬管理知识匮乏。

第一，人事管理人员专业性不足。人事管理人员专业性不足严重阻碍了单位薪酬管理体系的建设与完善。主要体现在两个方面：一是缺乏专业性的人事管理人才。调查发现，很多事业单位人事方面工作人员并不是人力资源相关专业，且工作人员并没有从事人力资源相关的职业资格证书。二是人事专员知识储备量低。人事专员对人力资源和社会保障局下发的相关文件不了解、政策吃不透。当职工想了解相关政策时，人事专员不能给出详细的讲解，甚至因对政策理解不足，还会误导职工对政策的认识。

第二，职工对薪酬管理认识不足。薪酬管理知识认知不足不仅表现在人事专员上，还体现在普通职工的日常行为上。职工对薪酬管理认识不足会产生无所谓的态度，例如违反单位相关规章规范后有恃无恐，不清楚违背规章制度后会影响自我的薪酬水平，当撤职、降级、文明单位撤销并影响工资水平后，才明白自己损害了自身和整个单位的利益。

（2）劳动关系混乱。

事业单位劳动关系混乱严重影响了薪酬管理制度及薪酬管理体系的建设和完善。事业单位劳动关系混乱主要体现在两个方面：一是抽调、借调人员的手续不完善。抽调、借调人员原则上只是岗位调动，薪酬、晋升等还在原单位执行，但是关于如何晋升、如何考核借调人员的工作业绩、如何将借调人员的相关工作成果与本单位在编在岗工作人员的相关工作成果相比较，这些问题尚待解决。二是事业单位改革不彻底，导致单位存在劳务派遣人员。劳务派遣人员与在编人员同工不同酬，这就使得劳务派遣人员在心理上存在落差，从而失去对单位的归属感和认同感。如果劳务派遣人员给单位造成损失，其责任追究也难以划分。

（3）工资管理模式单一。

工资管理模式单一容易使员工对薪资产生疲态，挫伤员工对工作的积极性。缺乏柔性化的管理势必固化员工心理和精神状态，久而久之，整个单位职工的精神面貌都会呈现消极状态。工资管理模式单一不利于职工晋升，从而影响职工的工作态度和工作效率。

2. 薪酬激励效果差

（1）职工岗位职责不明晰。

职工岗位职责不明晰是造成薪酬激励效果差的一个重要原因。事业单位的三大岗位都有其相对应的职责。而现实工作中，有的管理岗位和专业技术岗位以及工勤岗位之间的实际工作环境和工作内容差距不大，从而使职工模糊了自己的岗位职责。当三大岗位的职责模糊化后，职工对自我的薪酬就会产生质疑，从事相同工作的人员工资可能不在一条水平线上，甚至差距较大。职工进行横向比较后，又没有相应的晋升渠道，内心就会产生落差感和无力感，从而达不到薪酬应有的激励效果。

（2）薪酬管理制度执行力度不足。

薪酬管理制度执行力度决定一个单位薪酬管理影响的广度和深度。相对于薪酬管理制度不完善的单位来说，薪酬管理制度较为健全的单位已经占据很大的优势。但是仅有健全的薪酬管理制度而不大力执行，那么薪酬管理制度对职工个人、对单位当下和未来的发展都是收效甚微的。

3. 职工晋升制度不完善

薪酬管理中职工晋升制度不完善将影响职工的切身利益，降低职工工作的积极性和主动性。晋升制度的不完善主要体现在制度标准不统一、晋升渠道有限等方面。没有完善的职工晋升制度，薪酬管理就无法发挥它应有的作用。

（1）没有建立统一的晋升制度标准。

职工晋升渠道不统一是事业单位薪酬管理的一大难题。事业单位的管理岗、专业技术岗和工勤岗单个晋升渠道相对完善，但三个岗位之间的相互转化较为混乱，没有统一的制度标准。例如，管理岗位的副高级别转换到专业技术岗需要满足的条件、副高级别应该转到专业技术岗那一级别并没有统一的制度标准。近几年，为进一步优化事业单位用人制度的自主权，国家制定了很多有益于职工晋升的制度标准，但对于一些存疑的问题仍需解决，还需加大改革力度。

（2）职工晋升渠道有限。

职工晋升渠道的有限性不仅限制员工个人的发展，也阻碍了单位目标的实现。职工晋升渠道的有限性主要体现在晋升渠道单一、晋升渠道不畅通和晋升渠道信息的闭塞性。多数员工反映当晋升到一定岗位，职工对自己的未来发展陷入迷茫，不知道如何才能晋升。许多管理岗职工反映自己直到退休还是九级科员，这大大挫伤了员工工作的积极性。此外，职工对当下的晋升渠道不了解也是限制职工晋升的一大原因。

（二）事业单位薪酬管理存在问题的解决措施

1. 健全薪酬管理制度

（1）加强薪酬管理知识培训。

第一，建立专业的人事管理队伍。单位和组织必须加强专业人才队伍的建设，培养一批专业的人事管理人员，定时参加人力资源和社会保障局组织的培训，同时单位也要定期安排人事专员到实训基地或优秀单位学习。要制定相应的奖励政策，鼓励人事管理人员考取相应的职业资格证书，提升工作人员的专业性。

第二，普及薪酬管理知识。普通职工也要加强对薪酬管理知识的学习。掌握更多的薪酬管理知识不仅有益于自身的职业发展，还可以提升单位的形象。单位要定期组织职工对薪酬管理相关政策的学习，可以请单位的人事专员讲解，也可以聘请单位以外的人事方面的专家对最新的政策进行解读。此外，通过普及薪酬管理知识，让更多的职工认识到薪酬管理对自己、对单位的重要性，从而增强职工的凝聚力和向心力。

（2）厘清单位劳动关系。

厘清事业单位劳动关系有利于规范薪酬管理制度，完善薪酬管理体系。一是要制定抽调、借调的相关文件。例如，完善抽调、借调手续，明确其量化考核单位，对岗位晋升或工资调整制订相应方案。二是解决劳务派遣人员问题。一方面，可以妥善安置劳务派遣人员，将其安排到企业工作，减少劳务派遣人员在工作和薪酬上的心理落差；另一方面，可以深化改革，彻底消除同工不同酬现象。

（3）建立多元化薪酬管理体系。

针对工资管理模式的单一性，必须建立多元化的薪酬管理体系。多元化的薪酬管理体系不仅可以激发职工工作的精神状态，还可以营造积极向上、奋勇前进的工作氛围。一是建立职工奖励制度。对于为单位增加荣誉的职工可以适当奖励，给予奖金的发放。对于为单位作出突出贡献的职工以及在职工比赛中取得优异成绩并获得名次的职工也可以发放适当的奖金。二是进行荣誉激励。在工作中表现良好的职工可以颁发荣誉证书。例如，年度考核优秀的职工、年终被评为先进个人或优秀党员的职工都可以颁发荣誉证书或给予相关的荣誉称号。

2. 提升薪酬管理制度的激励效应

事业单位提升薪酬管理制度的激励效应能够端正职工的工作态度，充分激发职工工作的主动性，提升职工的工作效率。事业单位提升薪酬管理制度的激励效应可以采取明晰岗位职责和严格落实薪酬管理制度等措施。

（1）建立清晰的岗位职责制度。

建立清晰的岗位职责制度一方面需要人事管理人员制定标准的岗位职责制度，并下发给每一位职工，且单位要不定时加强岗位职责的培训，当岗位职责出现变化时，单位及人事部门能够及时作出调整和补充；另一方面需要员工明确自己的岗位、工种等，在与单位签订劳动合同时熟练掌握合同书中所写的岗位职责，及时参加单位组织的岗位职责培训，对于后期的补充项也能及时获悉和执行。

（2）严格落实薪酬管理制度。

要想强化薪酬管理的激励效应，必须严格落实薪酬管理制度。一方面上级主管单位和领导必须高度重视，人事专员必须严格按照规章制度办理相关手续，不能因为程序烦琐等原因而偷工减料、“擅作主张”，从而使规章制度流于一纸形式；另一方面普通职工要认真学习单位下发的制度文件，做到政策吃透、程序清楚，能够运用相应制度明晰自己的晋升渠道，也能根据相应制度要求来约束自己的行为。

3. 完善职工晋升机制

建立全面的职工晋升机制有益于职工的个人发展和社会发展。只有建立全面完整的职工晋升机制，薪酬管理才能更好地为单位组织战略服务，才能增强单位的竞争力和综合实力，才能更好地落实公益服务。

（1）建立健全职工晋升制度。

建立健全职工晋升制度可以为单位职工晋升提供统一的标准，可以营造规范统一的企业文化，可以充分提高职工的积极性和主动性，增强单位的凝聚力和向心力。建立健全职工晋升制度可以采取以下措施：一是落实绩效考核制度。将绩效考核与员工晋升相挂钩，使员工晋升有可依据的标准，而不是空口评价。二是建立竞聘上岗制度。对于多人竞争一个岗位的，要制订符合单位情况的竞聘上岗方案，采取竞聘上岗方式，量化考评并公示，真正做到有岗位可聘，有标准可依，有渠道可升。

（2）拓宽晋升渠道。

晋升渠道的狭窄性严重限制了职工未来的发展。针对职工晋升渠道存在的问题可以采取以下几点措施：一是管理岗位参照公务员实行职级并行制度，通过实行职级并行制度，让管理岗位职工摆脱直到退休还是九级科员的困境。二是对于特殊性人才可以建立破格晋升制度，例如对于有相应的资格证书、年度考核多年优秀，为单位作出特殊贡献的人才等可以直接晋级到副科、高级经济师或高级技师岗位。三是对于管理岗、专业技术岗、工勤岗之间的相互转换，有明确的转换标准，例如工勤岗的技师、高级技师转换到专业技术岗后可以转到哪一相应级别、转换资质和条件有哪些等，都需要建立统一的规范和标准。通过建立多种晋升渠道，让职工对自己的未来规划有清晰的认识，从而充分调动职工工作的积极性和主动性。

（3）营造公平的岗位晋升环境。

盘活单位职工晋升机制，必须营造公平的岗位晋升环境。人力资源和社会保障局或相关上级业务主管部门及单位应该制定相应的晋升制度，并公开透明化，让每一位职工通过公平的选拔竞聘上岗，做到岗位透明、考核透明、渠道透明，让职工真正处于公平的竞争环境中。

第五节 激励机制建设

一、人员激励的作用和原则

（一）激励的作用

1. 激发工作热情和发掘潜能

激励是激发工作人员工作热情、发掘工作人员潜能的重要措施。人具有潜在能力到潜在能力的发挥之间，运行方向为：潜在能力→中间环节→能力发挥，其中的中间环节又称“中间项”，包括人的因素和物的因素等诸方面内容。这些中间环节和因素便是激励机制。当这些中间环节中渗透着有效的激励、并使之得以有效运行时，工作人员的潜能有可能得到较好的发挥，工作人员的工作绩效也有可能达到最佳。反之，工作人员的工作潜力有可能被湮没，工作热情也会被压抑。

2. 推动良好组织文化的形成

在组织系统中，对工作人员的尊重、对他们价值的承认以及对他们需求的适度满足，均为激励机制的体现，它有助于增强工作人员的自信心，使他们产生满足感，并增强对组织系统的认同。在这种组织氛围中，人们相互信任和尊重，组织系统中充满积极鼓励的气息，形成一种良好的组织文化，从而推动组织任务和组织目标更好地实现。

3. 具有心理鞭策作用

激励对工作人员的行为动机和工作行为具有强化功能。当工作人员作出较好的成绩时，组织系统通过奖励措施予以肯定，达到巩固和发展此种行为的目的。此时，奖励措施发挥着正强化功能。反之，当工作人员的工作行为不佳，甚至在工作中违反组织规章时，组织系统对之采取相应的惩罚措施，以抑制和消除此种行为。这种惩罚措施发挥着负强化的功能。此类激励措施具有心理鞭策和辐射作用，它有助于调整人们的行为动机，扬善去恶，使组织系统朝着正确的方向发展。

4. 提高工作人员的素质

激励包括物质激励和精神激励、内激励和外激励、情感激励和工作激励等多种形式，有助于引导工作人员不断提高自身素养和工作能力，朝着更加符合组织目标的方向发展。

（二）激励的原则

1. 民主公正原则

公正是实现有效激励的基本原则，没有公正，非但激励不能收到应有的效果，还会造成负面影响。要做到公正，需要有民主机制为之保证。在建立与贯彻激励机制的过程中，要有配套措施，包括工作人员的参与机构、参与程序和相应监督机构的设置、有效监控机制的建立，以保证激励功能的正常发挥。

2. 组织目标与个人目标相结合的原则

在建立激励机制的过程中，激励目标的设置是一个重要环节。首先，激励目标要与组织目标相一致，要有利于组织目标的实现。同时，激励目标的设置还应符合工作人员个人的需要，在一定程度上与个人的目标相吻合，正是由于激励目标能够在一定程度上满足个人要求，才能较好地调动工作人员的积极性。从社会意义上看，人的价值本身具有双重性，既具有社会价值，也具有自我价值。社会价值是自我价值的外在表现，自我表现价值则是社会价值的基础，二者相辅相成。组织系统只有尊重工作人员的自我价值，并在可能的情况下帮助他们实现自我价值，工作人员才能够较多地认同于组织系统的价值和目标，也才能够更好地调动工作人员的积极性。当组织系统的激励机制有助于同时实现这两种目标时，组织目标才能够最大限度地得以实现。

3. 物质激励与精神激励相结合的原则

作为社会人，每个人都存在物质需要和精神需要，因此通过满足人们的需求去激发人们行为动机的激励机制，应该将物质激励与精神激励结合起来。既不搞那种空泛的、只讲奉献、没有相应物质奖励的单纯精神奖励，也不搞拜金主义，诱导工作人员一味地追求物质回报。而是将二者有机地结合起来，避免偏颇，使激励机制真正做到适度有效。

4. 外激励与内激励相结合的原则

所谓外激励和内激励是根据赫茨伯格的“双因素理论”加以区分的，外激励是指满足工作人员安全与社交等需求的激励因素，包括工资、奖金、福利和人际关系等因素；内激励则是指满足工作人员自尊和自我实现需要的激励因素，如赋予工作人员具有挑战性的工作，使工作人员从工作中得到满足，感受到自我价值的实现。内激励所激发的工作行为动力比外激励深刻持久，因此，管理者要善于采用不同的激励手段，以内激励为主，使二者相结合。

5. 正激励与负激励相结合的原则

所谓正激励是指对工作人员符合组织目标的行为，尤其是为实现组织目标作出较大贡献的行为所给予的奖励；所谓负激励则是对违背组织目标的行为给予的惩罚。在一个组织系统中，两种激励形式都是必要的，只有在管理中将两种管理手段有机地结合起来使用，以正激励为主，以负激励为辅，才有可能保证组织系统的正常运行，更好地实现组织目标。

二、奖励与惩罚

（一）注意把握奖惩的频率

奖惩是一种激励措施，出发点在于调动人们的工作积极性，鼓励和发展良好的工作行为，抑制和消除不良的工作行为。但如果奖惩过于频繁，尤其是设置过多的奖励，且间隔时间过短，有时也会产生负面影响，使人们过多关注奖励事项，过度期望于种种奖励，妨碍对工作本身的关注，还可能为获得某些奖项而产生急功近利的短期行为。这样的奖项，非但不能对工作人员起到激励作用，还可能干扰正常工作的开展。同样，如若惩罚过多，也会造成人人自危、人心惶惶的负面影响。

（二）奖惩要注意时效性

在部门的工作中，一方面奖惩不能过于频繁，另一方面在特殊情况下，还要注意奖惩的及时性和时效性。若工作人员作出重大成果，或在突发事件中有重大贡献，应及时给予表彰，甚至以资鼓励。这样能够造成影响，使奖励具有较明显的辐射作用，从而有利于优良行为的发扬光大。同样，若工作人员在工作中明显违规并犯有严重错误，在查明事实的情况下，也应及时予以处罚。及时处罚可以对违规者本人乃至对部门中的其他工作人员有明显的警示作用，避免类似情况再次发生。

（三）注意控制奖惩中的效价差

在奖励和惩罚措施的实施过程中，要科学地确定效价差，尤其在依据工作绩效确定奖金等级的过程中，要尽量做到科学合理。效价差过小，容易出现平均主义的倾向，使奖金的发放失去激励作用；效价差过大，则可能超出实际贡献的差别，使工作人员感到不公平，从而挫伤其工作积极性。因此，控制奖励的效价差，使之与贡献相匹配，能够较好地体现公平原则，从而保持工作人员的心理平衡。控制好效价差也能使由于工作绩效不佳而被降低工资收入的工作人员心悦诚服，使奖惩制度真正起到激励和鞭策的作用。

（四）注意奖惩过程中的心理疏导

奖惩是一项政策性强和细致的工作，即便管理者完全出于公心，工作人员也难免会有不同看法，工作人员对自己的估价也可能与他人或领导的估价有所不同，加上在实际奖惩的实施中，由于经费、名额等因素，常常难以做到绝对公平。因此，奖惩工作要深入细致，尤其要注意做好工作人员的心理疏导，使之正确看待奖惩，尤其是正确看待奖励，不盲目攀比。

综上所述，奖惩措施的实施要注意实际效应。奖惩是一项政策性较强的人事措施，这项措施实施得如何，对于工作人员的工作积极性有较大影响。在一般情况下，能够得到部门中多数人赞同的奖惩措施，具有一定的“正效应”；反之，多数人质疑甚至持反对意见，表明此类奖惩措施存在一定问题，应当采取相应措施予以补救，以减少因奖惩不当造成的不良后果。

三、事业单位人事管理中激励机制存在的问题与对策

（一）事业单位人事管理中激励机制存在的问题

1. 缺少多种激励措施

事业单位在建立激励机制时，没有采用多种激励手段，致使部分单位总是依靠个人的主观意志进行激励，具有很强的随意性和不确定性。这就造成了单位职工工资和福利与他们平时的工作表现不成比例，不能确保他们的激励公平，从而使他们的工作热情大大下降。加上目前一些事业单位采用的激励方式多集中在物质上，在精神上很难发挥其应有的效果。对单位人员来说，实行物质奖励能有效地激发他们的工作热情和主动性。然而，一些事业单位往往仅注重于短期的物质奖励，而忽略了长远的心理激励。加上物质奖励和标

准制定的不够完美，这就造成了两种现象：一是在人事制度改革之后，推行了绩效薪酬和契约聘任制等管理措施，让管理层以物质为主要动力，通过加薪、奖金、福利等手段来激发职工的积极性。二是因为平均主义，让那些有能力的人失去了工作的动力，从而导致了他们的工作效率下降。同时，由于某些岗位的工作性质有一定的限制，而且其激励对象也比较单一，很难有效地发挥激励制度的作用。此外，部分管理人员在实施激励措施时，未能与广大职工进行有效的沟通与交流，不能全面理解职工的内在需要，在采用这种激励方式的时候，没有把精神上的激励与物质上的激励相结合，物质的激励作用只能维持一段时间，从而削弱了激励的效力，很难让所有人都团结在一起，阻碍了单位的发展和进步。

2. 缺乏有效的人事管理激励力度

推行激励机制是推动事业单位实现人事管理的一个重要目标，也是推动其可持续发展的关键。从目前的状况来看，我国目前实行的激励制度并不能达到预期的效果，主要原因在于：第一，在日常的人事管理工作中，对职工的工作状况未进行跟踪，对其工作状况的把握不够精准，导致了激励机制的不完善；第二，有关部门的工作人员对激励机制认识上的偏差，对激励对象的界定不够精确，导致他们在落实工作中缺乏有效的激励力度。而这种“走过场”的激励方式，往往会使职工失去对工作的热情，从而使用人单位的绩效考核和激励体系形同虚设，难以落实，进而影响了单位职工的工作积极性，阻碍了事业单位的发展。

3. 绩效考核的作用没有得到应有的发挥

现行事业单位的绩效考核体系与事业单位的激励机制之间存在着不和谐的关系。在事业单位，绩效是培养后备人才和职称评定的重要依据，也是激发工作人员积极性的重要途径。然而，由于目前我国事业单位实行的绩效考核体系还不够完善，无法充分发挥其职能和作用，其成效可想而知。因此，必须不断地优化、完善绩效考核系统，构建公平、公正、科学、合理的绩效考核体系。

（二）事业单位人事管理中激励机制构建

1. 保证激励制度的规范化

首先，在激励方式上，要及时地适应职工的需求、层次的变化，针对职工的不同，采取不同的奖励方法，使其发挥出最大的效用。由于不同的职工群体存在着不同的特点，单一的激励方式很难使所有的职工都满意，因此，要根据事业单位的实际情况，采取有针对性的激励措施。比如，对青年业务骨干来说，他们最大的心理需求就是职业生涯的有成和提高，所以要提高他们的工作水平，为他们的发展创造一个良好的平台；而对中年人，则应着重于物质奖励，可以提升其工资及福利待遇，以改善其生活条件，并促使其更加努力工作。

其次，要坚持以人为中心的思想，建立健全激励机制。在制定人力资源激励政策时，应从职业规划、职业兴趣、能力水平等方面进行全面的调研，以保证激励手段的科学性、针对性和有效性；要做到正向激励和逆向激励的有机结合，即要对工作中表现突出的职工进行奖励型激励，并通过惩罚型激励达到制止、约束和警示的目的；要把内部激励与外部激励有机地结合起来，注重职工的工作满意度，注重通过奖金、薪酬等外部激励。比如，在工作场所，要真正理解、尊重、爱护职工，创造良好的工作环境，让所有人都能真正地接受事业单位文化，以加强事业单位的凝聚力，激励他们更好地投入工作。

2. 运用各种激励手段提高绩效

不管是物质上的激励，还是精神上的激励，还是职务上的激励，都能体现出对一个人价值的认可。在建立事业单位的激励制度时，必须把物质和精神的激励有机地结合起来，以增强职工的责任感、价值观和绩效，满足职工的社会需求，尊重职工的需要和自我实现，从而增强职工的激励效果。所以，在实施激励制度时，要采取多种形式的激励手段，使事业单位的正常发展效果得到充分发挥，从而提高职工的工作效率。一般的事业单位在建立激励机制的时候，都会从物质、精神、职务三个层面入手，通过对职工的奖金、晋升和荣誉的奖励，充分激发职工的工作积极性，培养职工的竞争意识，从而提升事业单位的人事管理能力。特别是对领导干部，可以在一定程度上引入一些新的激励手段，使之与传统的激励机制相结合，形成一个整体的激励机制，从而推动整个单位的发展。同时，运用各种激励手段对单位职工进行全方位的评价，使其更好地体现个人价值，从而有效地提升事业单位的人事管理效率。在这一过程中，要始终坚持物质和精神上的双重激励，即要从职工的个人目标、价值体现、能力提升、情感归属等方面，激发职工的工作热情，从而提高事业人员的自觉性。

3. 将绩效考核和薪酬分配相结合

绩效考核是对职工工作能力、职责、业绩等进行量化的评估。实施绩效考核的目的在于遵循“多劳多得”的原则，使职工的薪酬更加具有激励性和竞争性。因此，必须将绩效考核与薪酬管理相结合，使绩效考核的结果成为事业单位薪酬管理的基础。在此基础上，将工作环境、工作内容相近的人员划分为同一岗位，并与该岗位的实际工作密切联系，制定出一套科学、合理的评估标准，以百分比的形式量化考核结果。同时，建立一套行之有效的绩效考核制度，对各个部门的人员进行定期的考核，全面了解各个部门和人员的工作状况，并在发现问题后，及时制定相应的改进措施；建立以业绩评估为基础的薪酬激励体系，将表现优秀的职工列为“先进”，并给予相应的奖励和晋升，对表现不佳的职工进行处罚、降级、降低工资，从而有效地激发职工的工作积极性、主动性和创造力。一般情况下，考核指标中会列出具体的奖励和处罚，并且严格按照一项或多项得分的加权平均值来计算，坚持建立标准化、细致、可量化的人事管理模式，创新用人的考核方式，确保考核结果的科学性，从而有效地避免了定性评估中出现的不确定性。同时，要对各种激励体系进行细化，以避免在考核过程中出现模糊的现象，使每个人的工作能力得到充分发挥，从而使其更加公正。另外，在对单位进行人力资源评估时，要考虑到现实情况，制定一个健全的、完整的制度评估体系，以突出职工激励的多样性和层次。比如，将上一级评价、关联岗位评价、服务对象评价等多种评价手段结合起来，可以有效避免事业单位人事管理中的问题，提高其实际运用效果。

4. 人力资源激励模式的优化

新形势下，传统的人才管理模式已不能适应新形势下事业单位发展的需要，有些事业单位的发展受到了制约。如何突破这一困境，提高人才的竞争优势，促进事业单位的可持续发展，已成为我国事业单位深化改革的一个重大课题。在许多事业单位“吃大锅饭”的情况下，事业单位的职工觉得，正式入职就是拥有“铁饭碗”，在工作中论资排辈，缺乏热情，存在不想有功也不想犯错误的思想。所以，事业单位只有强化人事工作自主权，坚持以人为本的发展理念，进一步优化人力资源激励模式，注重对职工专业能力的培养，建立与之相匹配的量化考核标准，才能打破事业单位多做少做都一样的“平均分配”。事业单位要根据工作实际，围绕单位职能，科学设置工作职责，根据工作岗位，制定明确的量化考核标准和配套激励机制，其中激励机制应当建立在科学调查和准确掌握职工需求及变化趋势的基础之上。在此基础上，运用各种有效的激励措施，建立一套行之有效的业绩评价制度，创设积极的竞争环境，以增强事业单位的危机感和竞争意识，从而使事业单位充满生机与活力，促进事业单位的发展。

5. 加大资金投入

在我国事业单位的不断深化改革中，以激励的方式提高人力资源的开发与管理，使之焕发出勃勃生机，更好地为社会服务，已经成为一种必然。就当前大部分事业单位的财务资助程度而言，要建立起一套科学、高效的人力资源激励体系，建立一支专门的人事管理队伍，保证各种激励措施的落实和长期有效地实施，仅仅依靠临时性资金补助恐无法达到预期的激励效果，尚有较大的资金缺口。因此，要从地方事业单位发展的现实出发，加强对事业单位人事制度改革的扶持，完善财政投入，加大专项投入。同时，要健全与事业单位职责相匹配的绩效考核体系，以考核经费使用情况为依据，通过将考核结果发布在信息平台上，增强各部门工作人员的责任感，从而保证各部门人事管理工作的成效。

6. 制定科学完善的事业单位激励机制

事业单位的资金来自政府的资金，通常情况下，都会有比较完善的内部组织，专门负责建立和完善激励机制，因此，目前单位最重要的工作就是科学地制定和优化制度。从目前的工作人员流动来看，大部分事业单位岗位都是比较稳定的，并不存在被辞退的危险，因此，许多人不认真对待自己的工作，不重视职工的工作，不重视考勤，严重影响了职工的工作积极性。这就要求不断地优化和改进激励机制，通过对职工的工资结构进行有效的调整，对现有的资源进行有效整合，明确目标和职责，将各个部门的人员的发展都纳入了激励体系当中。这是一种非常直观的方式，可以极大地调动他们的工作热情，让他们在接下来的工作当中更加积极。

第三章 事业单位人事管理的实践与新发展

第一节 科研事业单位人事管理的问题及对策

科研事业单位是国家创新体系的重要组成部分，为科技创新提供科技资源支撑和科技服务，促进我国科技进步。随着时代发展，科研事业单位运行机制日益完善，对人事管理工作也提出了新目标、新要求。本节根据科研事业单位的特点，结合工作实践，探讨其人事管理工作中存在的问题，并提出针对性的对策，充分发挥人事管理在单位整体运转中的重要作用，从而进一步优化事业单位内部管理，促进科技事业发展。

一、科研事业单位人事管理中存在的问题

（一）人事管理观念有待转变

长期以来，科研事业单位人事管理注重于传统人事工作。人事管理工作内容包含员工招录、竞聘、委派、工资绩效发放和人事档案管理等，传统人事管理侧重于事务性工作，没有形成合理的人才开发管理机制，系统化观念还未形成。科研事业单位人事管理如局限于常规性人事工作，而忽视人才开发、培养、交流及人事管理，容易形成人才瓶颈，不利于事业单位整体稳步发展，难以适应科技创新事业发展的新要求。

（二）人事管理机制有待完善

部分事业单位没有实施具有针对性的奖励评价机制，工作绩效和实际薪资未能很好匹配，导致部分员工工作积极性和工作效率不高。事业单位人事制度改革从宏观层面上为完善激励和约束机制，激发人才活力提供了指导意见。科研单位人事制度改革需结合科研单位的特点，尊重科研规律，激发科研人员科研和科技成果转化的积极性。岗位职称评定、绩效制度与员工利益息息相关，近年来随着职称评审制度的改革，出台了系列改革完善政策，但唯论文、论资排辈现象在不同程度上存在。

（三）人才配置有待优化

合理的人才配置是高质量发展的关键，要把人才优势转化为高质量发展动力。目前，科研事业单位人事管理中人才配置有待优化。要树立人才资源是第一资源的理念，整体推动人才选拔与成长通道建设。明确各岗位职能要求，以人为本，因人制宜，重视岗位和人才的适配性，提升人才资源的利用率。人事管理中对岗位职能要求若不明晰，面对部门繁杂的业务种类，难以实现各岗位的绩效目标。无论是业务部门还是管理部门，都关系单位的整体运转，两者都需要适配性的人才作支撑，要做到人尽其才、才尽其用。一方面，将优质人才配置到重点业务部门，有利于业务高质量发展和部门整体创新能力提高，满足竞争日益激烈的市场发展需求。另一方面，将善于管理的人才配置引进到单位管理部门，可以有效整合资源，发挥管理部门统筹协调功能，促进单位业务发展。科研事业单位，科研工作任务重，日常行政事务繁杂，需要做好统筹兼顾。通过完善人事管理，让专技人员专心从事岗位专业技术工作，管理及服务岗位围绕单位任务目标在履行管理职能中提供好服务。

（四）人事管理培训有待加强

培训是加强科研事业单位人事管理和转变自身职能的一种重要途径，也是提升科研事业单位人事管理水平和综合服务能力的重要渠道。需建立健全完善的人事管理机制，充分认识到完善的人事管理机制对工作人员能力提升的重要性。培训是人事管理中的重要环节，知识信息时代，知识更新快，需要通过系统培训丰富员工知识结构，提升工作技能。科研事业单位现有培训较为碎片化，形式上较为松散，需要形成系统化的知识体系，内容上理论与实践相结合。同时，需注重人事管理培训的实效性，培训体系及内容与单位发展战略相匹配。

二、完善科研事业单位人事管理的对策

（一）转变人事管理观念

科研事业单位人事管理观念的转变有助于科技创新事业发展，科研事业单位人事管理工作长期着眼于传统事务性工作，需加强建设人才开发管理机制。人事管理观念需由管理人才转变为人才开发，由人员配置、生产服务转变为战略规划、方针部署服务，由以事为中心转变为以人为中心；重点聚焦人才培养模式和岗位评级，打破传统人事管理模式，进一步推动科研事业单位人事管理制度改革，促进科研事业单位人才队伍建设，将科研事业

单位人事管理观念转变融入单位发展战略，促进科技创新事业发展。

（二）完善人事管理机制

针对传统人事管理模式，结合科研单位特点，提高事业单位管理效率，进一步强化制度建设，同时贯彻创新型人事管理思想，将奖励评价机制与实际薪资进行有效融合。科研事业单位人事管理部门结合自身实际情况与发展目标，减轻科研人员琐碎事务负担，为科研人员晋升通道创造有利条件，引导和鼓励合适的人才揭榜挂帅，激发科研人员的潜能，提升科研人员的积极性，增强科研人员的归属感。加强人才储备，培养更多应用型、创新型、技能型人才，推动科研事业单位科技成果转化。通过管理部门年度考核情况，合理制定评定等级，完善奖惩评价机制，对考核绩效不达标员工实行岗位轮换制。科研事业单位管理层加强人才战略制定，重视人事管理工作，加强科技人才培养。

（三）优化人才配置结构

提升科研事业单位人事管理工作效率的关键在于，解决专业人才配置，优化人员岗位结构，明确岗位职能要求，增强科研人员与岗位的适配性。同时，落实德才兼备的人才招聘理念，有效保障重点业务部门高质量发展，坚持部门内部培养和外部引进相结合，提高部门创新能力，满足竞争日益激烈的市场发展需求。实施“外引内培”能在一定程度上解决人才配置不优的问题，“外引”即针对急需岗位引进优质专业人才，同时实施内部职工技能大提升工程，针对不同岗位人员开展有计划、有针对性的业务学习和专业技术培训，着力构建合理的专业人才梯队。结合科研事业单位的实际发展需要、岗位需求、人岗匹配度进行统筹安排，业务部门专业技术人员专心从事岗位专技工作，协助配合管理部门人员完成科研任务规章流程，管理部门应发挥统筹协调功能，主动承担业务部门科研流程及繁杂事项，为科研事业单位提供良好的科研环境，围绕单位任务目标在履行管理职能中提供好服务。人事管理部门积极学习和借鉴先进企事业单位的经验，优化完善本单位系统化、常态化的人才培养和开发机制，要善于发现和培养内部人才，注重人才的长效发展，建立单位自身的内生式人才选拔及培养机制。

（四）加强教育学习培训

加强科研事业单位科研人员的教育学习培训，推动科研事业单位专业人才队伍建设。可有针对性地开展科研人员培训教育工作，每年每月根据单位各部门业务开展需求，制订培训方案，拟定培训主题和目标，借助每月主题党日活动，加强对党员、积极分子教育学习培训，党员同志充分发挥先锋模范作用。对新入职的员工，进行单位文化培训、人事管理培训、专业技能培训、单位规章制度培训，帮助新员工熟悉单位流程，提升单位整体素质，完善单位人事管理机制。培训形式上由专家讲座和网络培训相结合，将碎片化式的培训，形成系统化的知识体系，理论与实际相结合，增强学习意识，提升自我修养。提升事业单位科研人员参加教育学习培训的积极性，转变思维观念，引导员工和单位共同发展、共同进步。同时，鼓励科研人员积极参加职业技能教育和职称继续教育等培训，提高科研人员综合素质。通过请进来、走出去的方式，拓宽教育培养渠道，向优秀兄弟单位和企业学习先进的经验做法，积极探索新的学习教育理念。

第二节 文化事业单位人事管理的问题及对策

一、文化事业单位概述

文化事业单位广义上可以指在文化领域从事研究创作、精神产品生产和文化公共服务的组织机构。它是2003年国家开始文化体制改革并区分出文化事业和文化产业两大部分的产物，主要类别有：演出事业单位、艺术创作事业单位、图书文献事业单位，文物事业单位等。然而根据我国进一步加深事业单位改革的要求，对承担行政职能的，逐步将其行政职能划归行政机构或转为行政机构；对从事生产经营活动的，逐步将其转为企业；对从事公益服务的，继续将其保留在事业单位序列、强化其公益属性。本节所指的文化事业单位主要是第三种。因此从这个意义上来看文化事业单位是指以非营利性为目的，为全社会提供非竞争性、非排他性的公共文化产品和服务的组织机构，具有非营利性、服务性、基本性、均等性和便利性的特征。文化事业单位的发展以政府为主导，它属于公共服务体系中的一个环节，可以增加社会福利，能够促进精神文明建设，提升我国综合实力，是实现文化强国的重要组成部分。

二、文化事业单位人事

文化事业对于人才的要求是高标准的，它要求所在人员对于知识体系要不断地更新，对事态发展具有敏锐的洞察力以及文化传播的掌控力。工作人员不仅需要专业的职业素养，更需要与他人的沟通和协作，高尚的人格和良好的职业操守。然而新时期的竞争是人才的竞争，文化事业单位虽然不参与市场竞争，然而人力资源市场的人才竞争就是无法避免的。文化事业单位要想真正起到推动社会进步，普及全民审美教育，提高全民文化素养，培养尊重和保护历史文化等作用，就需要在人才的建设和培养上下功夫。要建立一套能够吸引人才，留得住人才的人事管理制度。经过多年对传统人事制度的改革，我国目前在文化事业单位的人事制度的建设上已有不少成绩。具体来看有以下几个方面：

（一）新型人事管理制度模式初步建立

由于传统干部人事制度被分解，文化事业单位人事制度也从过去的框架体系中剥离出来。早在2000年由中组部和人事部发出的《关于加快推进事业单位人事制度改革的意见》中就提出要建立以聘用制为基础的用人制度。目前公开招聘制度在全国各级各类事业单位基本已实现了“全覆盖”，各省市已大力落实开展政事职责分开、单位自主用人、人员自主择业、政府依法管理、配套措施完善的分类管理体制。再者，岗位设置方面已将文化事业单位人员分成管理岗位、专业技术岗位和工勤技术岗位，并规定三类岗位的基本任职条件和要求，改变用管理党政机关工作人员的办法管理事业单位人员的做法，不再按行政级别确定事业单位人员的待遇。此外，在事业单位职权方面，扩大了事业单位的人事、财务管理自主权，引入竞争激励机制、绩效考评机制。

（二）人事管理相关运转机制初步完成

在人员聘用方面，通过原人事部发布并于2006年执行的《事业单位公开招聘人员暂行规定》，对事业单位人员的招聘范围、条件及程序，招聘计划信息发布，资格审查，考试与考核，纪律与监督等方面已作出了明确规定。

在工资收入方面，文化事业单位执行国家统一的工资制度。工作人员工资由岗位工资、薪级工资、绩效工资和津贴补贴组成。岗位工资、薪级工资执行国家统一的政策和标准。事业单位在核定的绩效工资总量内，按照规定的程序和要求进行分配。工作人员按照国家规定享受艰苦边远地区津贴和特殊岗位津贴补贴。

在福利保障方面，根据2009年下发的《事业单位养老保险制度改革方案》，将事业单位养老保险下调至与企业一致，为进一步深化改革打下基础。并在山西、上海、浙江、广东、重庆等5省市先行推进事业单位养老保险制度改革。

三、文化事业单位人事管理存在的问题

（一）思维观念定位不清，传统制度转变不到位

文化体制改革与事业单位改革现在正在齐头并进的开展，作为文化事业单位无疑是这两个改革的交叉点也是重点。经过多次的改革文化事业单位通过分离改制、整体转制企业、股份制改造，大量的文艺团体、出版社、影视机构被推向市场，而这些单位人事管理制度也顺理成章地转型为现代企业的人事管理制度。但是还有一部分国家扶持的少数文化

艺术团体、图书馆、美术馆、博物馆、文化站等单位仍保持原有的性质。这些被保留下来的文化事业单位，在人事管理中过去传统干部管理制度影响仍然存在，行政级别仍然残留，单位中的重要领导岗位大多依然由上级主管部门派遣和任命。

（二）聘任制的用人制度不完善

目前人员聘任制已经被文化事业单位普遍采用，它是整个人事制度改革的中心，目的在于打破过去僵化的用人制度，而采用一种公平、透明、灵活、竞争式的制度来代替。但在实际操作过程中依然存在大量的不公开透明、萝卜式招聘、乱塞人安排人等现象。而聘任合同的签订、续签、解聘等也是流于形式，缺乏完整考核、监督、管理制度。此外，与聘任制相衔接的相关法律、政策不完备。在发生人事关系的履行、聘用、辞职、辞退等合同争议时如何解决，因保险、福利、工资待遇等分歧造成的争议又该怎样，并没有统一的、高层次的法律作出具体要求；同时由于文化事业单位身份的原因在处理合同纠纷时的行政和司法之间的关系也没有厘清。

（三）缺少吸引与留住人才的管理制度

文化事业单位是知识密集性组织，它的发展需要大量的高素质专业人才作为基石。但现实中很多的文化事业单位的工作人员却没有“文化”，也导致了公众形成“文化馆没文化”“图书馆没图书”“博物馆不懂文博”这样的不良印象。这都与缺少吸引人才、留住人才的制度有关。作为一个组织晋升制度、培训制度、绩效考核制度都能起到管理推进剂的作用，但很多单位晋升制度僵化，对员工培养不重视，考核指标随意缺乏科学性，这些都不利于新时期人才的竞争和发展。

（四）其他问题

在岗位设置上对专业技术人员、工勤人员、管理人员三类人员区分不清，从而导致比例上不合理。专业技术人员本应该是文化事业单位的核心，人数应该最多，但很多单位反而成为管理人员比例占大多数，成了多数人管理少数人。另外，在福利制度上，虽然改革方向上已确定要打破社会保障的“双轨制”，将事业单位养老保险调整到与企业一致。但从整体上来分析，退休前的事业单位人员比国企职工，特别是比垄断性国企职工的工资要低很多，退休后的事业单位人员享受的养老金待遇，比一般企业职工优越，但比公务员、垄断性国企的职工还是要差一些，所以绝大部分事业单位人员都不愿意被划归至企业，如果只是单纯采用“一刀切”的方式进行改革无疑会遭受巨大的阻力，将会减缓改革的速度。

四、文化事业单位存在问题的解决对策

（一）继续改革与创新，加快法律法规建设

体制改革是一个漫长而艰难的过程，长期的计划经济留下的惯性依然存在。因此，首先，要对长期以来的传统思想进行深入改革，让工作人员重新认识文化事业单位的角色和作用，打破官本位、铁饭碗、平均主义、等、靠、要的错误观念。其次，要继续坚持政事分开、事企分开原则，理顺政府与事业单位、事业单位与企业的关系；各地要下决心、动真格的进行人事制度的改革，而不是走形式、做样子。再次，对人事管理制度要大胆创新，要建立符合文化事业单位性质和特点的新体制，包括人员聘用制度、岗位管理制度、绩效考评制度、兼职管理制度等。最后，加快对人事管理的相关法律法规的建设，尽快出台《事业单位人事管理条例》对人事管理问题进行统一规范，此外各个单项的政策法规也要抓紧制定，构建出完整的法律体系。

（二）完善聘任制度与岗位管理制度

首先，要对事业单位人员补充实行严格控制，坚持按照公开、平等、竞争、择优的原则进行人员的聘任工作，完善和落实聘用回避、合同期限、试用期、解除与续签合同等制度。

其次，政府要对人事权下放，文化事业单位要能对人员具有一定决定权。对聘任方式要进行创新，选择差异性的招聘方式，针对不同的人员要根据实际情况采取不同的录用方式。另外，在环节上导入先进的人事管理理念和技术方法，可以采取聘请人事管理专家指导的方式弥补管理者缺乏人事管理的专业知识和技术方法的问题。

在岗位管理制度方面，坚持科学合理、精简高效的原则。可在原有的三种岗位结构的基础上探索建立不同类型文化事业单位岗位结构比例和等级调整办法，如：可以增加公益性岗位或临时兼职岗位。另外，对不同岗位要制定详细的岗位职责说明书，做到职责明确。

（三）建立科学合理的工资福利制度

工资福利制度是吸引人才和留住人才的一项重要制度，所以文化事业单位首先要构建科学合理的薪酬制度，其中绩效工资制度要真正发挥激励和约束作用，工资制度要与绩效考评机制紧密联系作为解除、续聘、晋升的基本依据。此外，也可大胆创新对不同类型的文化事业单位实行不同的工资管理办法，对一些关键岗位、高层次人才、业务骨干和作出突出成绩的人才要在工资上给予倾斜，打破平均主义。再者，要完善社会保障机制，解决

人员流动的“后顾之忧”。解决事业单位养老改革问题的重点在于缩小机关、事业和企业退休人员之间的养老待遇差距。这就需要一方面逐渐提高企业职工的养老金的同时把公务员养老金的改革“联动”起来，避免互相攀比，减轻改革阻力。

第三节　“互联网+”背景下事业单位人事管理变革

“互联网+”时代的突出特点就是信息技术在人们生产生活中的渗透，大数据能够根据各项数据对任何事务进行分析，云计算能够通过精密的、高速的计算能力帮助人们解决计算难题，诸如此类信息技术的利用在很大程度上改变了人们的生活，而在企业单位的发展建设中，其使用价值更是难以估量。本节从事业单位的角度分析了信息技术背景下人事管理工作的发展策略。

一、事业单位人事管理现状

（一）人事管理效率不高

大部分事业单位在开展人事管理工作时都是将管理制度的调整和相关规定的改进通过发文等信息传输手段，自上而下层层递进地让职工被动接受安排，这种管理手段是单一的、流于形式的、无法调动职工内驱力的，形成的管理效果是不明显的，最终体现出的人事管理工作的效率是低下的。从职工角度来讲，单位的管理是表面的、面向全体职工的、命令式的安排，无法调动自身配合管理工作的积极性，也不想主动承担责任。并且事业单位的管理手段过于落后，算绩效、算考勤等不够贴近职工具体工作实际的管理办法，无法对职工起到督促及激励作用，使得人事管理工作难以建立有效的管理机制，管理效率不能得到有效提高。

（二）人事管理体制守旧

事业单位的人事管理工作较私营企业更注重形式和规则，日常工作流程、内容及相关问题的处理都有多年的规定可依，且较少发展出新的工作事项，人事管理人员习惯于在工作中墨守成规、按规定办事，缺乏一定的创新精神。随着“互联网+”时代的到来，事业单位为满足新时代对管理工作提出的新要求，在单位内部逐渐尝试在管理工作上作出改进和创新，但由于人事管理人员不能敏锐地感知到单位对人事管理工作内容的创新要求，作出的很多改变都流于形式，内在的管理体制依旧僵化，没有根据单位业务的具体改变作出有效调整，无法与事业单位新时期的战略目标相统一。人事管理体制守旧让人事管理部门不能与其他部门的工作协调发展，使事业单位的发展受限。

（三）薪酬分配不合理

很多人对事业单位工作的定义是“铁饭碗”，这也说明了事业单位内部存在分配平均的事实，工作效率与能力对于职工未来发展及眼下收入的影响较小，使得事业单位大部分职工的工作积极性都不高，无法通过职工个人价值的实现促进事业单位的发展进步。而随着国家不断推进国有企业、事业单位等机构的改革工作，近年来，事业单位“铁饭碗”的标签逐渐淡化。“互联网+”时代的到来，加深了社会各层人士之间的信息交互，无论是私营企业还是事业单位，工作情况和薪酬收入等信息都逐渐透明，面对事业单位不够具有吸引力的薪酬分配机制，高精尖人才逐渐流失，同时人才引进工作效率降低，事业单位必须就薪酬分配相关不合理问题作出调整才能在“互联网+”时代实现发展和进步①。

（四）培训工作不到位

事业单位人事管理人才引进工作中较为突出的问题是相较于工作能力更看重学历等附加条件，使得事业单位无法依靠人才引进实现人力资源的优化，进而促进整体管理工作能力的上升。同样，面对单位组织安排的工作技能学习培训，职工也无法发挥学习积极性，反而受薪资和晋升条件的诱惑更注重提升学历，使事业单位的培训工作流于形式，无法落实到位，切实提升职工的工作能力和专业素养。并且，单位在开展培训活动时更注重对思想素养等方面的提升，设置的培训内容不够贴近职工的工作实际，也不能对职工起到吸引作用。

（五）激励制度不健全

无论是事业单位还是其他企业，在人事管理工作中激励制度的设置都是提升职工工作积极性的有利方法，而事业单位较为明显的人事管理缺点就是激励制度不健全，无法激发职工的工作热情，让职工的付出与回报成正比。在“互联网+”背景下，事业单位职工无法对自身的工作产生认同感，要想改善人才流失或是职工工作状态不佳的情况，事业单位必须从职工的工作实际出发，明确职工的工作职责，制定公平、公正且有吸引力的奖惩机制和晋升机制，促进职工间的良性竞争。

二、“互联网+”背景下事业单位人事管理工作变革的策略

（一）以创新驱动发展

事业单位要想在“互联网+”时代实现发展进步，就需要认识到对固有规则、想法进

① 方凌．事业单位人事管理制度改革 [J]. 人力资源，2020，473（20）：34-35.

行创新的重要性，当前市场竞争十分激烈，墨守成规无法赶超同期企业，只有创新才能够脱颖而出，在市场中占有话语权[①]。事业单位的创新要从多方面开展，首先，要鼓励职工在工作中创新，可以通过设置奖金促进职工探索适应“互联网+”时代的工作方法。其次，要让员工获得创新技能，可以根据职工的工作实际内容进行针对性培训，创新职工的工作手段，使其拥有更强的工作能力。最后，要对管理机制进行创新，丰富考核内容，肯定职工的付出并给予奖励，提升职工的工作积极性。

（二）以信息技术促进管理效率提升

事业单位可以在人事管理工作中引入信息技术，例如构建人事网络平台，在其中融入大数据等互联网手段，帮助管理人员开展工作，减轻工作负担，优化工作程序，提升工作效率。同样的，在人才引进阶段也可以通过线上面试提高效率，通过网络测评对人员进行初筛，通过关键词精确招聘人员范围等。在日常的人事管理工作中，也可以利用逐渐成熟的办公软件进行考勤管理等工作。总之，事业单位人事管理工作要适应并熟悉新时代信息技术手段在工作的运用。

（三）运用互联网思维更新管理模式

“互联网+”提倡信息交互，资源互通，事业单位在人事管理工作中需要运用互联网思维实施管理模式的创新，加深与其他单位的交流，在共同探索中互相学习、互相借鉴、通力合作促成互联网时代的共同发展。还要引入互联网行业的先进理论，解决事业单位守旧思维创下的困境，例如人才引进困难、人才流失严重这一问题，就可以运用长板理论，同时借助购买服务等手段，通过利用外脑让事业单位人才缺陷的问题得到有效解决。事业单位还可以对人事管理工作的流程及内容进行一定程度上的调整，将人事管理资源综合运用、合理搭配，以人事管理工作的进步促进事业的发展。

（四）灵活运用激励制度促进职工成长

事业单位在“互联网+”时代的发展进步要依靠职工的力量来实现，人力资源是事业单位最宝贵的资源。事业单位需要正确认识到职工成长与单位发展之间的联系，面对新时代，鼓励职工在工作中进行创新，充分发挥人力资源效能，与职工共享体制改革的成果。为促进职工的成长，利用集体智慧应对新时代的变化，还要提升职工的话语权，让职工有机会参与决策。同时激励制度也需要完善，要科学考量绩效，提供给职工对等的薪酬奖励和晋升机会，在促进职工成长的同时推动事业单位的发展。

---

① 迟庆文．“互联网 +”时代下的事业单位人力资源管理创新趋势探讨 [J]. 市场周刊·理论版，2022（5）：167-170.

第四节　事业单位人事管理信息化建设的思考

时代不断进步，信息化建设成为人事管理工作的主要发展趋势之一。在人事管理工作中进行信息化建设可保证人事信息采集的完整性，还可高效处理相关信息。事业单位需要适应形势变化，重视信息化建设。

一、计算机技术应用于人事管理工作的社会价值

计算机技术发展逐渐成熟，该技术应用范围较广泛，可完成人力无法完成的工作，同时该种技术具有科学性和高效性，为各个企业和事业单位提供便利。对于事业单位而言，可优化人事管理的工作方式，保证该项工作的智能化和信息化。应用信息技术于人事管理工作具有积极的作用，主要体现在以下几个方面：

（一）完整正确地采集人事信息

对事业单位而言，人事信息处于动态变化态势，经常有人入职、调离或退休等。对此，人事管理部门需深入了解信息变化态势。对繁杂的信息，如用传统的工作方式进行统计难以满足现代化工作需求。可积极建立信息管理系统为人事部门的工作提供便利，录入相关信息，还可保证信息的准确性；此外，在必要时可查阅相关资料，还可进行反复使用，能有效提高信息采集的效率，减少信息错误率。

（二）科学、高效处理人事信息

众所周知，事业单位的人事管理工作具有一定难度，涉及的内容较多具有复杂性，包括劳资管理、岗位设置、招聘、绩效工作等内容，不同的数据间相互独立的同时具有一定联系，如仅通过人力进行管理难以保证工作效率并易出现失误。因此有必要用信息化手段进行管理，在收集所需的信息后，可用信息技术进行合理、高效的处理，最终达到提高工作效率的目的。

（三）及时、准确地报送人事信息

如今上级人事单位管理部门加大管理力度，开始重视调研其他人事工作管理效果。需其他人事部门递交一些表格、信息等，具有一定时效性。在收集信息进行统计的工作时，具有一定难度，因此信息处于动态变化态势，每项数据会随着时间的变化而变化，容易增

加管理难度。对此可用计算机技术保证信息的时效性和准确性，能为上级主管部门提供有效信息，保证相关工作的顺利进行。

（四）制定科学的人事考核机制

众所周知，人事工作与每个工作人员的利益息息相关，现阶段各个事业单位已用信息技术制定相关人事考核机制，为人事决策提供有力支持，通过数据库了解工作人员的详细信息，包括工作经历和业务水平等，对其进行考核可保证人事决策的合理性。

二、人事管理信息化建设存在的问题

（一）部门间的融合存在难度

结合实际情况而言，事业单位的人事管理工作具有全面性，涉及多个部门。人事工作主要是由人事部门进行管理，但是其人员编制和财政资金等方面需其他部门进行参与和协助，比如财政部门需协助人事部门管理财政资金方面的问题，编办部门需协助人事部门进行人员编制的管理。不同部门间的管理模式可能存在差异性，其管理方式也可能不同，所以在多个部门进行协调和对接的过程中，可能出现一些问题，具有一定难度，对此需进行信息化建设，充分考虑不同部门管理模式的差异性，保证其协调效果。

（二）员工信息化意识不足

现阶段社会发展迅速，生活和工作都迎来新的机遇。但结合实际情况而言，一些事业单位工作人员的意识和思想没有与时俱进，其思维的转化速度难以跟上时代发展的步伐。一些事业单位中的工作人员存在信息化意识淡薄的问题，难以正确看待信息化建设的内容。这就导致信息化建设工作在落实过程中，难以发挥其自身效应，这种情况易妨碍信息化建设工作，最终使人事管理工作达不到预想的效果，难以提高单位的实力和竞争力，不利于事业单位的长效发展。

（三）与改革需求有出入

如今我国已开始重视信息化建设，在信息化发展战略的指导下，各事业单位逐渐实现优化和完善，其相关机制也发生了变动，已从以往的“终身制”逐渐转变为“岗位聘用制”；此外，公开招聘制度逐渐成熟，这种情况导致事业单位的内部工作人员的流动逐渐频繁。结合当下的情况进行分析，一些事业单位依然应用自身管理的模式，其人员流动不够合理。同时有一些事业单位没有对人事制度相关内容进行完善，这种情况使得事业单位

的聘用和解聘方面存在一些问题。

（四）信息化水平有限

我国信息化建设水平不断提高，但结合事业单位发展的实际情况而言，其信息化系统建设水平有限，同时信息化系统的功能也不够完善，这种情况导致事业单位的信息化建设效果达不到预期标准；与此同时，随着时代的发展，人事管理工作内容逐渐增多，对信息化建设工作提出高要求。结合实际建设情况而言，从事信息化建设的工作人员不足，同时其专业能力有限，导致信息技术在人事管理部门难以有效融合。这些问题均导致信息化建设工作水平难以提高。

（五）信息化建设投入不足

事业单位随着社会的发展，开始重视自身优化和创新。在事业单位进行改革、优化的过程中，容易忽视信息化建设工作，这种情况导致对信息化建设的投入力度不足、导致难以提升信息化建设效果，影响人事管理工作水平；此外，一些事业单位的制度不够完善，易使人事管理工作出现混乱情况，导致信息化建设效果不佳，不利于事业单位的发展。

三、加强事业单位人事管理信息化建设的要点分析

（一）建立和完善管理制度

若想优化信息化建设的效果，事业单位有必要建立健全自身的管理制度，为信息化建设工作提供有力支持和保障。在事业单位发展过程中，人事管理工作具有重要作用，所以需要重视人事管理部门的优化工作，大力进行信息化建设，同时制订有效的管理制度，引导工作人员积极、主动地学习管理思想，通过这种方式逐渐提高人事管理的水平，有助于事业单位的长效发展，为国家的发展和进步提供有力支持。比如现阶段已有越来越多的事业单位开始应用现代化、信息化的软件进行办公，应用钉钉等软件进行打卡管理，有助于提高人事管理工作效率。对医院和院校等特殊单位，其管理的人员较多，并且管理工作相对复杂，所以需结合单位自身情况建立人事管理系统，逐渐实现全面信息化。

（二）转变思想观念

若想提高信息化建设效果，需积极转变企事业员工的思想观念，引导其正确看待信息化建设工作，对此，事业单位的领导人员需加大支持力度，促进事业单位的改革和创新。通过提高员工的思想观念，优化事业单位的工作方式，完善其工作内容，大大降低信

息化建设工作的难度，实现预期效果。这就需强化工作人员的信息化观念，可分层进行。首先，事业单位的领导人员需形成信息化观念，有了领导人员的支持才可提高工作效果。领导人员需站在发展的角度，重视信息化建设养成良好的工作习惯，积极应用数据资料和信息，有助于保证工作方案制订的有效性。其次，需强化人事工作者的信息化观念。众所周知，人事工作者与人事管理工作效果息息相关，他们是信息系统的应用者，所以必须要强化人事工作者的信息化意识，使其可灵活应用多样化的数据处理方法，能有效挖掘可靠信息，进而为人事管理工作提供有力支持。再次，树立信息化意识可保证信息系统维护的效果，还保证管理工作的水平，真正将信息化建设落到实处。最后，需要强化单位职工的信息化观念，在事业单位中只有基层工作人员树立正确的信息化观念，内化了信息化管理模式，积极参与信息化建设，才可落实相关工作，实现良性循环，进而促进事业单位稳定发展。

（三）强化队伍建设

众所周知，事业单位的人事管理工作具有保密性和政策性。这就需相关管理人员具备专业的知识和技能。首先，可在招聘过程中对应聘者进行考量，考察其专业能力和综合素质，了解其创新能力、可塑性等条件，以此来保证人员招聘工作的有效性；其次，需做好岗前培训，可结合实际工作内容进行培训，提高工作人员的专业能力；最后，可定期进行培训。事业单位应积极要求专家和学者进行培训和宣讲，以此提高工作人员的综合素养，不仅重视培养其工作技能，还强化其职业道德和思想品质，使其树立正确的价值观念，能秉承积极的态度进行工作，同时培养其责任心，有助于保证信息化建设工作的有效性。

（四）强化信息化安全建设

信息化安全建设工作十分重要，与事业单位的发展息息相关，可从以下几个方面入手：首先，用制度保障安全，也就是构建人事信息资料信息化管理安全标准；其次，构建硬件安全保障体系。要积极建立恢复机制，不断强化数据备份工作，逐渐规范借阅机制，有效提高信息储存和应用的安全性；与此同时，需建立符合标准的防火墙等，以防信息入侵等情况；再次，应积极进行安全教育工作，使工作人员逐渐形成安全意识，学会安全技术并应用；最后，将人事信息分开储存，保证信息数据的安全性。

（五）依托系统建设，提升管理信息化

对事业单位的人事部门而言，可结合系统建设情况，不断提升管理信息化水平。首先，应结合业务内容，建立全面化的管理系统，包括劳资管理、招聘任务、职务调整、社保管理等方面的内容，尽量将所有工作人员的信息包含在内，汇集到该系统中，主管部门

可结合不同模块进行业务审批工作；其次，优化管理流程，使其逐渐标准化，有效减少现场业务的环节，能实现网上便利；最后，需加强统筹协调工作，保证其协调效果，进而提高工作效率。

（六）巧妙应用大数据技术

积极应用大数据技术可有效提高信息化建设水平，对事业单位的人事档案管理工作而言，其工作量较大，且工作效率不高，对此，可积极应用大数据技术，以此提高人事档案管理工作水平，保证信息得到有效利用，实现信息化建设的目的；此外，劳资管理工作复杂而繁重，需通过信息化手段提高管理效率、降低管理成本、减少管理失误。利用大数据技术可对劳资管理现有的信息资源进行分析和提炼，有助于优化劳资管理的总体规划。

（七）加强信息化系统建设

1. 系统化建设需要遵循的原则

首先，建设信息化系统需遵循适用性原则，不能一味追求先进性。因为信息化系统建设的成败并不在于信息技术是否先进，而是在于其应用的技术是否可为自己所用。因此，有必要坚持适用性原则，尽量选用可满足实际需求的设备和技术。其次，需遵循渐进性原则。众所周知，信息化系统建设是一个持续性任务，不可急于求成，需围绕着建设的整体规划以及每个阶段的目标进行建设，通过这种方式不仅可减少投资成本，还可有效缩短建设周期，最大限度降低建设风险。最后，需坚持安全性原则。众所周知，信息安全是信息化系统建设的关键环节，因此，需坚持安全保密的原则，建立相应的安全机制，提高信息工作者的安全意识；此外，可用技术手段对系统进行加密，保证资料和信息的安全。

2. 具体实施措施

首先，可以以人事档案为基础，建立合理的人员基础信息库。众所周知，人事档案是管理工作的主要信息来源，也是具有法律效用的原始证明。通常情况下，人事管理部门需结合这些资料进行选人和用人。所以，需以人事档案为基础，建立出相对完善的人员基础信息库。详细而言，在建立信息库的过程中，需严格按档案管理的相关规定进行工作，需对人事档案进行整理，按一定规律进行整合。接下来将人事档案资料纳入计算机管理中。若想保证数据传输的通畅性，就需逐渐实现资源共享，在信息数据采集和处理的过程中，统一标准和应用软件等内容，同时，在建立数据库的过程中，不断优化维护制度，及时更新数据信息，保证数据库的有效性。其次，可以以日常人事工作的内容为基础，建立完善的认识管理信息系统。对此，可结合人事管理工作的实际内容，应用相应的人事管理软件，通过模块的方式建立满足要求的信息系统。其系统功能主要包括档案管理、工资管理和人员招聘管理等内容。再次，可以以综合服务为基础，结合实际情况搭建人事信息咨询服务平台。积极利用局域网和互联网等技术，将人才供求信息等内容与其进行连接，搭建一个具有完整性和综合性的人事管理信息系统，切实实现人事管理信息共享。不仅可为各级领导的决策提供支持，还可为职工提供信息查询的服务。最后，可以以实际需求为基础，选择并应用合适的硬件设施和软件系统，在选择过程中，需结合实际情况选择合适的软件和设备，积极克服“设备高档、软件求新”的错误观念，只要可以满足人事管理工作的需求就是合适的软件和设备。

第二篇

事业单位财务管理

第四章　事业单位财务管理的基础理论

第一节　事业单位财务管理概述

一、事业单位财务管理的含义

事业单位是行使国家赋予的一定权力、具有一定的政府职能、管理社会公共事务的组织机构。事业单位财务是客观存在于财政、主管部门、事业单位业务工作和经营活动中的资金运动及其所体现的国家与单位、单位与单位以及单位内部的经济关系，它是事业管理的重要内容。事业单位财务管理必须与事业的发展相适应。

财务管理是一个动态的概念，不同时期有不同的时代特征与时代要求。在新的条件下，事业单位进行财务管理，要与时俱进，结合实际，必须包含科学、依法、成效等新内涵。

事业单位财务管理是指事业单位按照国家有关部门的方针、政策、法规和财务制度的规定，有计划地筹集、分配和运用资金，对事业单位的业务活动进行核算、财务监督与控制，以保证事业计划及任务的全面完成，是事业单位基于行使职能的过程中客观存在的财务活动和财务关系，是单位组织财务活动、处理与各方面财务关系的一项管理工作。

事业单位加强财务管理，具有以下几个方面的作用。

第一，全面反映事业单位以各种形式存在的资产。事业单位无论是以实物形态存在的资产还是以非实物形态存在的资产，都同样具有使用价值和价值，需要予以确认。事业单位财务规则明确了资产的概念，对财务管理作出了比较系统、明确的规定，规范和加强事业单位对外投资管理，使事业单位以各种形态存在的资产得到全面的反映，将有利于事业单位加强对资产的全方位管理，更好地发挥资产的作用和效益。

第二，提高事业单位资金效益，强化资金管理。实行会计集中核算后，实体单位的财政资金集中在会计核算中心的单一账户上，有利于财政部门对资金加强统一调度和管理，有利于提高资金使用效益。同时，通过实行会计集中核算，能够全方位、全过程掌握和监督各事业单位每笔资金的流向。

第三，促进事业单位职能的健康和谐。事业单位要发挥职能，就需要资金，资金如何预算，如何使用，都离不开财务管理。财务部门在实施控制和监督过程中，发现问题并及时反馈给决策者，帮助其改进，以保证职能的顺利发挥。

第四，有效控制事业单位支出。财务部门严格执行财务制度及有效的支出约束机制，预算编制坚持“以收定支、收支平衡、统筹兼顾、保证重点”的原则，合理、科学地安排收支。

第五，健全事业单位财务管理制度。财务部门根据本单位的业务特点、管理要求、资金运动、人员配置等，充分体现本单位的特点，制定规范、合理、人性化的制度，做到有章可循。强化会计监督，减少和杜绝违规、违纪行为的发生。

二、事业单位财务管理的特征

（一）政策性强

事业单位的资金来源主要依靠财政拨款，其支出是一种无法通过自我资金循环和周转补偿的消耗性支出。因此，事业单位资金的筹集、运用和管理方式都带有很强的政策性。事业单位财务是国家有关方针政策的体现，它的一收一支都直接关系到国家政治、文化建设和群众的切身利益，关系到事业单位计划的实现。因此，事业单位在办理各项收支业务时，要严格执行有关的收支范围和收支标准，严格执行各项财务规章制度及财经纪律。

（二）以预算管理为中心

预算管理是指单位为了实现确定的经济目标或者管理目标，利用预算编制、预算执行和预算考核等手段进行的相关财务活动。预算管理是公共组织管理的核心和基础，也是事业单位财务管理的中心。对于事业单位而言，其进行预算管理活动的目的是合理、适时地向社会提供公共产品以及服务而实行的有组织、有计划的管理活动。单位针对预算的管理主要从预算的编制和预算的执行两个方面进行。通过实施预算管理，在发生耗费或者支出最小的情况下，实现事业单位的社会职能。预算管理活动的有效实施对单位目标的实现产生重要的影响，合理科学地实施预算管理可以帮助单位实现资源优化配置，对于单位各项管理制度的实施和综合管理水平的提高有着重要的帮助。

（三）财务类型不同，管理办法多样

事业单位种类多，业务特点各不相同，财务收支状况也有很大差别。为了适应这些特点，国家对不同类型的单位实行了不同的财务管理办法。在财务制度上，国家制定了《行政单位财务规则》和适用于各类事业单位的《事业单位财务规则》，同时还制定了分行业

的事业单位财务制度。在拨款的形式和数额上，国家根据各类事业单位的不同情况，分别实行不同的供应资金方式。在内部财务管理上，事业单位还要根据各自财务管理的不同要求，在执行国家统一的财务制度的前提下，制定各单位内部实行的财务管理办法。

（四）财务管理体系比较简单

体系比较简单最主要的原因是事业单位资金来源单一，主要是财政拨款。虽然事业单位随着体制改革的深入，更多地面向市场、参与市场竞争，也越来越多地吸收了社会资金，但财政拨款和补贴仍然是现阶段绝大多数事业单位的主要资金渠道。这种单一的资金来源，管理事项少、难度小，且资金提供者并不追逐所提供的资金获得的经济收益，资金管理采用会计集中核算，并执行财政预算为主的财务核算体系，做好预算编制、执行与评估以及内部控制、财务监督等重点内容即可，财务管理体系相对比较简单。

（五）兼顾效率和公平

财务管理的本质是提高资金效率，实现价值增值。虽然事业单位开展业务活动的目的是执行或提供社会管理或公益职能，没有直接的经济目的，但同样需要讲求效率，追求费用最低化、回报最高化以及正的净现值等目标。只有这样，才能充分利用公共资源，为社会提供更好的公共服务。当然，事业单位的效率目标可能会与组织的其他目标产生矛盾。因此，在确定财务管理目标、进行财务决策时要兼顾效率和公平。

三、事业单位财务管理的内容

（一）预算管理

事业单位预算资金管理是指行政单位根据行政事业活动计划和任务编制的年度财务收支计划。事业单位属于非物质生产部门，是非营利性组织，以实现社会效益为宗旨，向社会提供生产性或生活性服务，其资金大多直接或间接来自纳税人及其他出资者，力求做到收支平衡。事业单位的性质及资金和支出渠道，决定了其资金管理目标及地位的特殊性。预算管理是对事业单位进行财务监管所使用的主要手段，通过预算编制可以提高组织对未来事务的预见性、计划性，规范组织财务收支活动。预算审批特别是政府部门的公共预算审批，实质上是民主参与公共资源分配决策，提高财务透明度的一种形式，是对事业单位财务活动的一种事前控制。

事业单位预算由收入预算和支出预算组成，包括短期的现金收支预算，长期的资本支出和长期的资金筹措。具体来讲，事业单位由于其特殊性质，预算的内容主要包括以下几个方面：收入预算，包括财政拨款、财政补助收入、上级补助收入、事业收入、经营收入、附属单位上缴收入和其他收入；支出预算，包括事业支出、经营支出、对附属单位补助支出和上缴上级支出。支出预算按其性质可以细分为：①维持单位管理和服务工作正常进行所需的日常经费，包括人员经费和公用经费，即经费预算；②单位专项业务活动所需的业务事业费，包括各部门的部门业务费和单位总体业务工作活动费，即业务预算；③对下属单位的专项补助；④上缴上级的支出。

事业单位的整个预算体系均应有相应完善的预算管理组织机构，相应的授权、分权、资金监控，预算调整审批制度和程序。财务预算管理应定期对照预算指标，及时总结预算执行情况、计划差异、分析原因、提出改进措施、协调各方关系，有计划、有步骤地将单位的长期战略规划、短期策略和发展方向进行有机的结合并予以具体化。

（二）收入与支出管理

收入一般是指事业单位为开展业务活动和完成公共任务依法获取的非偿还性资金。支出一般是指事业单位为开展业务活动和完成公共任务发生的各项资金耗费与设施。事业单位的收入大多是靠公共权力强制获得，支出与收益也不存在明显的配比关系。因此，财务管理应更加关注组织收入与支出活动，合理确定收入规模，规范收入来源，优化收入结构，正确界定公共支出范围，规范支出活动，建立合理的理财制度。事业单位收支财务管理制度一般包括以下几个方面：

1. 内部控制制度

在事业单位内部科学设置职务和岗位，使不相容的职务和岗位分离，形成部门和人员间相互牵制、相互监督的机制，防范在资金收支活动中的资金流失、被侵占、挪用、转移和贪污等问题的发生。

2. 财务收支审批制度

建立、健全事业单位财务审批制度是部门财务管理工作的关键环节，只有这样才可能保证组织收支的规范化。

3. 内部稽核制度

要建立内部监督审查制度，定期对组织资金的收支情况进行监督审查，及时发现问题，防止资金管理方面的漏洞。

（三）成本管理

虽然事业单位的主要目的是为公众利益服务的，但并不是不讲成本与效益问题。成本管理应包括以下内容：

第一，综合成本计算。寻找成本驱动因素，按驱动率分配管理费，并归集到相应的职能、规划、项目和任务中，以便在资源成本率、资源用途之间、成本和业绩之间构建联系，从而明确各自的责任。

第二，活动分析和成本趋势分析。对政府项目和流程进行分析，寻找较低成本的项目和能减少执行特定任务的成本途径。

第三，目标成本管理。即恰当地制定和公正地实施支出上限，合理控制业务成本。

第四，将成本同绩效管理目标联系起来，实施绩效预算和业绩计量。

（四）债务管理

债务是指以事业单位为主体所承担的需要以公共资源偿还的债务。从财务管理角度实施事业单位债务管理的主要内容有以下几个方面：

第一，建立财务风险评估体系，合理控制负债规模，降低债务风险。事业单位为解决资金短缺或扩大业务规模等问题，可以适度举债。但由于事业单位不以营利为目的，偿债能力有限。

第二，建立偿债准备金制度，避免债务危机。

第三，建立科学的核算制度，全面、系统地反映事业单位债务状况。

（五）资产管理

资产是事业单位提供公共产品和服务的基本物质保障。资产管理的主要内容如下：

第一，编制资产预算表。事业单位在编制预算的同时应编制资产预算表，说明组织资产存量及其使用状况，新增资产的用途、预期效果等，以便于预算审核部门全面了解组织资产状况，对资产配置作出科学决策。

第二，建立、健全资产登记、验收、保管、领用、维护、处置等规章制度，防止资产流失。

第三，建立公共资产共享制度，提高公共资产的利用效果。

第四，完善资产核算和信息披露，全面反映公共组织的资产信息。

第二节　事业单位财务管理的目标与任务

一、事业单位财务管理的目标

事业单位是以实现社会公益而不是以追逐利润最大化为宗旨的非营利性组织，其财务管理目标应服从于组织宗旨，具体体现在以下三个方面：

（一）保障公共资源的安全完整

保障公共资源的安全完整是财务管理的初级目标，初级目标就是保障公共资源的安全完整，即通过科学编制预算，统筹安排、节约使用各项资金，建立、健全事业单位的内部控制制度，加强资产管理，保障预算的严格执行，防止资产流失和无效投资。

（二）提高资源使用效率

提高资源使用效率是财务管理的中级目标，就是要通过绩效管理、成本控制、资产管理等手段，帮助事业单位科学决策，合理配置使用资源，注重资源的投入产出分析，提高资源的使用效率。

（三）实现效率与公平的统一

实现效率与公平的统一是财务管理的高级目标，就是通过财务管理活动，帮助单位科学有效地组织分配财务资源，为社会公众提供更好的公共产品和服务，实现“效率”与“公平”的统一。

二、事业单位财务管理的任务

事业单位财务管理的任务是：依法筹集并合理有效地使用资金，对事业单位的各项财务活动实施有效的综合管理。

第一，加强公共组织预算管理，保证各项事业计划和工作任务的完成。根据国家规定，实事求是地、科学合理地编制单位预算，并严格执行审批后的预算，做好预算管理工作。

第二，加强收支管理，提高资金使用效率。加强收支管理，组织增收节支，合理安排资金，有效使用资金，提高资金的使用效益。

第三，加强资产管理，防止国有资产流失。贯彻“统一领导，分工管理，层层负责，合理调配，管用结合，物尽其用”的原则，防止资产闲置。

第四，建立、健全财务制度，实现公共组织财务管理的规范化和法制化。根据财政部门及上级主管部门制定的财务制度，在本单位领导的直接领导下，建立内部财务制度，健全财会机构，切实搞好核算管理、计划管理等各项工作。

第五，按规定及时编报决算，如实反映公共组织财务状况。在规定的时间内，真实、完整地编报决算，是行政事业单位财务管理的重要任务。

第六，加强财务分析与财务监督，保证公共组织各项活动的合理性与合法性。建立一套符合本单位特点的财务分析体系，运用各种分析方法，对财务活动的各个方面进行全面分析，提出改进意见和措施。财政部门、主管部门和单位领导还要科学地运用各种监督手段，对各项财务活动的合法性、合理性、真实性及财会资料的准确性、完整性等进行监督。

第三节 事业单位财务管理的原则与方法

一、事业单位财务管理的原则

事业单位财务管理的原则与企业财务管理的原则不同，这主要是由事业单位的性质决定的。企业是自筹资金进行经营活动，而事业单位多是靠国家拨款（补助），企业经营是为了获得利润，而事业单位的目的并不在于获利，在于完成行政任务和事业计划。事业单位财务管理的基本原则如下：

（一）依法管理原则

依法管理是事业单位财务管理应遵循的最基本的原则。在全面协调、统一的前提下，依照相关法律、法规，按照管理资产与管理资金相结合、使用资金与管理资金相结合、管理责任与管理权限相结合的要求，实行各级、各部门共同承担责任的财务管理，以调动全体员工管理的积极性，将各项管理措施落到实处、务求有效。

（二）现金收支平衡原则

在财务管理中，要求在业务活动过程中做到现金收入（流入）与现金支出（流出）在数量上、时间上达到动态平衡。

（三）突出重点原则

管理主体可以根据财务管理的全面情况，根据重要程度和紧迫程度进行排列组合。对于多数单位而言，在各个发展时期，全面、系统地查找财务管理过程存在的问题是有效开展财务管理工作的首要前提，必须综合分析影响财务管理的各种内、外环境要素。发现在财务管理过程中，哪些是需要马上解决的、需要着重考虑的，哪些是可以暂缓的、不需要投入大量精力的，从而发现财务管理中存在的问题，找出解决的途径和办法。

（四）前瞻性原则

财务管理要基于单位的发展战略，根据发展战略制定、实施、评价和优化的实际情况，合理制订计划，紧扣发展走向，卓有成效地开展相关活动。从目标层面上看，财务管理主要是为保证单位持续、健康发展提供有价值的财务信息，这些信息大致分为“判断导向”和“发展导向”两种类型，判断导向的评价强调的重点是过去的绩效，为判断哪些方面应该纠正和如何有效地衡量已实施的财务管理提供基础。而发展导向的评价更多关注的是改进未来的绩效，确保绩效预期清晰明确，识别通过相关评价的基本方法，一方面，修正和调整财务管理的基本内容；另一方面，改进现有管理的方式和方略，进而有助于提高管理绩效和水平。

（五）适应性、可操作性原则

适应性是一项制度的生命。制度的制定必须结合单位实际，不能照搬硬抄《会计法》《事业单位会计制度》或其他单位的管理方法和管理模式，要与单位其他管理制度相衔接。内部财务制度的条文在表述上应尽量通俗易懂，操作方便，并与日常会计核算的实务紧密联系；要按单位实际情况对有关内容、程序、权限等作出明确规定，使单位会计流程中的各个环节都有章可循、规范有序。

（六）监督性原则

对每项重要经济业务都要安排事前、事中、事后的控制方式，便于及时掌握和归集所需要的信息。对会计账目列示方式、财务报告的披露方式要进行具体详尽的规定。

二、事业单位财务管理的方法

财务管理方法，简单地说，是财务人员用来进行资金运动管理的各种技术方法的集合。具体而言，财务管理方法是财务管理人员针对业务目标，借助经济数学和电子计算机的手段，运用运筹论、系统论和信息论的方法，结合财务管理活动的具体情况，对资金的筹集、资金的投入、成本费用的形成等管理活动进行财务预测、财务决策、财务控制、财务计量、财务分析、财务报告和财务监督的技术，它是财务人员完成既定财务管理任务的主要手段。

一般来说，财务管理方法可分为定性方法和定量方法两大类型。

定性方法，是指依靠个人主观经验、逻辑思维和直观材料进行分析、判断，开展管理活动的方法。常用的方法有：个人判断法、集合意见法、特尔菲法（专家调查法）、市场调查法。定量方法是运用数学方法，通过预测模型进行计算来得到预测结果的方法。

定性和定量这两种方法在财务管理过程中都不可缺少、不可偏废。但长期以来，我们偏重于采用定性方法，忽视了定量方法。其实，定量方法和定性方法一起构成了财务方法体系，而且，在这个体系中，定量方法占据了重要地位。

（一）财务预测与决策方法

财务预测与决策是进一步强化财务管理的前提，在财务管理体系中居于核心地位。

财务预测是指在现有财务资料的基础上，估计未来财务状况及财务指标，主要有因素分析法、比例法、期末余额法、直接计算法、量本利分析法等预测方法。

财务决策是在财务预测的基础上进行的，它依据财务预测资料及其他相关信息，决定实施方案和财务目标，主要有优选对比法、数学微分法、线性规划法、概率和树型决策法、图表和损益决策法、综合平衡法等方法。

（二）财务预算与计划方法

财务预算是在计划期内预计业务经营成果、现金收支及财务状况的预算，是全面预算管理的一个重要构成部分，也是财务管理工作的一个重要环节。主要有增量预算法、零基预算法。

财务计划是组织财务活动的纲领性方法，主要有余额法、平衡法、定额法等方法。

（三）财务控制方法

财务控制是在财务管理过程中采取特定的手段影响和调节财务活动，从而确保实现财务目标的一系列方法。一般来说，控制方法有以下三种：

1. 防护性控制（排除干扰法）

在运用这种控制方法前，需制定一系列诸如内控制度的配套制度及各种开支标准，消除资金运转过程中可能发生的偏差，充分保证资金的安全、完整性，同时做到努力节约各种费用开支。

2. 前馈性控制（补偿干扰控制）

在掌握大量可靠信息的条件下，通过密切监控并科学预测实际运行系统可能出现的问题，积极采取相关措施控制并消除差异。

3. 反馈控制（平衡偏差控制法）

平衡偏差（平衡实际产生的偏差）的过程可能有一定的滞后，但整体来看影响不大，应当在认真研究实际情况的基础上，分析并找出实际情况与计划相背离的原因，继而采取有效措施调整相关财务活动，消除差异并努力避免以后发生类似现象。

（四）财务分析与考核方法

财务分析是依据财务信息采用特定方法分析和评价财务活动及结果，全面掌握财务指标的完成情况及财务活动的相关规律。常用的财务分析方法有财务比率综合分析法、杜邦分析法、因素综合分析法等。

财务考核是通过比较规定的考核指标与报告期内财务指标实际完成数，从而确定有关责任部门及个人任务完成情况的活动。财务考核形式多样，主要有适合于考核某些财务成果指标和固定性费用开支的“指标考核”、适合于综合考核多种财务指标的“评分考核”、适合于考核在基期基础上要求增减若干数量的财务指标的“指标完成百分比考核”、适合于考核有一定变动规律但变动性较大的“相对指标考核”等。

第四节　事业单位人事管理与财务管理的相互促进

在事业单位全面改革背景下，必须重视人事管理与财务管理工作的协调发展。作为事业单位内部的两个重要部门，在肩负着重要管理责任的同时也保持着紧密联系。二者都以人才为依托，因此事业单位既要重视内部财务人才的有效培养，强化财务管理制度，也要提高人事管理水平，实现事业单位“1+1＞2”的管理模式。

一、人事管理对财务工作的促进

（一）招聘更多人才

随着市场经济体制的全面改革，事业单位的发展模式也实现了全面转型。人力资源作为事业单位发展的根本，应积极推进人才招聘方式的创新，这是人事管理的核心目标。只有在企业内部构建健全的人才招聘体系，才能为事业单位内部管理工作提供支持。财务部门是事业单位的重要组成机构，其工作水平直接受到事业单位人才专业水平影响，因此，构建科学的招聘渠道也能为财务工作有序开展奠定基础。事业单位人事管理部门必须充分了解内部财务对人才的需求情况，以此为基础开展科学的人才招聘活动，帮助事业单位组建高质量人才队伍，满足财务工作的高质量开展，也是事业单位长远发展的根本诉求。

（二）做好培训考核

事业单位人力资源工作的核心在于做好内部人员培养和教育，开展专业知识培训以及人才各项考核，而培训和考核也是各部门人才水平提升的基础。财务作为单位的重中之重，也要做好内部人员的专业培训，财务工作对细致程度要求较高，而且事业单位财务工作相对复杂，许多工作内容都需要人才具备完善的财务知识基础和良好的职业素养。为此，事业单位的人事管理部门必须重视财务人员的有效培训和考核。人力资源要掌握财务人员的基本考核内容，并为财务部门制定完善的人才培养体系，充分发挥人力资源部门对财务人才的培训优势。财务人员初入事业单位，往往对事业单位的财务工作相对陌生，即便具备丰富的财务工作经验，但是由于每一个事业单位财务工作内容的不同，也难免手忙脚乱。这时，事业单位人事管理必须发挥其职能优势，为财务部门的新进人员提供良好的培训服务，让财务人员能够快速走过适应期，挖掘财务人才潜力，更好地参与财务工作，为事业单位健康发展提供支持。另外，在事业单位人力资源的人才考核中，财务考核是事业单位内部财务工作的重要内容，是对财务人员工作能力和工作态度的综合评定，可以准确地反映出财务人员的价值，并且对财务内部工作存在的缺陷进行分析，帮助事业单位快速完善内部财务体系，构建一支完善的财务管理队伍，充分展现出人事管理对财务管理工作的重要价值。

（三）调动工作热情

事业单位要时刻确保财务内部人员的工作热情。只有具备良好的工作积极性，才能有效提升财务管理效率，满足单位财务健康发展目标，并为单位的经营发展提供充分的支持。而人事管理工作正是调动财务人员积极性的重要途径，通过良好的人事管理，可以为财务人员制定完善的奖惩机制，构建创新的人才培养计划，调动所有财务人员的参与性，实现财务人才队伍整体水平的提升，帮助财务人员更好地认清自己的长处，找到正确的发展方向。并且在奖惩制度下，也能够让财务人员获取更多的福利，让财务人员更具工作热情，调动事业单位积极发展的氛围。

二、财务工作对人事管理的促进

（一）提供工作参考

对于事业单位人事管理工作来说，其主要内容涉及整个单位职工的人才引入、人才培训、人才考核与管理等多方面内容。良好的人事管理工作不但可以提高事业单位的人才队伍水平，还可以反馈出更多信息。比如人事管理在开展财务人才的培训工作中，能够及时地发现财务人员的不足，并且为事业单位后续的人事管理方案提供针对性参考。此外，基于财务培训的反馈信息，事业单位的人力资源部门也能够直观地了解每一个职工的综合素质以及能力，明确所有岗位所需要的人才条件，这样也为人事管理后续培训方案的制订提供可靠意见，根据培训成果针对性地制订下一步计划。

（二）降低管理压力

事业单位内的财务管理工作模式，有助于减轻对人事管理工作的压力。因为人力资源部门在担负整个单位内财务人员的引入和培养工作的同时，也肩负着社会责任和使命，而如果按照事业单位内控制度，财务部门的工作如果不能妥善实施，则会对人事管理工作产生一定的负面影响。例如在事业单位的财务管理工作中，财政部门如果不能对人员进行有效管控，就很容易在管理工作中出现失误，进而影响财政管理工作水平。如果想要更有效地处理这种问题，人事管理部门就需要建立完善的人员培训和考评计划，这在无形中给人力资源部门带来巨大的工作压力。所以及时开展财务人才监管也是减轻人事管理压力的重要途径。

三、事业单位人事管理与财务管理相互促进发展策略

（一）明确责任分工，优化预算执行

在我国事业单位进行全面改革之前，大部分事业单位的内部财务管理模式都采用全额拨款、差额拨款以及自收自支的模式。随着事业单位经营管理模式的深化改革，内部财务资金的渠道也越来越广泛，管理模式也变得更加丰富，出现了事业收入、财务拨款等，然而这些资金渠道都会给事业单位内部的财务预算工作带来较大的影响，预算管理本身作为一个复杂的工作内容，必须要明确划分内部的岗位职责，才能保障预算编制的有效落实，而这一工作单凭财务部门很难有效完成，必须做好人事管理与财务管理的合理开展，制定出完善的管理体系，提高预算水平①。

针对事业单位当前的整合情况来看，人事管理必须掌握事业单位内部划转人才的各项信息，同时在开展财务核算工作中，也要重视经费预算等内容。确保各个部门的人员尽快得到安置，并且确立相关负责人，只有全面构建完善的新部门人才体系，向下落实责任和权力划分，才能构建完善的监督管理机制，提高预算控制水平，满足预算编制的有效落实。事业单位财务管理也要及时地做好细化编制内容，全面开展新一轮的部门预算工作，

① 肖昌竹．事业单位人力资源管理与财务管理的协同效应研究 [J]. 行政事业资产与财务，2021（24）：2.

对事业单位内部项目进行重新审核，加强资金执行的监督力度。此外，在各部门开展项目预算编制工作中，预算执行也要做好汇报与总结。事业单位内部的财务部门必须准确分析预算落实情况，对资金的取向和使用效益准确分析，明确项目是否出现超预算问题。

（二）推动监管下沉，做好资产管理

在新时期的事业单位发展改革推动下，经常会在合同变更以及交接过程中，受到固定资产管理以及清查盘点工作的影响，充分展现出以往的重配置轻财务的乱象。单位固定资产管理也是财务工作的核心部分，要做好协调机制的监理，加强事业单位固定资产的严格管控，构建完善的责任管理体系，从而推动事业单位资产管理水平的稳步提升。

在事业单位人力资源和财务部门的工作整合中，人事管理部门必须对财务固定资产的管理人才进行合理配置，做好人员责任规划和工作交接，以及事业单位内部的资产存量统计，对存在超标配置或者充分配置的部门进行有效处理，积极做好事业单位内部资产调配与流动、资产判断与入账，优化各项管理制度。事业单位内部财务部门还要加强固定资产的基础性管理，建立每一个固定资产的管理体系，并将所有固定资产录入系统，明确记录每一个资产情况。由于事业单位整合资产管理口径差异以及类目众多的情况，为了提高财政安全性，可以申请第三方资产清算，对于事业单位存在长期挂账或者报废资产的情况要及时审批与核销，保障账目落实统一。

事业单位人力资源和财务管理整合后，财务部门还要对事业单位的内部固定资产进行精准核查并入账，加强固定资产的管理力度。而人事管理也要重视固定资产管理人才的培养，强化财务人员对固定资产管理的意识，并且构建岗位牵制模式，日常执行也要满足合规性与科学性，单位固定资产信息管理也要实现信息互通，满足事业单位固定资产的动态化管理模式。

（三）建立健全机制，完善绩效考核

在以往的事业单位管理模式下，由于财务管理和人事管理交集较少，而且不同事业单位类型和职责存在差异，导致存在多种考核与激励模式。随着对事业单位的深化改革，人事管理与财务管理都要开展多元化的激励机制，充分调动全体职工的工作热情和积极性，重视内部绩效考核水平，实现工作的有序发展。通过对事业单位人事管理与财务管理的有效整合，人事管理部门要做好事业单位财务预测和财务分析等工作，通过对事业单位改革背景下的发展情况对比，完善财务和人力资源部门的工作内容整合，在提高财务预算管理水平的基础上，确保事业单位的稳步发展。事业单位在财务管理中也可以通过趋势分析、类比、比例分析、比较等多种方法开展事业单位内部分析和预测，细化事业单位财务资金预算水平；事业单位必须重视财务资金的使用与管理，对于大额支出的费用进行及时

跟踪和细致化管理，可以适当地开展研讨体系，并对大额资金的管理开展签字确认的管理模式[1]。

（四）促进有效沟通，落实内控措施

在事业单位人事管理与财务管理工作全面整合的理念下，人事管理部门也要全面推动内部人才的培训和学习计划，让事业单位的职工更加明确事业单位内部控制观念，以此来做好事业单位各部门的岗位编制整合与职能分配，为每一个岗位人才设置不同的管理权限和任务的同时，在事业单位内部开展良好的内部控制宣传工作，保障所有职工都能够在内部控制体系中明确自身的重要责任与义务，全面构建统一的内部控制体系，确保所有职工积极参与到内部控制系统中，全面落实内部控制管理制度[2]。事业单位财务部门在管理工作中，要构建完善的预算编制体系，加强资产管理，同时也要严格落实内部控制制度与监督稽查制度，对事业单位涉及的各项经济类活动风险进行严格管控。财务部门也要做好内部人员的专业技能培训，细化岗位分工，有效开展轮岗制度[3]。

公司财务部门在今后的管理工作中必须做好信息化建设推进的工作，进一步提高财务内部管控力度，了解事业单位内部业务部门的实际状况与资金运用状况，并进行内部经营管理状况的对接，同时合理地融入事业单位财务内控工作制度中，为单位领导干部提出科学合理的管理战略指引建议[4]。各事业单位人事管理部门也要主动建立完整的人才管理体系和编制流程，为互联网信息化管理提供技术指导，并使事业单位业务部门与政府管理机关之间实现有效连接，形成统一化的人才管理平台，完成事业单位财务内各部门的全面融合，进一步提升事业单位财务内沟通与共享的效能，并且完善管理部门与业务部门的主要领导工作，准确执行监督管理工作中反映的问题，做好内部管理与控制的协调推进。

① 李慧娟 . 事业单位人力资源管理与财务管理双赢模式的构建 [J]. 经济管理文摘，2021（16）：2.

② 朱冬彦 . 事业单位人力资源管理与财务管理双赢模式的构建 [J]. 经费实践，2019，243（01）：36+38.

③ 段雪 . 大数据时代下企业人力资源管理与财务管理协同发展分析 [J]. 中国集体经济，2021（18）：2.

④ 李晓辉，陈友好 . 内控视角下行政事业单位财政财务管理模式优化探析 [J]. 商业 2.0（经济管理），2022（3）：3.

第五章　事业单位财务管理的内容范畴

第一节　事业单位资产管理

一、事业单位资产管理概述

（一）事业单位资产的概念

事业单位的资产是指事业单位占有或者使用的、能以货币计量的经济资源，包括各种财产、债权和其他权力。事业单位的资产分为流动资产、对外投资、固定资产、无形资产等。它是事业单位开展业务活动，实现其自身目标不可缺少的物质保障。其特征有以下三个方面：

第一，是事业单位拥有或控制的经济资源，具有为事业单位服务的潜能或某些特定权利，事业单位可以自主地运用其进行经济活动，并承担由此产生的各种风险。

第二，具有价值，可以用货币来计量，并据以登记入账、核算、反映的经济资源。

第三，必须通过已经发生的交易或事项为事业单位所取得，必须由事业单位占有或使用。

（二）事业单位资产的分类

事业单位的资产按资产的属性分为流动资产、固定资产、在建工程、无形资产和长期投资等。

事业单位为了有效地管理各项资产，通常将资产按照流动性分为流动资产和非流动资产。

流动资产是指预计在1年内（含1年）变现或者耗用的资产，包括货币资产、应收及预付款项、存货和短期投资等，具有周转快、变现能力强，以及实物形态不断变化等特点。

货币资金包括库存现金、银行存款、零余额账户用款额度等。

短期投资是指事业单位依法取得的，持有时间不超过1年（含1年）的投资。

应收及预付款项是指事业单位在开展业务活动中形成的各项债权，包括财政应返还额度、应收票据、应收账款、其他应收款等应收款项和预付账款。

存货是指事业单位在开展业务活动及其他活动中为耗用而储存的资产，包括材料、燃料、包装物和低值易耗品等。

非流动资产是指流动资产以外的资产，包括固定资产、在建工程、无形资产和长期投资等，具有不易变现、流动性弱等特点。

长期投资是指事业单位依法取得的，持有时间超过1年（不含1年）的各种股权和债权性质的投资。

在建工程是指事业单位已经发生必要支出，但尚未完工交付使用的各种建筑（包括新建、改建、扩建、修缮等）和设备安装工程。

固定资产是指事业单位持有的使用期限超过1年（不含1年），单位价值在规定标准以上，并在使用过程中基本保持原有物质形态的资产，包括房屋及构筑物、专用设备、通用设备等。单位价值虽未达到规定标准，但是耐用时间超过1年（不含1年）的大批同类物资，应当作为固定资产核算。

无形资产是指事业单位持有的没有实物形态的可辨认非货币性资产，包括专利权、商标权、著作权、土地使用权、非专利技术等。

二、事业单位固定资产管理

（一）固定资产的含义和分类

1. 固定资产的含义

固定资产是指使用期限超过一年，单位价值在1000元以上（其中：专用设备单位价值在1500元以上），并且在使用过程中能基本保持原有物质形态的资产。事业单位固定资产应具备以下条件：

第一，与流动资产中的一次性消耗的材料和一年内转变为现金的其他流动资产项目不同，国家规定固定资产的使用期限应超过一年，单位价值应在1000元以上（其中：专用设备单位价值在1500元以上）。特别地，单位价值虽未达到规定标准，但是耐用时间在一年以上的大批同类物资，作为固定资产管理。

第二，固定资产在使用过程中要基本保持其原有物质形态，其价值在多次使用中，随着固定资产的磨损程度而逐步地或者多次地消耗、转移或者实现。这与流动资产在使用中不断改变其原有物质形态，价值一次性消耗、转移或者实现是完全不同的。

一般应同时具备以上条件的资产才能作为固定资产进行管理和核算。

2. 固定资产的分类

固定资产是单位开展业务工作的重要物质条件，其种类繁多，规格不一，为了加强固定资产管理，正确进行固定资产核算，必须对其进行合理的分类。

固定资产一般分为六类：房屋及建筑物，通用设备，专用设备，文物和陈列品，图书、档案，其他固定资产。

（1）房屋和建筑物。房屋和建筑物，是指产权属于本单位的所有房屋和建筑物，包括办公室（楼）、会堂、宿舍、食堂、车库、仓库、油库、档案馆、活动室、锅炉房、烟囱、水塔、水井、围墙等及其附属的水、电、煤气、取暖、卫生等设施。

（2）通用设备。通用设备，指常用的办公与事务方面的设备，如办公桌、椅、凳、橱、架、沙发、取暖和降温设备、会议室设备。一般设备属于通用的，如被服装具、饮具炊具、装饰品等也列入通用设备类之内。

（3）专用设备。专用设备，是指属于单位所有专门用于某项工作的设备。包括：文体活动设备、录音录像设备、放映摄像设备、打字电传设备、电话电报通信设备、舞台与灯光设备、档案馆的专用设备，以及办公现代化微电脑设备等。凡是有专用于某一项工作的工具器械等，均应列为专用设备。

（4）文物和陈列品。文物和陈列品，是指博物馆、展览馆等文化事业单位的各种文物和陈列品。例如，古玩、字画、纪念物品等。

（5）图书和档案。图书，是指专业图书馆、文化馆的图书和单位的业务书籍。单位内部的图书资料室、档案馆所有的各种图书，包括政治、业务、文艺等书籍，均属于国家财产。档案，是指档案管理机构保管的档案及单位统一管理的档案。

（6）其他固定资产。其他固定资产，是指以上各类未包括的固定资产。

（二）固定资产的日常管理

1. 固定资产日常管理的基础工作

（1）验收合格。登记入账的固定资产，财务上要求必须调试验收合格，只有达到可以使用状态的固定资产才能发挥生产效能。对没有安装完成的固定设备，在财务的处理上也有相应的规定，要记入“在建工程”项目，作为正式固定资产的过渡称谓。

（2）登记品名、规格。要对固定资产进行有效管理，固定资产必须有固定的名称，名称必须符合行业标准，简明、通俗易记、准确无误。固定资产除名称以外，还应该有明确的规格，否则随着同类设备的增加，很可能增加识别的难度：一方面，财务会计在建立固定资产台账的时候必须登记固定资产名称，规格；另一方面，对于使用部门的固定资产，必须在醒目的位置上张贴固定资产标识，标签上注明与会计账务上相同的名称及规格。

（3）设立固定资产编码。在固定资产较多的单位，由于品名、规格的相同或相似，给固定资产的日常管理、盘点、识别带来了许多的不便。要解决这个问题，就要建立固定资产编码，会计人员对确认的每一项固定资产，都要编制出一个唯一的固定资产编码，将这一个编码同时在会计固定资产台账和实物标签中体现出来。

2. 做好固定资产日常管理工作

（1）加强教育，提高认识。

资产管理不仅仅是资产管理员或其他哪个人、哪个部门的事，与每个公务人员都息息相关，是每个人的责任。在系统内要加强教育，提高全体人员的责任意识，倡导“勤俭节约，爱护公物”的风气，树立以单位为家的意识，尽可能地保护资产的完好，做到物尽其用，延长资产的使用寿命，提高资产使用效率。

（2）完善制度，规范流程。

一是规范资产入库登记制度，严把数量、质量关。采购小组对计划购置的设备特别是电子设备和专用设备等，在设备的规格、型号、内部配置及其他技术要求方面要做细致的验收，必要时应聘请专业技术人员协助验收，以提高实物资产验收的工作质量。

二是规范资产的领用交回制度。完善资产转移手续，新购置的资产出库时，要将数量、质量和规格等内容让资产使用单位和使用人进行确认。内部调拨的资产以及资产暂时不需要或不能用交回时，在资产转移前，要按照出库单的相关内容先查验后移交，资产移交的双方需在数量、质量和规格等方面进行确认。资产内部调拨时要有调拨单，资产交回时则以入库单的形式详细记录资产转移手续。

三是规范资产保管清查制度。资产的保管工作必须是在单位提供专门场所和指定专人负责的前提下进行的，除了对保管的资产做到数量清、质量清、规格清、存放有序以外，还要做好资产保管的规范统计、资产的维修登记、报废鉴定等工作。要保证每年对实物资产进行清查盘点，特别是在基层单位负责人调整时，应履行资产盘点和移交手续，始终保持卡片信息与实物资产的真实、统一。在资产的定期盘点中，资产管理员要认真撰写现有资产的存量、结构和使用状况的报告，对闲置的资产以及利用率不高的资产要提出合理调配计划，使单位领导对资产管理情况有比较全面的了解，以充分发挥资产的使用效率。

四是完善资产维护保养制度。资产的维护保养主要是资产使用单位或资产使用人的职责，但在各单位的资产管理办法和实施细则中往往只作了条款式的规定，而使用单位对资产要维护保养什么、有哪些要求等，则不够清楚。资产管理员应按资产的类型、技术要求、操作规程等在工作要点、流程等方面对资产的维护保养作出明确规定，特别是对车辆和电子设备、电器设备等贵重、精密的资产要加强定期的维护与保养。资产管理员要制订资产维修计划，检查并改善资产的使用状况，减少资产的非正常损耗，延长国有资产的使用寿命。

（3）及时建档，完善资料。

加强固定资产档案资料的日常积累，建立与完善固定资产档案，以使资产管理的基础性工作更加规范化。财务部门在资产入账时，要严把审核关，保证资产的购置、验收入库及出库等手续齐全，并对相关凭证和资料进行日常积累和整理，与行政部门协调配合，随时掌握资产的存量结构和使用状况，为资产信息统计上报、资产处置及资产的动态管理等做好基础性工作。

（4）全程监督，实施奖惩。

资产管理员要按照工作职权和管理制度的要求，对资产进行全程监控。资产管理员要参与到资产购建和流转的每一个环节，对验收入库的资产要进行详细登记和信息录入，做到数量清、质量清、规格清，并掌握资产管理的整体情况。同时，要将资产的日常监管、常规使用与维护保养等工作，作为每个单位及个人年度考核的内容之一，对责任心不强，管理不善，造成不当损失的要按有关规定进行处理；对工作做得好的，应给予表彰，并在评先评优等方面给予优先考虑，激发其工作热情和责任心，从而不断提高资产管理水平。

（三）固定资产购建的管理

固定资产增加的来源主要有购入的固定资产，基建完工验收的固定资产、自制的固定资产、调入的固定资产和接受捐赠的固定资产。

1. 购入的固定资产管理

按照实际支付的买价和调拨价及运杂费、安装费和缴纳的有关税费等计价。行政事业单位应当根据工作需要和财力，认真研究、科学论证，编制年度固定资产采购计划，经单位领导审批，主管部门同意，报财政部门批准后，列入当年预算，并在批准的范围内购置。单位购置贵重精密固定资产，应当事先进行可行性论证，提出各种不同方案，择优选用。如果购买属于控制范围的商品，必须按照控制社会集团购买力的有关规定办理，执行政府采购制度。对购入的固定资产，应由单位资产管理部门组织验收；对购置的专业设备、贵重精密设备（仪器）等，应当会同有关专业技术人员进行验收。经验收合格后，资产管理部门要填制“固定资产验收单”，办理固定资产入库手续；财务部门要填制记账凭单，计入固定资产总账。

2. 基建投资建设完工验收的固定资产管理

基本建设项目竣工交付使用时，施工单位应当按照规定办理基本建设竣工决算，并编造完工清册，逐项注明完工财产的数量和价值。同时，按照规定将有关技术文件交给建设单位。行政事业单位由单位资产管理部门组织验收。经验收合格的项目，应填制“基本建设工程完工项目验收单”，登记固定资产账簿、卡片；财务部门办理与购入固定资产相同的入账手续。

另外，自制的固定资产、无偿调入的固定资产、接受捐赠的固定资产均应当按照规定，进行计价、验收，并登记入账。

（四）固定资产处置的管理

1. 事业单位固定资产处置的范围

事业单位固定资产处置，是指固定资产的无偿转让、出售、置换、报损、报废等。范围包括：闲置资产；因技术原因并经科学论证，确需报废、淘汰的资产；因单位分立、撤销、合并、改制、隶属关系改变等原因发生的产权或者使用权转移的资产；盘亏、呆账及非正常损失的资产；已超过使用年限无法继续使用的资产；根据国家政策规定需要处置的资产。

2. 事业单位固定资产处置的程序

事业单位处置国有资产应当严格履行审批手续，未经批准不得处置。事业单位固定资产的处置应当遵循公开、公正、公平的原则，数量较多或者价值较高的，还应通过拍卖等市场竞价的方式公开处置。报有关部门审批时，还应根据不同情况提交有关文件、证件及资料。

事业单位固定资产价值或者批量价值在规定限额以上的，应先经主管部门审核，然后再报同级财政部门审批；规定限额以下的固定资产，只需报主管部门审批，主管部门将审批结果定期报同级财政部门备案。“规定限额”要根据各级政府的规定而定，一般指原值在1万元以上（含1万元）或年度内总额在5万元以上的固定资产。

3. 事业单位固定资产处置收入的会计核算方法

事业单位固定资产处置的变价收入和残值收入属于国家所有，按照政府非税收入管理的规定，应及时全额上缴财政非税收入专户，实行“收支两条线”管理，严禁坐支和挪作他用。

（五）固定资产折旧

1. 固定资产折旧的含义

固定资产折旧指一定时期内，为弥补固定资产损耗，按照规定的固定资产折旧率提取的固定资产折旧，或按国民经济核算统一规定的折旧率虚拟计算的固定资产折旧。它反映了固定资产在当期生产中的转移价值。

各类企业和企业化管理的事业单位的固定资产折旧是指实际计提的折旧费。

不计提折旧的政府机关、非企业化管理的事业单位和居民住房的固定资产折旧是按照统一规定的折旧率和固定资产原值计算的虚拟折旧。

（1）计提折旧的固定资产包括：①房屋建筑物；②在用的机器设备、运输车辆、工具器具；③季节性停用及修理停用的设备,以融资租赁方式租入的固定资产。

（2）不计提折旧的固定资产包括：①已提足折旧仍继续使用的固定资产；②以前年度已经估价单独入账的土地；③提前报废的固定资产；④以经营租赁方式租入的固定资产和以融资租赁方式租出的固定资产。

2. 影响固定资产折旧的因素

（1）固定资产原价。固定资产原价是指固定资产的成本。已达到预定可使用状态、但尚未办理竣工决算的固定资产，应当按照估计价值确定其成本，并计提折旧；待办理竣工决算手续后，再按实际成本调整原来的暂估价值，但不需要调整原已计提的折旧额。

（2）预计净残值。预计净残值是指假定固定资产预计使用寿命已满并处于使用寿命终了时，企业从该项资产处置中获得的扣除预计处置费用后的金额。

（3）固定资产减值准备。固定资产减值准备是指固定资产已计提的固定资产减值准备累计金额。

（4）固定资产的使用寿命。固定资产的使用寿命是指使用固定资产的预计期间或者该固定资产所能生产产品或提供劳务的数量。确定固定资产使用寿命时，应当考虑：①该资产的预计生产能力或实物产量；②该资产的有形损耗，如设备使用中发生磨损、房屋建筑物受到自然侵蚀等；③该资产的无形损耗，如因新技术的出现而使现有的资产技术水平相对陈旧、市场需求变化使产品过时等；④法律或类似规定对该项资产使用的限制。

三、事业单位流动资产管理

（一）事业单位流动资产的特点

事业单位的流动资产包括货币资金、短期投资、应收及预付款项、存货等。流动资产与固定资产是相对的概念，其主要特点如下：

1. 流动资产不断改变占用形态

事业单位的流动资产在使用过程中经常从一种形态转变成另一种形态。事业单位取得的资金，一般都以现金的形式存在，为了保证事业单位业务活动的正常进行，必须用现金购买相关的办公用品等，这时货币形态的流动资产就转变为实物形态的流动资产。

2. 流动资产周转时间较短

流动资产在事业单位开展各项业务活动中不断被使用或者消耗，占用在流动资产上的资金，周转一次所需时间较短。各项流动资产保持其原有形态的时间是短暂的，通常是在一年以内，具有流动性强、安全性高的特点。

3. 流动资产价值一次性消耗或转移

由于流动资产的单位价值较低、使用期限较短，决定了其一次性消耗或转移价值。

（二）现金管理

现金是指事业单位的库存现金，主要用于单位的日常零星开支。现金是流动资产中流动性最强的一种资产，事业单位必须严格遵守国家关于现金管理的有关规定，加强和健全现金管理制度，确保现金安全。

1. 现金使用范围的管理

按照国家现金管理制度规定，事业单位可以在下列范围内使用现金：

（1）职工工资、津贴；

（2）个人劳务报酬；

（3）根据国家规定颁发给个人的科学技术、文化、艺术、体育等各种奖金；

（4）各种劳保、福利费用以及国家规定的对个人的其他支出；

（5）向个人收购农副产品和其他物质的价款；

（6）出差人员必须随身携带的差旅费；

（7）结算起点以下的零星开支；

（8）中国人民银行确定需要支付现金的其他开支。

2. 库存现金限额的管理

库存现金限额是指国家规定由开户银行给各单位核定一个保留现金的最高额度。核定单位库存现金限额的原则是，既要保证日常零星现金支付的合理需要，又要尽量减少现金的使用。开户单位由于经济业务发展需要增加或减少库存现金限额的，应按必要手续向开户银行提出申请。

凡在银行开户的独立核算单位都要核定库存现金限额；独立核算的附属单位，虽然没有在银行开户，但需要保留现金，也要核定库存现金限额，其限额可包括在其上级单位库存限额内；商业企业的零售门市部需要保留找零备用金，其限额可根据业务经营需要核定，但不包括在单位库存现金限额之内。

库存现金限额的计算方式一般是：

库存现金=前一个月的平均每天支付的数额（不含每月平均工资数额）× 限定天数

库存现金限额的核定管理是为了保证现金的安全，规范现金管理，同时又能保证开户单位的现金正常使用。按照《现金管理暂行条例》及实施细则规定，库存现金限额由开户银行和开户单位根据具体情况商定，凡在银行开户的单位，银行应根据实际需要核定3 ~ 5天的日常零星开支数额作为该单位的库存现金限额。

库存现金限额每年核定一次，经核定的库存现金限额，开户单位必须严格遵守。其核定具体程序如下：

（1）开户单位与开户银行协商核定库存现金限额，具体公式为：

库存现金限额=每日零星支出额 × 核定天数每日零星支出额=

月（或季）平均现金支出额（不包括定期性的大额现金支出和不定期的大额现金支出）/月（或季）平均天数。

（2）开户单位填制“库存现金限额申请批准书”。

（3）开户单位将申请批准书报送单位主管部门，经主管部门签署意见，再报开户银行审查批准，开户单位凭开户银行批准的限额数作为库存现金限额。

库存现金限额经银行核定批准后，开户单位应当严格遵守，每日现金的结存数不得超过核定的限额。如库存现金不足限额时，可向银行提取现金，不得在未经开户银行准许的情况下坐支现金。库存现金限额一般每年核定一次，单位因生产和业务发展、变化需要增加或减少库存限额时，可向开户银行提出申请，经批准后，方可进行调整，单位不得擅自超出核定限额增加库存现金。

3. 现金的日常管理要求

（1）各单位实行收支两条线，不准“坐支”现金。所谓“坐支”现金，是指企事业单位和机关、团体、部队从本单位的现金收入中直接支出现金。各单位现金收入应于当日送存银行，如当日确有困难，由开户单位确定送存时间。如遇特殊情况需要坐支现金，应该在现金日记账上如实反映坐支情况，并同时报告开户银行，便于银行对坐支金额进行监督和管理。

（2）企业送存现金和提取现金，必须注明送存现金的来源和支取的用途，且不得私设“小金库”。

按照《现金管理暂行条例》及其实施细则，企事业单位和机关团体部队现金管理应遵循“八不准”，即：第一，不准用不符合财务制度的凭证顶替库存现金。第二，不准单位之间互相借用现金。第三，不准谎报用途套取现金。第四，不准利用银行账户代其他单位和个人存入或支取现金。第五，不准将单位收入的现金以个人名义存作储蓄。第六，不准保留账外公款。第七，不准发生变相货币。第八，不准以任何票券代替人民币在市场上流通。

4. 建立、健全现金管理制度

（1）钱账分管制度。即管钱的不管账，管账的不管钱。配备专职出纳员，负责办理现金收、付和保管业务，非出纳人员不得经管现金收、付和保管业务。

（2）严格遵守《现金管理暂行条例》及其实施细则的规定。

（3）现金必须及时交库。各业务部门收入的现金，应于当天送交财务部门，不得挪用、挤占和将公款私存银行。

（4）坚持日清日结。出纳员办理现金出纳业务，必须做到按日清理、按日结账，结出库存现金账面余额，并与库存现金实地盘点数核对相符。

（5）坚持现金盘点制度。出纳自身盘点，应由领导以及有关业务人员定期抽查盘点，重点检查账款是否相符，有无白条抵库、有无私借公款、有无挪用公款、有无账外资金等违纪行为。

（6）规定库存现金限额。实际库存现金超过库存限额时，出纳员应将超过部分及时送存银行，如实际库存现金低于库存限额，应及时补提现金。

（三）银行存款管理

银行存款是指事业单位存放在银行或者非银行金融机构的货币资金。加强银行存款管理，必须按如下要求进行：

（1）各类货币资金应按照资金性质或业务需要，开设银行账户进行结算。财务部门应设置银行存款分户账，逐日记录收、支、结存情况，每月与银行对账单核对，编制未达账款调节表，保持账账相符。

（2）财务部门收到各业务部门的各种银行收入的结算票据，填写进账单并及时送存银行，在银行确认收妥后，有关经办的业务部门方可办理业务结算手续。在款未收妥之前，不可办理钱物交易的结算手续。

（3）各类银行存款的支票预留印鉴和密码，由财务负责人和出纳人员分别掌握，不得向其他部门或个人借用、泄露。如因借用泄密而造成的经济损失应由财务部查明原因，追究借用、泄密者的赔偿责任。

（4）使用现金支票，不论对外支付款项或补充库存，均需由财务负责人或其指定人签发。

（5）使用转账支票，应由经办部门或经办人员持填写借据和结算凭证（包括购货发票、账单、收据等）经财务负责人和总经理（总裁）签字同意后，由出纳开出转账支票，凡不能预先取得结算凭证，需要借用空白支票的，需填写借据和经财务负责人和总经理（总裁）签字同意后，由经办人员在出纳员处办理借（领）用款手续，并在支票有关栏目填写签发日期、用途和限额，方可借出。借出的转账支票如发生丢失现象，经办人员应及时向财务部门报告，并向银行办理挂失手续。由于支票丢失造成的经济损失，应由丢失人赔偿，特殊情况可由财务部门根据具体情况提出处理意见，经总经理或上级批准后处理。

（6）需采用银行汇票、商业汇票、银行本票、汇兑、委托收款、信用证、托收承付等结算形式办理收、付款项的，同领用转账支票程序。

（7）业务经办人员借领的空白支票和财务部门办理的各种汇票，经办人员必须在规定期限内负责办理有关入库审批和报销手续，月终前必须将支票存根和未使用的支票交回财务部门。未按规定及时清理者，财务部门有权拒绝对其办理支票再借领手续。

（8）严格执行银行结算规定。任何人不得出租或出借银行存款账户；不准签发空头支票和远期支票；不得弄虚作假套取现金和银行信用卡。否则，由此造成的罚款等损失应由责任人赔偿。

（四）应收及预付款项管理

如前所述，应收及预付款项是指事业单位在开展业务活动中形成的各项债权，包括应收票据、应收账款、其他应收款、预付账款和财政应返还额度。

1. 应收票据

应收票据是指单位持有的、尚未到期兑现的商业票据。商业票据是载有一定付款日期、付款地点、付款金额和付款人的无条件支付的流通证券。

商业票据可以按不同的标准进行分类：

（1）票据按能否立即兑付，分为即期票据和远期票据。即期票据见票即付，远期票据则须到指定的付款日期到期时才能兑付。

（2）票据按是否附息，分为附息票据和无息票据。附息票据到期时除须支付票据面额外，尚须按票面规定的利率支付利息，无息票据到期时只须支付票据面额。

2. 应收账款

应收账款是指单位因销售商品、提供劳务等经营活动，应向购货单位或接受劳务单位收取的款项，主要包括销售商品或提供劳务等应向有关债务人收取的价款及代购货单位垫付的包装费、运杂费等。

3. 其他应收款

其他应收款是应收款项的另一重要组成部分，是指除应收票据、应收账款和预付账款以外的各种应收暂付款项。其他应收款通常包括暂付款，是指在商品交易业务以外发生的各种应收、暂付款项。

4. 预付账款

预付账款是因购货和接受劳务，按照合同规定预付给供应单位的款项，主要是预付货款。事业单位必须重视和加强应收款项和预付款项的管理，建立一个良好的应收及预付款项的内部控制制度，主要应注意以下几个问题：

（1）职责分工制度。例如，记账人员、开具销货发票人员不应兼任出纳员；票据保管人员不得经办会计记录；各级人员都应有严密的办事手续制度。

（2）严格的审批制度。例如，各种赊销预付，接受顾客票据或票据的贴现换新，都应按规定的程序批准。

（3）健全的凭证保管、记录和审核制度。客户的借款凭证必须妥善地审查保管，做好明细记录并及时登记入账，凭证的收入和支出必须经过审查。

（4）及时的货款对账、清算和催收制度。对应收及预付账款应及时进行排队分析，针对逾期账款采取不同措施，努力促使账款及时、足额地清算和回收。对经办人员建立责任制度，加强各项账款的催收工作。

（5）严格的审查和管理制度。对预付账款的协议、合同应严格审查，对销货退回和折让、票据贴现和坏账转销应加强审核和管理。

5. 财政应返还额度

财政应返还额度是指实行国库存集中支付的事业单位，年终应收财政下年度返还的资金额度。核算财政国库管理制度改革单位年终结余资金的账务处理，具体应以主管财政机关的核定结果为依据。可采用“财政直接支付”“财政授权支付”核算。

实行财政直接支付，年终结余资金账务处理时，借方登记单位本年度财政直接支付预算指标数与财政直接支付实际支出数的差额，贷方登记下年度实际支出的冲减数。

实行财政授权支付，年终结余资金账务处理时，借方登记单位零余额账户注销额度数，贷方登记下年度恢复额度数。

（五）零余额账户用款额度管理

为了适应财政国库管理制度改革资金核算的需要，规范财政国库集中支付改革后预算单位会计核算工作，财政部在2001年颁发的《财政国库管理制度改革试点会计核算暂行办法》（以下简称《暂行办法》）中，增设了“零余额账户用款额度”科目，用于核算预算单位在授权支付额度内办理授权支付业务。

1. 财政部零余额账户

财政部零余额账户用于财政直接支付。该账户每日发生的支付，于当日营业终了前与国库单一账户清算；单笔支付额5000万（含5000万）元人民币以上的，应及时与国库单一账户清算。财政部零余额账户在国库会计中使用。

2. 预算单位零余额账户

预算单位零余额账户用于财政授权支出。该账户每日发生的支付，于当日营业终了前由代理银行在财政部批准的用款额度内与国库单账户清算；营业中单笔支付额5000万（含5000万）元人民币以上的，应及时与国库单账户清算。财政授权的转账业务一律通过预算单位零余额账户办理。预算单位零余额账户在行政单位会计和事业单位会计中使用。

3. 预算单位零余额账户在事业单位会计中的账务处理

（1）事业单位应设置“零余额账户用款额度”科目。收到“授权支付到账通知书”后，根据通知书所列数额，借记“零余额账户用款额度”科目，贷记“拨入经费”科目或“财政补助收入”科目。事业单位购买物品、服务等支用额度时，借记“经费支出”或“事业支出”“材料”等科目，贷记“零余额账户用款额度”科目；属于购入固定资产的，同时，应借记“固定资产”科目，贷记“固定基金”科目。事业单位从零余额账户提取现金时，借记“现金”科目，贷记“零余额账户用款额度”科目。

（2）年度终了，零余额用款额度必须清零。事业单位依据代理银行提供的对账单注销额度时，借记“财政应返还额度——财政授权支付”科目，贷记“零余额账户用款额度”科目；如果单位本年度财政授权支付预算指标数大于零余额账户用款额度下达数，根据两者的差额，借记“财政应返还额度——财政授权支付”科目，贷记“拨入经费”或“财政补助收入”科目。

（六）事业单位存货管理

存货是国际上通用的一个名称，也是我国企业财务制度中使用的一个概念。存货是流动资产的重要组成部分。现实中存货的价值往往要占事业单位流动资产价值相当大的比重，加强对存货的管理是事业单位财务管理的重要内容之一。

1. 理顺关系，建立科学的管理体制

目前大部分事业单位对存货管理普遍实行的是分类归口管理模式，这一方法有它的优点，但也有弊端。对存货管理，应实行“统一领导、统一计划、统一采购”的制度，成立以主管领导为首，各分管领导及职能部门、财务部门、监督部门参加的存货管理机构，负责存货统一管理的监督检查执行情况。在管理机构的统一领导及管理下，由财务部门、职能部门、保管人、使用部门、使用人等分工负责，形成既有分工负责，又有统一管理的管理体系。

2. 事业单位要建立、健全存货的管理制度

从购买、验收、入库、保管、领用，到转让、对外投资、盘点，都要有严格的审批制度。对一些价值较高的存货、贵重存货要专人负责并建立岗位责任制。对存货的转让、对外投资、盘点，要按照有关规定严格把关，确保存货的安全、完整。同时，还要提高存货的使用效益，科学确定存货的库存量，避免闲置、重复采购和浪费的现象。

3. 加强事业单位存货的财务核算及管理

单位的财务部门要对存货的采购、入库、领用等情况，及时进行核算、入账；对对外投资、转让要严格把关，根据真实的情况登记入账；对盘盈盘亏的存货要查明原因，及时处理；对事业性与经营性存货要分别核算。另外，在财务制度和会计制度中应明确规定存货的计价方法，包括存货增加的计价法及存货减少的计价方法，确保核算口径一致。

4. 建立定额管理制度

为使事业单位的存货保持在一个合理的水平上，事业单位应当实行存货的定额管理，建立存货的储备定额，减少单位存货的库存费用。

材料储备资金定额=材料每日平均耗用量 × 计划单价 × 储备日数

材料平均每日耗用量=计划期材料耗用总量 ÷ 计划期日数

储备日数=供应间隔日数 × 系数+在途日数+整理准备日数+保险日数

四、事业单位无形资产管理

（一）事业单位无形资产的特征

无形资产在使用和形成过程中，具有不同于有形资产的特征如下：

（1）非实体性。一方面，无形资产没有人们感官可感触的物质形态，只能从观念上感觉它。它或者表现为人们心目中的一种形象，或者以特许权形式表现为社会关系范畴；另一方面，它在使用过程中没有有形损耗，报废时也无残值。

（2）垄断性。无形资产的垄断性表现在以下几个方面：有些无形资产在法律制度的保护下，禁止非持有人无偿地取得；排斥他人的非法竞争，如专利权、商标权等；有些无形资产的独占权虽不受法律保护，但只要能确保秘密不泄露于外界，实际上也能独占，如专有技术，秘诀等；还有些无形资产不能与单位整体分离，除非整个单位产权转让，否则别人无法获得，如商业信誉。

（3）不确定性。无形资产的有效期受技术进步和市场变化的影响，很难予以确定。

（4）共享性。共享性是指无形资产有偿转让后，可以由几个主体同时共有，而固定资产和流动资产不可能同时在两个或两个以上的单位中使用，例如，商标权受让企业可以使用，同时出让企业也可以使用。

（5）高效性。无形资产能给企事业单位带来远远高于其成本的经济效益。一个单位无形资产越丰富，其获利能力越强；反之，无形资产短缺，获利能力就弱，市场竞争力也就差。

（二）无形资产的内容

1. 专利权

根据我国的专利法规定，专利权分为发明专利和实用新型及外观设计专利两种，自申请日起计算，发明专利权的期限为20年，实用新型及外观设计专利权的期限为10年。发明者在取得专利权后，在有效期限内享有专利的独占权。

2. 非专利技术

非专利技术没有法律上的有效年限，只有经济上的有效年限。

3. 商标权

商标是用来辨认特定商品和劳务的标记，代表着企业的一种信誉，从而具有相应的经济价值。根据我国《商标法》规定，注册商标的有效期限为10年，期满可依法延长。

4. 著作权

著作权又称版权，指作者对其创作的文学、科学和艺术作品依法享有的某些特殊权利。著作权包括两方面的权利，即精神权利（人身权利）和经济权利（财产权利）。前者指作品署名、发表作品、确认作者身份、保护作品的完整性、修改已经发表的作品等权利，包括发表权、署名权、修改权和保护作品完整权；后者指以出版、表演、广播、展览、录制唱片、摄制影片等方式使用作品以及因授权他人使用作品而获得经济利益的权利。

5. 土地使用权

土地使用权是单位按照法律规定所取得的在一定时期内对国有土地进行开发、利用和经营的权利。

6. 商誉

商誉是指能在未来期间为企业经营带来超额利润的潜在经济价值，或一家企业预期的获利能力超过可辨认资产正常获利能力（如社会平均投资回报率）的资本化价值。商誉是单位整体价值的组成部分。

7. 特许权

特许权又称特许经营权、专营权，是指企业在某一地区经营或销售某种特定商品的权利或是一家企业接受另一家企业使用其商标、商号、秘密技术等权利。

（三）无形资产管理的内容

无形资产管理的内容广泛而又丰富，从无形资产要素角度讲，无形资产管理包括厂商名称管理、专利权管理、商标权管理、技术（经营）秘密管理、域名管理等；从无形资产形成的角度讲，包括无形资产开发设计阶段管理、申请权益阶段管理、权益维护管理、应用管理等。

实施无形资产管理应该从三方面入手：

1. 设置无形资产管理部门，配备专门的无形资产管理人员

一般来讲，应设置专门的无形资产管理部门，配备专门的无形资产管理人员对单位的无形资产进行综合、全面、系统的管理。无形资产管理部门的主要职能包括：对所有无形资产的开发、引进、投资进行总的控制；就无形资产在生产经营管理中实施应用的客观要

求，协调企业内部其他各有关职能部门的关系；协调与企业外部国家有关专业管理机构的关系；协调企业与其他企业的关系；维护企业无形资产资源安全完整；考核无形资产的投入产出状况和经济效益情况。

2. 设计专门的无形资产管理制度

设计专门的无形资产管理制度包括无形资产开发方面的管理制度，无形资产权益（权益取得、维护、保护）方面的管理制度，无形资产对外许可、转让、合作管理制度，无形资产档案管理制度，无形资产奖惩管理制度，无形资产投入产出考核制度，无形资产融资管理制度，无形资产评估管理制度，无形资产监控制度，无形资产审计管理制度，无形资产国际权益管理制度，无形资产投资管理制度。它涉及技术开发管理、市场营销、工商管理、财务管理（含会计核算）、对外经济技术合作、情报信息管理、质量管理等若干领域。

3. 使用专门的无形资产管理工具

可以采用现代无形资产信息系统，将无形资产的管理、监控与经营业绩的考核结合起来，为各类企事业单位无形资产管理提供一个科学的模式。

第二节　事业单位负债管理

一、事业单位负债管理概述

负债是指事业单位所承担的能以货币计量，需要以资产或者劳务偿还的债务。这种债务是由过去或现在业已发生的经济业务引起的，需要事业单位在将来以支付现金、银行存款、其他资产或者提供劳务等形式来抵偿的一切经济负担。

事业单位的或有负债不作为事业单位负债予以列报，但要在报表附注中予以说明。

（一）事业单位负债的分类

事业单位的负债按照流动性，分为流动负债和非流动负债。流动负债是指预计在1年内（含1年）偿还的负债；非流动负债是指流动负债以外的负债。

1. 流动负债

事业单位的流动负债包括短期借款、应付及预收款项、应付职工薪酬、应缴款项等。

短期借款是指事业单位借入的期限在1年内（含1年）的各种借款。

应付及预收款项是指事业单位在开展业务活动中发生的各种债务，包括应付票据、应付账款、其他应付款等应付款项和预收账款。

应付职工薪酬是指事业单位应付未付的职工工资、津贴补贴等。

应缴款项是指事业单位应缴未缴的各种款项，包括应当上缴国库或者财政专户的款项、应缴税费，以及其他按照国家有关规定应当上缴的款项。

2. 非流动负债

事业单位的非流动负债包括长期借款、长期应付款等。

长期借款是指事业单位借入的期限超过1年（不含1年）的各种借款。

长期应付款是指事业单位发生的偿还期限超过1年（不含1年）的应付款项，主要指事业单位融资租入固定资产发生的应付租赁款。

如果某项负债应当在1年内偿还，但因故在1年内没有偿还，只要没有改变要求偿还的期限，那么这项负债仍属于流动负债。随着时间的推移，如果非流动负债中有部分或全部将于1年内到期，那么这些将于1年内到期的非流动负债在报告日应当报告为流动负债。

（二）事业单位负债的确认和计量

1. 负债的确认

事业单位负债同时满足以下条件，才能够被确认为负债：

（1）符合负债的定义。

（2）偿债的金额能够可靠地计量。

事业单位应当在承担确定的偿债责任时确认相应的负债。

注意，符合负债定义并确认的负债项目，应当列入事业单位资产负债表；事业单位承担的或有负债，不列入资产负债表，但应当在报表附注中披露。如果事业单位承担了将来要履行支付的义务，但未能确定需要支付的金额，就不能确认为负债。

2. 负债的计量

事业单位的负债应当按照合同金额或实际发生额进行计量。

事业单位应当对不同性质的负债分类管理，及时清理并按照规定办理结算，保证各项负债在规定期限内归还。事业单位应当建立健全财务风险控制机制，规范和加强借入款项管理，严格执行审批程序，不得违反规定举借债务和提供担保。

二、事业单位应缴款项的管理

应缴款项是事业单位按照国家有关规定取得的、应当上缴国库的各种款项，它是事业单位与国家预算之间的往来项目。

（一）应缴财政预算款及其管理要求

应缴财政预算款是事业单位依法取得的并应上缴国家财政的预算资金和应当缴入财政专户的款项。

1. 应缴财政预算款的具体内容

（1）罚没收入。罚没收入是指行政单位在执行公务过程中，依法对公民、法人和其他组织实施经济处罚所得的应上缴国库的各项罚款、没收款和没收物品的变价款等。如各类行政罚款、海关系统查处走私及违章案件的罚没收入等。

（2）行政事业性收费。行政事业性收费是指国家机关、事业单位、代行政府职能的社会团体及其他组织根据法律、行政法规、地方性法规等有关规定，依照国务院规定程序批准，在向公民、法人提供特定服务的过程中，按照成本补偿和非营利原则向特定服务对象收取的费用。

按收费类别分为：行政管理类收费、资源补偿类收费、鉴定类收费、考试类收费、培训类收费、其他类收费六类。

（3）政府性基金。政府性基金，是指各级人民政府及其所属部门根据法律、国家行政法规和中共中央、国务院有关文件的规定，为支持某项事业发展，按照国家规定程序批准，向公民、法人和其他组织征收的具有专项用途的资金，包括各种基金、资金、附加和专项收费。

其主要包括工业交通文化农业部门基金，如农业部门基金、文化事业建设基金、电力建设基金、交通建设基金、机场建设基金。

（4）国有资产处置和出租出借收入。行政单位国有资产处置收入和出租出借收入，是指行政单位国有资产产权的转移或核销所产生的收入，包括国有资产的出售收入、出让收入、置换差价收入、报废报损残值变价收入以及行政单位在保证完成正常工作的前提下，经审批同意，出租、出借国有资产所取得的收入（统称国有资产收入）。它属于政府非税收入，是财政收入的重要组成部分，由财政部门负责收缴和监管。

（5）应缴税费。应缴税费是指企业根据在一定时期内取得的营业收入、实现的利润等，按照现行税法规定，采用一定的计税方法计提的应缴纳的各种税费。

事业单位的应缴税费包括两部分：一部分是税务、海关等部门按规定收取的各种税收；另一部分是事业单位从事经济活动时，依法缴纳的增值税、消费税、营业税、所得税、资源税、土地增值税、城市维护建设税、房产税、土地使用税、车船税、教育费附加、矿产资源补偿费等税费。

（6）应缴财政专户款。财政专户是财政部门在银行设立的预算外资金专门账户，对预算外资金收支进行统一核算和集中管理。应缴财政专户款，是指行政事业单位为履行或代行政府职能，根据国家规定的项目和收费标准收取的、未纳入财政预算管理但应上缴财政专户的款项。2011年1月1日起，预算外资金管理的收入（不含教育收费）全部纳入预算管理。过去上缴财政专户的收入改为上缴国库。“应缴财政专户款”变更为“应缴预算款”。教育收费是指在财政专户管理的高中以上学费、住宿费，高校委托培养费，党校收费，教育考试教务费，函大、电大、夜大及短期培训费等。作为本部门的事业收入，纳入财政专户管理，收缴比照非税收入收缴管理制度执行。

2. 应缴财政预算款的管理要求

事业单位的应缴预算款项应当按照同级财政部门规定的缴款方式、缴款期限及其他缴款要求及时、足额上缴国库。对于未达到缴款起点或需要定期清缴的，应及时存入银行存款账户。每月月末不论是否达到缴款额度，均应清理结缴。任何单位不得缓缴、截留、挪用或自行坐支应缴预算款项。年终必须将当年的应缴预算款项全部清缴入库。

（二）应缴款项的管理要求

第一，要区分应缴款项与收入和暂存款的界限。

第二，应缴款项必须依法取得。

第三，实行收支两条线管理。

第四，应缴款项的收取应当使用合法票据。

第五，及时、足额缴库。

第六，建立、健全内部管理制度。

第七，区分直接缴库和集中缴库。

三、事业单位借入款项的管理

事业单位在业务活动中，为解决周转资金短缺问题，需要向有关部门或金融机构借款，因而会发生借入款项。

（一）借入款项的内容

借入款项是指按法定程序和核定的预算举借的债务，即指中央财政按全国人民代表大会批准的数额举借的国内债务和国外债务，以及地方财政根据国家法律或国务院特别规定举借的债务。

事业单位向财政部门、金融机构、上级单位或其他组织及个人借入有偿使用的各种款项，到期需还本付利。

借入款项主要包括：

第一，向财政部门借入的事业行政周转金。

第二，向金融机构借入的贷款。

第三，向其他单位或个人借入的款项。

（二）借入款项的管理要求

第一，事业单位借款必须经财政部门或主管部门批准。

第二，必须按指定用途使用。借入款项是财政部门核定的有特定用途的资金，公共组织不能转作费用支出，要保证其按指定用途使用。

第三，要控制借款规模。因为借入款项是有偿使用，而公共组织大多是非营利性的，其资金来源主要依靠财政拨款，偿债能力有限。所以应严格控制其借款规模，减轻利息负担，保证其正常的业务活动。

第四，统筹规划，合理使用。使用过程中要统筹规划，分轻重缓急，效益高低，择优安排。

第五，借款手续要完备。借款时，应填写“借款合同书”，详细说明借款原因，借款数额，借款用途，借款时间，还款时间，保证条件等内容。

第六，充分利用借入款项，加快资金周转速度，提高款项的使用效率。

第七，按时偿还借款，不得拖欠。

四、事业单位应付款项与预收款项管理

（一）应付款项与预收款项的含义

应付及预收款项是事业单位在经济交往、开展业务活动过程中应付未付的各种款项，是行政事业单位在经济结算中发生的一种负债。比如在购买商品或劳务时，应当支付而未支付给供货单位或提供劳务单位的费用等。

（二）应付款项与预收款项的内容

包括应付票据、应付账款、其他应付款等应付款项和预收账款。

1. 应付票据

应付票据是指行政事业单位在商品购销活动和对工程价款进行结算时因采用商业汇票结算方式而发生的票据。它由出票人出票，委托付款人在指定日期无条件支付确定的金额给收款人或者票据的持票人。它包括商业承兑汇票和银行承兑汇票。应付票据按是否带息分为带息应付票据和不带息应付票据两种。

2. 应付账款

应付账款是指因购买材料、商品或接受劳务供应等而发生的债务。这是买卖双方在购销活动中由于取得物资与支付货款在时间上不一致而产生的负债。

3. 其他应付款

其他应付款是指除了应付账款、应付票据之外，事业单位应付给其他单位或个人的款项，包括应付工资、应付福利费、应付水电费、应付租入固定资产的租金、个人缴存的住房公积金、应付的投资者收益等。

（三）应付款项、预收款项的管理要求

应付款项、预收款项是结算过程中形成的流动负债。其管理要求如下：

第一，严格控制单位的负债规模。负债应有借款协议（借款期限一般在1年以内），有明确的资金用途，有可行的还款计划（必须是单位自有资金还款）。

第二，不得将应纳入单位收入管理的款项列入应付款项或暂存款项。

第三，各部门收到财政拨付的属于下属单位的财政资金应及时转拨所属单位，不得在应付款项或暂存款项挂账。

第四，对负债要进行及时清理，对已到期的负债要在协议期限内偿还，并按规定办理有关结算。

第五，按照行政单位财务管理规定，行政单位一律不准负债运转，当年收支结余不准出现赤字。由于历史原因，已举债的行政单位也应严格控制其负债规模，同时在核算中心建立财务风险预警机制。

第六，对金额较大的应收款项，往来双方要签订还款协议（还款期限一般在1年以内）；单位要建立应收款项回收责任制。

第七，要控制应收款项的额度、占用时间，掌握短期、安全的原则。

第八，加强日常管理及账务核对。往来账每月月末进行结账，并将总账与明细账余额进行核对。

第三节　事业单位净资产管理

一、净资产概述

（一）净资产的含义

净资产是行政事业单位持有的资产净值，即单位资产减去负债后的余额。用公式表示为：

净资产=资产－负债

行政单位和事业单位净资产所包含的内容不尽相同。

行政单位的净资产是指行政单位资产减负债和收入减支出的差额，主要包括固定基金和结余；事业单位的净资产是指资产减去负债的差额，包括事业基金、非流动资产基金、专用基金、财政补助结转结余、非财政补助结转结余等。

净资产从实物形态衡量，是一种资产净值。从权益概念上衡量，它又是一种产权或投资人权益。它表明单位资产总额在抵偿了一切现存义务后的差额部分，显示了该组织的规模和经济实力。

行政事业单位的净资产应当按照实际发生数额记账。

（二）净资产的类别

为了适应资源提供者和行政事业单位管理上的要求，对于净资产应按一定的标准进行分类。

1. 按净资产的构成要素分类

（1）事业基金。事业基金是指事业单位拥有的非限定用途的净资产，其来源主要为非财政补助结余扣除结余分配后滚存的金额。

（2）非流动资产基金。非流动资产基金是指单位非流动资产占用的金额。

（3）专用基金。专用基金是指单位按规定提取或者设置的具有专门用途的净资产。

（4）财政补助结转结余。财政补助结转结余是指单位各项财政补助收入与其相关支出相抵后剩余滚存的、须按规定管理和使用的结转和结余资金。

（5）非财政补助结转结余。非财政补助结转结余是指事业单位除财政补助收支以外的各项收入与各项支出相抵后的余额。其中，非财政补助结转是指事业单位除财政补助收支以外的各专项资金收入与其相关支出相抵后剩余滚存的、须按规定用途使用的结转资金；非财政补助结余是指事业单位除财政补助收支以外的各非专项资金收入与各非专项资金支出相抵后的余额。

2. 按净资产的经济内容分类

（1）基金。基金是资产提供者实际投入行政事业单位的各种财产物资，体现为国家和其投资人对行政事业单位的资产所有权。基金类型有固定基金、事业基金、业务发展基金、专用基金、留本基金等。

（2）结余资金。结余资金是指当年预算工作目标已完成，或者因故终止，当年剩余的资金。结转资金是指当年预算已执行但未完成，或者因故未执行，下一年度需要按照原用途继续使用的资金。结转资金在规定使用年限未使用或者未使用完的，视为结余资金。

3. 按净资产是否被指定专门用途分类

（1）限定性净资产。如果资产或者资产所产生的经济利益的使用受到资产提供者或者国家有关法律、行政法规所设置的时间限制或（和）用途限制，则由此形成的净资产就是限定性净资产。国家有关法律、行政法规对净资产的使用直接设置限制的，该受限制的净资产也是限定性净资产。

（2）非限定性资产。如果资源提供者对所提供的资产或者资产所产生的经济利益的使用、处置等未提出任何限制条件，国家有关法律、法规也未对此设置任何限制，由此形成的净资产即为非限定性资产。

（三）净资产的管理要求

行政事业单位的净资产是其财务管理的重要内容。由于净资产种类较多，形成过程较复杂，因此，行政事业单位要加强对净资产的管理，并根据不同类型净资产的特点，采取不同的管理方法。其管理要求主要表现在以下三个方面：

第一，对限定用途的净资产，要严格按照国家财务制度的规定，及时足额地提取和用于规定用途的项目，严禁挪作他用和改变资金的性质。

第二，对非限定用途的净资产的使用，要正确处理国家、单位和职工三方面的利益，体现“三兼顾”原则。对结余的使用，一定要符合国家法律、法规的要求。

第三，要加强对行政事业单位净资产的核算工作，以准确反映和监督投资者投入资金的保值增值、积累分配情况，以为正确评价单位的业绩，真实反映所有者对单位净资产的权益，提供真实可靠的财务信息。

二、事业基金管理

（一）事业基金的含义

事业基金是指事业单位拥有的非限定用途的净资产。其来源主要是非财政补助结余扣除结余分配后滚存的金额，主要包括滚存结余资金等。

事业基金可由事业单位自主调配使用，包括一般基金和投资基金两部分。

一般基金是指非营利组织历年结余分配后形成的用于弥补以后年度收支差额的资金。

投资基金是指非营利组织以固定资产、材料等实物以及货币资金和无形资产对外投资所占用的资金。

（二）事业基金的来源

1. 单位未分配收益

单位未分配收益即事业单位事业收支结余和经营收支结余在进行结余分配后的转入，它是事业基金的最主要来源。事业基金的多少直接取决于事业单位专业业务及相关业务开展的好坏。因此，事业单位要想获得更多的事业基金，必须努力开拓业务，降低业务支出。

2. 按规定留归单位的专项拨款结余

按规定留归单位的专项拨款结余即有拨入专款的事业单位，其专项活动（或工程）结束后的净结余，经拨款单位同意后留归本单位的部分。这种来源所形成的事业基金，对于事业单位而言，首先，要取决于有拨入专款的存在；其次，专项拨款要有结余；最后，要经拨款上级单位同意。因此它对于事业单位事业基金的形成是相对偶然的。

3. 事业单位接受捐赠的货币资金、无形资产和材料等

它对于事业基金而言也是一种非经常性形成渠道。

4. 事业单位对外投资所形成的权益

新的事业单位财务制度对事业单位的业务进行了前瞻性的考虑和制度规定，具体体现在会计核算方面增设了诸如“对外投资”等科目。而事业基金的另一来源正与此有关，事

业单位以材料、固定资产、无形资产等对外实施投资时，评估价高于或低于原账面价值的部分按规定应增加或减少事业基金。这部分事业基金（投资基金）是一种由投资而形成的潜在权益，而非现实的资金，对此，单位应区别于第一种性质的事业基金加强对权益项目的管理，让其为单位带来更多现实的收益。

（三）事业基金的分类

事业基金按照其资金形成来源的不同，可分为一般基金和投资基金两种。

一般基金即滚存结余资金，是指事业单位历年来的未分配结余和损失，以及历年的专项资金结余转入而形成的净资产。

投资基金即投资产权，是指事业单位以固定资产、材料等实物投资而形成的产权以及以货币资金和无形资产对外投资所占用的资金。事业单位在历年滚存结余较大的情况下，为了充分发挥资金的利用效果，为单位开拓资金来源，事业单位可以用这部分历年滚存结余净资产进行对外投资。对外投资的发生，使事业基金在存在形态上发生变化，由一般基金转化为投资基金，但事业单位的事业基金总额没有改变。

（四）事业基金的管理要求

事业基金是事业单位未限定用途的宝贵资源，在事业单位中起的是“蓄水池”的作用，用来调节年度之间的收支平衡。即事业单位以后年度如果收入大于支出，则其差额继续转入事业基金；如果支出大于收入，则其差额用以前年度的事业基金来弥补。在确定年初单位预算时，如果支出安排出现缺口，也可以用一部分事业基金来弥补这一缺口。

具体而言，事业基金的管理要求主要如下：

第一，事业单位日常周转所用，即体现非限定用途的本色。事业单位在周转使用事业基金时，不得随意冲销事业基金，如动用事业基金购买材料时，其会计分录只能为借记“材料”等科目、贷记“银行存款”等科目，而不能处理为借记“事业基金”科目；此外，应积极做好年度预算，尽可能做到收支平衡，防止随意动用事业基金，助长单位吃老本、不思进取的倾向。

第二，弥补事业超支。事业单位在年度经营中，如连续出现超支（亏损），经报上级单位批准同意，可核销部分事业基金，其会计处理表示为借记“事业基金——一般基金”科目、贷记“结余分配——弥补超支（亏损）科目”。对此，首先应总结超支原因，积极探索解困措施；其次应严格遵守核销程序，不能擅作主张、随意核销。

第三，投资转出固定资产、无形资产、材料等资产协议评估价高于或小于原值或净值差额应积极做好协议评估工作，努力使单位资产保值增值。防止人为操纵评估活动，损公肥私。

此外，应针对事业基金的一般基金和投资基金的不同性质和特点，分别制定相应的管理措施和方法。对于一般基金，应从增收节支，提高资金使用效益出发，制定出相应的管理办法；而对权益性的投资基金，则应侧重投资分析，善于行使权益，争取让潜在的权益变为现实的收益，实现由投资基金向一般基金的转化。

三、固定基金管理

（一）固定基金的含义

固定基金是指行政事业单位固定资产所占用的基金。固定基金通常按照固定资产账面金额的增减而发生相应的增减，两者金额通常相等。

固定基金具有如下特点：

第一，反映固定资产占用的基金不是净值，而是入账价值。

第二，固定基金是净资产的主要内容，基本反映净资产的规模。

第三，固定基金与固定资产是互为对应的账户，二者在金额上相等。

（二）固定基金的来源

第一，单位新建固定资产而形成的固定基金。

第二，单位购入、调入固定资产而形成的固定基金。

第三，单位自制固定资产而形成的固定基金。

第四，融资租入固定资产而形成的固定基金。

第五，接受捐赠的固定资产而形成的固定基金。

第六，接受其他单位投资转入的固定资产而形成的固定基金。

第七，盘盈固定资产而形成的固定基金。

（三）固定基金的分类

事业单位为加强管理，可以运用不同的标准对拥有的固定基金进行分类。

1. 按固定基金的形成来源分类

按固定基金的形成来源可分为：

（1）基本建设投资形成的固定基金，即事业单位用国家基本建设投资购建固定资产而形成的固定基金。

（2）财政预算拨款形成的固定基金，即财政预算拨款中用于行政事业单位购建固定资产形成的固定基金。

（3）修购基金形成的固定基金，即事业单位用修购基金购建固定资产而形成的固定基金。

（4）借贷资金形成的固定基金，即事业单位用借入资金购建固定资产而形成的固定基金。

（5）社会捐赠资金形成的固定基金，即社会出资者向行政事业单位以资金或者实物形式无偿捐赠的固定资产所形成的固定基金。

（6）其他资金形成的固定基金，即除以上来源外的其他资金购建固定资产而形成的固定基金，如上级部门无偿调入固定资产、单位对外投资以固定资产形式收回的投资回报而形成的固定基金等。

2. 按固定基金的所有权分类

按固定基金的所有权可分为：

（1）自有固定基金，即单位用自有资金、拨入专款等购置或建造归单位占有、使用的固定资产而形成的固定基金。

（2）租入固定基金，即单位按租赁合同规定，通过支付租金的形式取得一定时期使用权的固定资产而形成的固定基金。

3. 按固定基金的实物分类

按固定基金的实物可分为：

（1）房屋建筑物，即办公用房、业务用房、生活用房及建筑设施等所占用的资金。

（2）专用设备，即各种仪器和机械设备、医疗器材、交通运输工具、教育单位的教学设备等所占用的资金。

（3）一般设备，即办公与事务用家具和设备、一般文体设备等所占用的资金。

（4）文物和陈列品，即博物馆、展览馆、文化馆、陈列馆等文物和陈列品所占用的资金。

（5）图书，即专业图书馆和事业单位图书馆的图书等所占用的资金。

（6）其他，即未包括在以上各类的固定资产所占用的资金。

（四）固定基金的管理要求

加强固定基金管理，可以充分发挥固定资产的使用效益，有利于调整和盘活固定资产，防止固定资产的流失。

第一，单位购建固定资产应当按照计划、预算程序办理，严格履行必要的批准手续。

第二，单位以购建固定资产、盘盈、无偿调入等方式增加固定资产时，以及对外投资以固定资产形式收回时，不仅要及时进行实物登记，还要按照规定的计价原则和方法及时调增固定基金。

第三，单位以融资租赁方式租用的固定资产和以分期付款方式购置的固定资产，应当以实际支付和结算的租金以及分期付款的金额增加固定基金，未付租金和款项的，作为负债处理。

第四，单位在发生固定资产报废、报损、转让和盘亏，以及用固定资产对外投资等情况时，必须严格审批，按照有关规定及时调减固定基金。

四、专用基金管理

（一）专用基金的含义、特点、管理原则和管理要求

1. 专用基金的含义

专用基金是指事业单位按规定提取或者设置的具有专门用途的净资产。专用基金属于限定用途的净资产，主要包括修购基金、职工福利基金、医疗基金和其他基金。专用基金的用途明确、单一，要求单位专款专用，不得随意改变资金的用途或挪作他用。

2. 专用基金的特点

第一，专用基金的提取均须严格遵照规定，即根据一定的比例或数额提取。

第二，有专门的用途和使用范围，除财务制度规定可以允许合并使用外，一般不得相互占用、挪用。

第三，专用基金的使用属于一次性消耗，没有循环周转，不可能通过专用基金支出直接取得补偿。

3. 专用基金的管理原则

第一，先提后用。各项专用基金必须根据规定的开源渠道，在取得资金以后才能安排使用。

第二，专设账户。各项专用基金应单独设账户进行管理和核算。

第三，专款专用。各种专用基金都要按规定的用途和使用范围安排开支，支出不得超出资金规模，保证基金使用合理、合法。

4. 专用基金的管理要求

作为具有特定用途的资金，专用基金在管理与核算上必须遵循先收后支、量入为出的原则。专用基金支出应实行计划管理，按照规定的用途和使用范围办理支出。各项基金未经上级主管部门批准不得挪作他用。年终结余可结转下年继续使用。

（二）修购基金的管理

修购基金是指单位按照事业收入和经营收入的一定比例提取，在修缮费和设备购置费中列支（各列50%），以及按照其他规定转入，用于固定资产维修和购置的资金。

1. 修购基金的提取

（1）按比例从支出或成本费用中提取。这种来源的计算方法，是按财政部门或主管部门确定的比例标准，以事业收入和经营收入为基数，计算出提取数额后在事业支出和经营支出中列支后转入。

修购基金的一般计算公式为：

修购基金提取额=事业收入 × 提取比例+经营收入 × 提取比例

（2）按国家规定的范围直接转入。目前国家有关政策规定，当科学事业单位处置固定资产后，取得小额收入应直接转入修购基金。今后如国家有其他规定时，按其规定执行。

（3）采用不同的提取方法。对专用、贵重设备可采用个别计提折旧的方法；对一般设备或其他固定资产可采用分类计提修购基金的方法；专用、贵重设备可采用加速折旧的方法；其他设备、房屋建筑物或交通工具等可采用平均年限法提取。

中央级事业单位修购基金的提取比例，由主管部门根据单位收入状况和核算管理的需要，按照事业收入和经营收入的一定比例核定，报财政部备案。事业收入和经营收入较少的事业单位可以不提取修购基金，实行固定资产折旧的事业单位不提取修购基金。国家另有规定的，从其规定。地方事业单位修购基金的提取比例，由省级财政部门参照本通知的有关规定，结合当地实际确定。

2. 修购基金的管理要求

第一，对修购基金实行计划管理。

第二，对修购基金实行项目管理。

第三，对修购基金要按比例、定期提取。

（三）职工福利基金的管理

1. 职工福利基金的含义

职工福利基金是指事业单位按照结余的一定比例提取以及按照其他规定提取转入，用于单位职工的集体福利设施、集体福利待遇的资金。

职工福利基金与职工福利费不同。前者是事业单位按照结余总额的一定比例提取，用于单位集体福利设施等集体福利的开支；后者是事业单位按职工工资总额的一定比例提取，并在事业支出和经营支出的“职工福利费”名下列支，主要用于职工个人方面的开支。

2. 职工福利基金的计提方法

根据国家有关财务规则的规定，事业单位职工福利基金的提取主要有两种方式：

（1）按单位职工工资总额的一定比例提取并在事业支出和经营支出中列支。

（2）从单位年度结余分配中形成。

财政部对事业单位职工福利基金的提取比例进行了明确规定，并已于2012年4月1日起施行。事业单位职工福利基金的提取比例，在单位年度非财政拨款结余的40%以内确定。中央级事业单位职工福利基金的提取比例，由主管部门会同财政部在单位年度非财政拨款结余的40%以内核定。

3. 职工福利基金的管理要求

（1）职工福利基金要按规定开支。

（2）职工福利基金要实行计划管理。

（四）其他基金的管理

其他基金是指按照国家有关规定提取设置的除上述专用基金以外的其他具有专门用途的资金。行政事业单位其他基金主要包括住房基金、医疗基金、职工教育基金以及其他按有关规定提取设置的基金。其他基金的提取设置要按国家有关规定执行。

五、结余管理

（一）结余的含义

结余是指行政事业单位年度收入与支出相抵后的余额，它反映了各单位年度财务收支的结果。其平衡公式为：

结余=全部收入－全部支出

因为行政事业单位目前实行收入与支出的统一核算与管理，故该项收入是所谓的“大收入”，结余也是指全部收入与全部支出相抵后的余额，即“大结余”。它反映了单位年度财务收支的结果。

（二）事业单位结余

事业单位的结余是其全部收入与全部支出相抵后的余额。

事业单位结余按资金用途不同分为财政拨款结余和非财政拨款结余。财政拨款结余按资金用途不同分为经常性收支结余和专项资金收支结余。非财政拨款结余按资金获得渠道不同分为事业结余和经营结余。

事业单位的结余主要包括事业结余和经营结余。

1. 事业结余

事业结余是指事业单位在一定期间（通常指一年）内事业收入与事业支出相抵后的余额。其计算公式为：

事业结余=（财政补助收入+上级补助收入+事业收入+附属单位上缴收入+其他收入）—（事业支出+拨出经费+结转自筹基建+对附属单位补助支出+上缴上级支出+销售税金）

一个单位的事业结余并不能说明该单位进行经济活动的成果，只能说明该单位为开展专业业务活动及辅助活动发生的收支相抵的余额。

如果收入大于支出形成结余，说明本期收入可以抵补本期支出，或说明增收节支的结果。

如果支出大于收入，则说明本期收入不能保证该期间为开展专业业务活动及辅助活动各项开支的需要。

2. 经营结余

经营结余是指事业单位在一定期间内各项经营收入与经营支出相抵后的余额，其计算公式为：

经营结余=经营收入—经营支出—销售税金

3. 专项结余

专项结余即专项资金收支余额，是专项资金收入与专项资金支出相抵后的余额，其计算公式为：

某项目专项结余=该项目拨入专款—该项目专款支出—该项目拨出专款

（三）结余分配

结余或亏损结算完毕后，单位要对结余或亏损按国家规定进行分配。

年度终了，事业单位应当将当年实现的事业结余全数转入“结余分配”，结转后，“事业结余”科目无余额。经营结余通常应当转入“结余分配”，但如为亏损，则不予结转。

如果单位当期实现了结余，其分配的内容有：

第一，缴纳所得税。按规定凡是有生产经营所得和其他所得的事业单位，均为所得税的纳税义务人，国家规定的减免税项目除外。

第二，提取专用基金。即按税后净结余的一定比例提取职工福利基金及其他专用基金。

第三，结转事业基金。即提取专用基金后剩余部分转作事业基金用于弥补以后年度单位收支的差额。

如果单位当期发生了亏损，其中事业亏损年终时应由事业基金弥补；经营亏损则不能由事业基金弥补，而应结转下年，由以后年度所实现的经营结余弥补。

单位年终结账后发生以前年度会计事项的调整或变更，涉及以前年度结余的，一般应直接通过事业基金科目进行核算，并在会计报表上加以注明。

（四）结余的管理要求

1. 正确计算提取结余

事业单位应当按照《事业单位财务规则》规定的计算方法和计算内容，对单位全年的收支活动进行全面的清查、核对、整理和结算，如实反映全年的收支结余情况。经营收支结余和事业收支结余应分别结转，二者不能混淆。

行政单位的结余不提取专用基金，也不进行其他分配，专项结余需要财政部门或上级主管部门审核批准后方可使用，经费结余按规定全部结转下年继续使用。对经费结余和专项结余要分别计算。

2. 按规定分配结余

各事业单位应当按有关规定及单位章程等，组织好结余分配，对发生亏损的事业单位，结余分配的真实含义，则是想方设法弥补亏损。

第四节 事业单位收入与支出管理

一、事业单位收入管理

（一）事业单位收入来源与管理要求

1. 事业单位收入来源

事业单位收入来源分为财政补助收入、上级补助收入、事业收入、经营收入、附属单位缴款、其他收入和基本建设拨款收入等。事业单位的收入来源主要有如下三部分：

（1）财政或上级单位拨入资金。

拨入资金是事业单位为了完成国家规定的事业计划，按照批准的经费预算和规定的手续，向财政机关和主管会计单位申请经费的行为。

按所拨入款项的性质和管理要求不同可将其分为：财政补助收入、财政专户返还收入和上级补助收入。财政补助收入是指事业单位按核定的预算和经费领报关系从财政部门取得的各类事业经费。财政专户返还收入是指核算事业单位收到的从财政专户核拨的预算外资金。上级补助收入是指事业单位从主管部门和上级单位取得的非财政补助收入。

拨入资金的依据是经过财政部门或主管单位审核批准后的单位预算。事业单位的季度用款计划是各单位拨入资金的具体执行计划，它是单位在核定的年度预算内，按季根据各月实际需要编制的。

拨入资金的管理应当坚持“按计划、按进度、按支出用途和按预算级次拨款”的原则。

拨入专款用于核算事业单位收到财政部门、上级单位或其他单位拨入的有指定用途，并需要单独报账的专项资金。如果拨入的专款不需要单独报账，则不通过本科目核算，而反映到“上级补助收入”科目中。

从专款资金的来源看，有财政机关拨入的有预算安排的专款资金，有上级主管部门拨入的专款资金，也有由业务协作往来单位拨来的专款资金。从专款资金的内容看，一般有科技三项费用专款、大型设备仪器购置费专款、救灾抢险专款、抗震加固专款、专项补助款及其他专款。

专款资金的管理应坚持“专款专用、按实列报、单独核算、专项结报”的原则。

（2）单位自行组织收入款项。

收入款项是事业单位在各项业务活动开展过程中自行组织取得的收入，它是事业单位重要的资金来源，是办理各项业务开支的主要财力保证。按单位所组织取得款项的来源和性质不同，可分为事业收入、经营收入和其他收入。

事业收入是指事业单位开展专业业务活动及其辅助活动取得的收入。其中：按照国家有关规定应当上缴国库或者财政专户的资金，不计入事业收入；从财政专户核拨给事业单位的资金和经核准不上缴国库或者财政专户的资金，计入事业收入。

经营收入是指事业单位在专业业务活动及辅助活动之外开展非独立核算经营活动取得的收入。

事业单位取得的投资收益、利息收入、捐赠收入等应当作为其他收入处理。

（3）附属单位上缴的资金。

附属单位缴款是指事业单位附属的独立核算单位按规定标准或比例缴纳的各项收入。如分成收入、承包利润和管理费等。它是非财政预算资金在上下级单位进行调剂的事项，以解决各种类型事业单位的收支平衡问题，保证各单位各项业务活动的正常开展和进行。

2. 事业单位收入管理的要求

事业单位收入全部纳入单位预算，统一核算，统一管理。事业单位对按照规定上缴国库或者财政专户的资金，应当按照国库集中收缴的有关规定及时足额上缴，不得隐瞒、滞留、截留、挪用和坐支。具体要求如下：

（1）收入统管。

（2）正确划分各项收入，依法缴纳各种税费。

（3）充分利用现有条件积极组织收入，提高经费自给率和自我发展能力。

（4）保证收入的合法性与合理性。

（5）正确处理社会效益和经济效益的关系。

（二）事业单位的财政补助收入

事业单位财政补助收入，是从财政部门取得的各类行政和事业经费，属于财政资金（预算拨款）。预算拨款是事业单位一项十分重要的资金来源，加强预算拨款资金管理，提高财政资金使用效率，在事业单位收入管理中具有十分重要的意义。事业单位的财政补助收入包括一般预算拨款、基金预算拨款、财政专户管理的非税收入拨款。

财政预算安排用于事业单位的财政补助收入如表5-1所示。

表5-1　财政预算安排用于事业单位的财政补助收入

财政预算用于财政补助项目	包括一般预算拨款、基金预算拨款、财政专户管理的非税收入拨款
教育事业费	高等学校经费、留学生经费、中等专业学校经费、技工学校经费、职业教育经费、中学经费、小学经费、幼儿教育经费、成人高等教育经费、普通业余教育经费、教师进修及干部培训、特殊教育经费、广播电视教育经费、其他教育事业费
文化广播事业费	文化事业费、出版事业费、文物事业费、体育事业费、档案事业费、地震事业费、海洋事业费、通信事业费、广播电影电视事业费、计划生育事业费、党政群干部训练事业费、其他文体广播事业费
科学事业费	自然科学事业费、科协事业费、社会科学事业费、高技术研究专项经费
农林水利气象等部门的事业费	农垦事业经费、农场事业费、农业事业费、畜牧事业费、农机事业费、林业事业费、水利事业费、水产事业费、气象事业费、乡镇企业事业费、农业资源调查和区划费、土地管理事业费、森林警察部队经费、其他农林水利事业费

（续表）

卫生事业费	卫生单位事业费、中医事业费、公费医疗经费
工业交通等部门的事业费	冶金、有色金属、煤炭、石油、石化、电力、化学、机械、汽车、核工业、航空、航天、电子、兵器、船舶、建材、轻工业、烟草、纺织、医药、地质、建设、环保、铁道、交通、邮电、民航、测绘、技术监督、专利等部门的事业费
流通部门事业费	商业事业费、物资管理事业费、粮食事业费、外贸事业费、供销社事业费
抚恤和社会福利救济费	抚恤事业费、军队移交地方安置的离退休人员经费、社会救济福利事业费、救灾支出、其他民政事业费、残疾人事业费

（三）事业收入的管理

1. 事业收入的内容

由于事业单位类型较多，专业业务活动又各有其特点，因此，不同类型的事业单位的事业收入的具体内容各不相同（如表5–2所示）。

表5–2　事业单位事业收入的具体项目

文化事业单位的事业收入	1. 演出收入； 2. 演出分成收入； 3. 技术服务收入； 4. 委托代培收入； 5. 复印复制收入； 6. 无形资产转让收入； 7. 外借人员劳务收入； 8. 合作分成收入
科学事业单位的事业收入	1. 科研收入； 2. 技术收入； 3. 学术活动收入； 4. 科普活动收入； 5. 试制产品收入
中小学校的事业收入	1. 非义务教育阶段学生缴纳的杂费； 2. 非义务教育阶段学生缴纳的学费； 3. 借读学生缴纳的借读费； 4. 住宿学生缴纳的住宿费； 5. 按照有关规定向学生收取的其他费用

（续表）

广播电视事业单位的事业收入	1. 广告收入； 2. 节目交换收入； 3. 合作合拍收入； 4. 节目传输收入； 5. 门票收入； 6. 技术服务收入； 7. 无形资产转让收入
体育事业单位的事业收入	1. 竞技体育比赛收入； 2. 门票收入； 3. 出售广播电视转播权收入； 4. 广告赞助收入； 5. 体育技术服务收入； 6. 体育相关业务收入； 7. 无形资产转让收入
文物事业单位的事业收入	1. 门票收入； 2. 展览收入； 3. 文物勘探发掘收入； 4. 文物维修设计收入； 5. 文物修复复制收入； 6. 文物咨询鉴定收入； 7. 影视拍摄收入； 8. 文物导游收入； 9. 无形资产转让收入
计划生育事业单位的事业收入	1. 技术服务收入； 2. 病残儿鉴定收入； 3. 代培进修收入； 4. 宣传品制作收入； 5. 无形资产转让收入

2. 事业收入管理的基本要求

（1）充分利用现有条件组织事业收入，促进事业发展。

（2）保证事业收入的合法性与合理性。

（3）必须将公共利益放在首位。

（4）严格执行预算外资金的管理规定。

（四）经营收入和其他各项收入的管理

1. 经营收入的管理

（1）经营收入的含义与特征。

经营收入是指事业单位在专业业务活动及其辅助活动之外，开展非独立核算经营活动取得的收入。具体是指事业单位的各类非独立核算的附属单位，根据市场需要，以生产、销售产品、调拨销售产品、来料加工服务等方式所取得的收入。其特征如下。

第一，经营收入是开展经营活动所取得的收入，而不是专业业务活动及辅助活动取得的收入。例如，科研单位对社会开展咨询服务活动取得的收入，属于经营活动取得的收入；而科研单位为有关单位提供科研服务取得的收入，只能作为事业收入，不能作为经营收入处理。又如，某社会团体对社会开展服务活动，将闲置的固定资产出租、出借，这种活动不属于单位专业业务活动及其辅助活动的范围，而属于经营活动的范围。其取得的收入应当界定为经营收入。但诸如学校向学生收取学费和杂费，则属于专业业务活动及其辅助活动的范围，取得的收入应当界定为事业收入，不能作为经营收入处理。

第二，经营收入是非独立核算单位开展经营活动所取得的收入，而不是独立核算单位开展经营活动所取得的收入。事业单位所属的实行独立核算的单位上缴的纯收入应作为“附属单位上缴收入”处理，不列作经营收入。独立核算单位是指对其经营活动的过程及结果，独立完整地进行会计核算。比如学校的校办企业，要单独设置财会机构或配备财会人员，单独设置账目，单独计算盈亏，其开展的经营活动属于独立核算的经营活动，其单位属于独立核算单位。校办企业将纯收入的一部分上缴学校，学校收到后应当作为附属单位上缴收入，而不能作为经营收入处理。事业单位从上级单位领取的一定数额物资、款项从事业务活动，不独立计算盈亏，把日常发生的经济业务资料报由上级进行会计核算，称为非独立核算。学校的食堂宿舍等后勤单位，不单独设置财会机构，不单独计算盈亏，如果其对社会开展了有关服务活动，活动则属于非独立核算的经营活动，其对社会服务取得的收入及支出，报由学校集中进行会计核算，这部分收入和支出，应当作为经营收入和经营支出处理。

（2）经营收入的内容。

第一，产品（商品）销售收入：单位通过销售定型、批量产品（不包括试制产品）和经销商品取得的收入。该项收入一般存在科学研究事业单位，医院销售药品的收入应纳入事业收入中的药品收入。

第二，经营服务收入：单位对外提供餐饮、住宿和交通运输等经营服务活动取得的收入。

第三，工程承包收入：单位承包建筑、安装、维修等工程取得的收入。

第四，租赁收入：单位出租、出借暂时闲置的仪器设备、房屋、场地等取得的收入。

第五，其他经营收入：除上述收入以外的经营收入。

（3）经营收入管理的基本要求。

第一，正确处理主营业务与附营业务的关系。事业单位履行职责主要是通过开展主营业务，也就是根据本单位的专业特点开展专业业务活动而完成的，其经营活动则属于附营业务，是为主营业务服务的，目的在于为主营业务的健康发展创造良好的经济基础。因此，事业单位在人力、物力、财力的安排上，首先应当保证开展专业业务活动的需要，不应影响正常事业计划的完成。在这个前提下，可以合理配置和有效利用单位所拥有的各种资源，按照规定开展经营活动，增加单位的收入。

第二，按规定的审批程序履行报批手续。在事业单位的经营活动中，将非经营性资产转为经营性资产，要经主管部门审查核实，并由同级国有资产管理部门批准；一次转为经营性资产的价值量数额巨大的，还须报财政部门批准。

第三，经营收入要纳入事业单位预算管理。为了全面反映经营收入状况，对经营活动全过程实行有效的财务管理，按有关规定，单位的经营收入要全部纳入单位预算统一核算、统一管理。事业单位要严格遵守国家规定，加强对经营收入的管理，杜绝私分、瞒报收入现象。

第四，要领取营业执照、核准经营范围。根据国家有关规定，事业单位从事经营活动，由该单位申请登记，经登记主管机关核准，领取营业执照，在核准登记的经营范围内依法从事经营活动。

第五，划清经营收入和事业收入的界限。事业收入与经营收入属于两种不同性质的收入，要划清两者的界限。两类活动原则上应分别核算，以正确反映事业单位的业务活动和经营活动的经济成果。

2. 上级补助收入的管理

上级补助收入是指事业单位从主管部门和上级单位取得的非财政补助收入，用于补助正常业务资金的不足。具体地讲，就是事业单位的主管部门或上级将财政补助收入之外的收入，如事业单位主管部门或上级单位将自身组织的收入和集中下级单位的收入拨给事业单位，用于补助事业单位的日常业务。若是指定用于专项用途并须单独报账，则称为拨入的事业经费，即拨入专款，不能作为上级补助收入。在某些行业的会计制度中，上级补助收入与财政补助收入合并称为业务补助。

对上级补助收入应当按照主管部门或上级单位的要求进行管理。上级补助资金有些是有专门用途的资金，应按规定方向和用途安排使用，不能擅自挪用。同时，要划清上级补助收入和财政补助收入的界限，上级主管部门应加强对事业单位补助收入的监督，促使单位严格收入管理，统筹安排各项资金，使财政补助收入和上级补助收入的安排使用符合财政政策的要求以及事业发展的需要。

3. 附属单位上缴收入的管理

附属单位上缴收入是指事业单位附属独立核算单位按有关规定上缴的收入。包括附属的事业单位上缴的收入和附属的企业上缴的利润等。它可用于弥补自身的开支，还可采用对附属单位补助支出的形式，用于弥补收入情况不佳的附属事业单位或附属企业的开支。

附属单位是指与该事业单位（或称主体单位）间除资金联系之外还存在其他联系的事业单位或企业。一般而言，附属事业单位与主体事业单位之间存在预算上的拨付关系及行政上的隶属关系。附属企业通常在历史上曾经属于主体事业单位的一个组成部分，从事专业业务及其辅助业务，后因种种原因，从原事业单位中独立出来，成为管理上和财务上独立核算的法人实体，但它仍旧在许多方面与原事业单位存在联系。这些联系一般包括：主体事业单位有权任免其管理人员的职务；修改或通过其预算；支持、否决或修改其决策等。如果一个企业只与该事业单位存在资金上的联系，则一般认为该企业只是事业单位的投资单位，而非附属单位。

随着从事社会服务性业务的附属单位市场化程度的加深，事业单位与这些附属单位的联系也越来越市场化，在这种情况下，有时很难区分一个被投资单位是否为附属单位，因此，很难区分一笔收入是属于附属单位缴款还是投资收益。在这种情况下，事业单位可根据判断进行区分，一旦设定其性质，在以后各年的会计核算上应尽量保持一致。

非财政补助收入超出其正常支出较多的事业单位的上级单位可会同同级财政部门，根据该事业单位的具体情况，确定对这些事业单位实行收入上缴的办法。收入上缴主要有两种形式，一是定额上缴，即在核定预算时，确定一个上缴的绝对数额；二是按比例上缴，即根据收支情况，确定按收入的一定比例上缴。对于上级单位而言，这些附属事业单位上缴的收入即为附属单位缴款。应该注意的是，附属单位返还事业单位在其事业支出中垫支的工资、水电费、房租、住房公积金和福利费等各种费用，应当冲减相应支出，不能作为附属单位缴款处理。

4. 其他收入的管理

其他收入是指事业单位取得的除财政补助收入、上级补助收入、拨入专款、事业收入、经费收入、附属单位缴款以外的各项收入。其他收入包括投资收益、利息收入、捐赠收入、固定资产租赁收入、收取的违约金等各种杂项收入。

（1）投资收益。

投资收益是指事业单位向除附属单位以外其他单位投资而取得的收益，不包括附属单位上缴的收入。投资收益通常包括两部分，一是投资期间分得的利息或红利；二是出售或收回投资时形成的买卖差价或收回价值与最初投资价值的差额，该差异为正数时，即为收益；为负数时，即为损失。

（2）利息收入。

利息收入是指事业单位因在银行存款或与其他单位或企业的资金往来而取得的利息收入。它不包括事业单位在各种债券投资上的利息收入，如国库券利息收入、金融债券的利息收入等，这些利息收入应列为事业单位的投资收益。

（3）捐赠收入。

捐赠收入是指事业单位以外的单位或个人（包括内部职工）无偿赠送给事业单位的未限定用途的财物，包括实物或现金。限定用途的捐赠财物应在拨入专款中单独反映。

（4）固定资产租赁收入。

固定资产租赁收入是指事业单位将闲置的固定资产出租给其他单位或团体使用而取得的租金收入。

（5）收取的违约金。

收取的违约金是指依据有关合同或契约，事业单位对违反合同或契约条款的单位、企业或个人收取的罚金。

由于其他收入来源种类多，事业单位应合理核算，认真监督、检查收到的各项其他收入，并按照每项收入的相关规定，分别进行管理。

二、事业单位支出管理

（一）事业单位支出分类与管理要求

1. 事业单位支出的含义

事业单位支出是指事业单位开展业务及其他活动所发生的资金耗费和损失。事业单位的支出或者费用包括事业支出、对附属单位补助支出、上缴上级支出、经营支出和其他支出等。

（1）事业支出。事业支出是指事业单位开展专业业务活动及其辅助活动发生的基本支出和项目支出。

（2）对附属单位补助支出。对附属单位补助支出是指事业单位用财政补助收入之外的收入对附属单位补助发生的支出。

（3）上缴上级支出。上缴上级支出是指事业单位按照财政部门和主管部门的规定上缴上级单位的支出。

（4）经营支出。经营支出是指事业单位在专业业务活动及其辅助活动之外开展非独立核算经营活动发生的支出。

（5）其他支出。其他支出是指事业支出、对附属单位补助支出、上缴上级支出和经营支出以外的各项支出，包括利息支出、捐赠支出等。

2. 事业单位支出的分类

事业单位支出范围很广，项目繁多，为了便于对各项支出的研究分析，认识它们之间的区别与联系，有针对地加强支出管理和监督，不断提高资金的使用效益，应对行政事业单位支出进行科学的分类。

事业单位支出分类的方法主要有以下三种。

（1）按性质分类。

按单位性质分类，事业单位支出可以分为：①教育事业支出；②文体广播事业支出；③科学事业支出；④农林水利气象事业支出；⑤卫生事业支出；⑥工业交通事业支出；⑦流通事业支出；⑧抚恤和社会福利救济事业支出等。

按支出的性质分类，事业单位支出可以分为事业支出、经营支出、对附属单位补助支出、上缴上级支出和自筹基本建设支出。

（2）按预算科目分类。

按政府收支分类科目的要求分类，事业单位支出分为工资福利支出、商品和服务支出、对个人和家庭的补助、基本建设支出、其他资本性支出、其他支出。

按部门预算的要求分类，事业单位支出分为基本支出、项目支出、经营支出、对附属单位补助支出、上缴上级支出。

（3）按支出用途分类。

事业单位人员支出包括：基本工资、绩效工资、津贴、补贴、职工福利费、社会保障缴费、对个人和家庭的补助支出等。

3. 国家对支出管理的规定

依据《事业单位会计准则》，国家对事业单位支出管理的规定主要有以下方面。

（1）事业单位开展非独立核算经营活动的，应当正确归集开展经营活动发生的各项费用；无法直接归集的，应当按照规定的标准或比例合理分摊。事业单位的经营支出与经营收入应当相配比。

（2）事业单位的支出一般应当在实际支付时予以确认，并按照实际支付金额进行计量。采用权责发生制确认的支出或者费用，应当在其发生时予以确认，并按照实际发生额进行计量。

事业单位的支出包括事业支出、经营支出、对附属单位补助支出和上缴上级支出四个部分，后两项支出属调剂性支出，不是单位开展业务及其他活动的开支。因此，单位支出管理的重点是事业支出和经营支出。

（二）事业支出管理

事业支出是事业单位支出的主体，其管理是事业单位财务管理的重点。

1. 量入为出，统筹安排各项事业支出

事业单位的事业支出应当根据财政补助收入、上级补助收入、事业收入和其他收入等情况统筹安排。

2. 正确界定事业支出的范围，如实反映事业发展的规模和支出水平

划清事业支出与经营支出的界限，凡是直接用于经营活动的费用，应当直接在经营支出中反映；已在事业支出中统一垫支的各项费用，应如数归还；对实在难以划清的费用，应当按照规定比例合理分摊，在经营支出中列支，冲减事业支出。

3. 加强经济核算制度，提高资金使用效益

树立成本费用意识和投入产出意识，并根据自身的业务特点，建立经济核算制度；区别不同性质的支出，实施不同的核算办法。

4. 按照专款专用原则，加强支出管理

按要求专款专用，定期向财政部门或者主管部门报送专项资金使用情况，项目完成后，要报送专项资金支出决算和使用效果的书面报告，接受财政部门或主管部门的检查、验收。

（三）经营支出管理

越来越多的事业单位，在完成专业业务活动及其辅助活动之外还开展一些非独立核算的经营活动，如从事一些简单的产品生产、商品购销及有偿服务活动等。按照财务规定，事业单位非独立核算的经营活动所发生的全部支出，都应当纳入经营支出核算与管理；事业单位在经营活动中应正确归集实际发生的各项费用，无法归集的，应按规定的比例分摊；实行内部成本核算管理，使经营支出与经营收入相配比，确保成本费用项目与有关经营支出相衔接。

（四）自筹基本建设支出管理

自筹基本建设支出是指事业单位用财政补助收入以外的资金安排基本建设发生的支出。财政补助收入不能用于安排自筹基本建设。在安排自筹基本建设支出时，事业单位要统筹考虑单位各项收入情况，根据需要与可能安排自筹基本建设。

（五）对附属单位补助支出和上缴上级支出管理

附属单位一般是指事业单位所属独立核算的单位，如高等院校附属的中学、小学，科学院附属的研究所等。事业单位转拨财政部门拨入的各类事业费，不能列入对附属单位的补助支出中。对属于补助性质支出的，应当按规定的标准和资金渠道列支，并用于规定的受补助单位。

上缴上级支出是指实行收入上缴办法的事业单位按照规定的定额或者比例上缴上级单位的支出。一般只有少数事业单位因占有较多的国有资产，或得到国家特殊政策，以及收支归集配比不清等原因，取得较多收入，这类事业单位可以实行收入上缴办法，由此而发生的支出，反映在该单位的上缴上级支出中。对属于上缴性质的支出，应按核定的定额或收入的一定比例上缴给上级单位。

第六章　事业单位财务报告与财务分析

第一节　事业单位财务报告

一、事业单位财务报告概述

事业单位财务报告是反映事业单位一定时期财务状况和某一会计期间的事业成果、预算执行等会计信息的总结性书面文件，是财政部门和上级单位了解情况、掌握政策、指导单位预算执行工作的重要资料，是事业单位加强内部管理、高效执行好财政预算、提高预算资金使用效果的重要体现，同时也是编制下年度单位财务收支计划的基础。事业单位应定期向主管部门和财政部门以及其他有关的报表使用者提供财务报告。

二、事业单位财务报告的编制要求

事业单位财务报告是主管部门和财政部门以及其他报表使用者了解事业单位财务状况和运营业绩的主要信息来源，也是事业单位加强内部管理、进行管理决策的主要依据。因此，事业单位编制财务报表，必须依照《事业单位会计制度》做到以下五点：

第一，事业单位的财务报表由会计报表及其附注构成。会计报表包括资产负债表、收入支出表和财政补助收入支出表。

第二，事业单位的财务报表应当按照月度和年度编制。

第三，事业单位应当根据本制度规定编制并对外提供真实、完整的财务报表。事业单位不得违反本制度规定，随意改变财务报表的编制基础、编制依据、编制原则和方法，不得随意改变本制度规定的财务报表有关数据的会计口径。

第四，事业单位财务报表应当根据登记完整、核对无误的账簿记录和其他有关资料编制，做到数字真实、计算准确、内容完整、报送及时。

第五，事业单位财务报表应当由单位负责人和主管会计工作的负责人、会计机构负责人（会计主管人员）签名并盖章。

三、事业单位财务报告的主要内容及编制方法

事业单位的财务会计报告包括财务报表和其他应当在财务会计报告中披露的相关信息和资料（如财务情况说明书）。事业单位财务报表是对事业单位财务状况、事业成果、预算执行情况等的结构性表述。事业单位报送的年度财务报表包括资产负债表、收入支出表或者收入费用表、财政补助收入支出表等主表，有关附表以及财务情况说明书。各主管部门和单位可根据具体情况适当增加相关会计报表。

（一）资产负债表

资产负债表是指反映事业单位在某一特定日期的财务状况的报表。资产负债表是事业单位会计报表体系中主要的报表，它反映事业单位在某一特定日期全部资产、负债和净资产的情况。资产负债表按编制的时间不同，分为月报和年报。

事业单位的资产负债表采用账户式结构，报表分为左右两方，按照资产、负债和净资产分类列示。其格式与内容见表6-1。左方列示资产项目，反映全部资产的分布及存在形态；右方列示负债和净资产各项目，反映全部负债和净资产的内容及其构成。资产和负债项目分别以流动资产和非流动资产、流动负债和非流动负债列示，净资产按照项目内容排列。资产负债表要保持左右双方平衡，其平衡公式为：

资产=负债+净资产

即资产合计=负债和净资产合计

表6-1　资产负债表

会事业01表

编制单位：　　　　　　　　年　月　日　　单位：元

资产	期末余额	年初余额	负债和净资产	期末余额	年初余额
流动资产：			流动负债：		
货币资金			短期借款		
短期投资			应缴税费		
财政应返还额度			应缴国库款		
应收票据			应缴财政专户款		
应收账款			应付职工薪酬		
预付账款			应付票据		
其他应收款			应付账款		

（续表）

资产	期末余额	年初余额	负债和净资产	期末余额	年初余额
存货			预收账款		
其他流动资产			其他应付款		
			其他流动负债		
流动资产合计			流动负债合计		
非流动资产：			非流动负债：		
长期投资			长期借款		
固定资产			长期应付款		
固定资产原价			非流动负债合计		
减：累计折旧			负债合计		
在建工程			净资产：		
无形资产			事业基金		
无形资产原价			非流动资产基金		
减：累计摊销			专用基金		
待处置资产损溢			财政补助结转		
非流动资产合计			财政补助结余		
			非财政补助结转		
			非财政补助结余		
			1. 事业结余		
			2. 经营结余		
			净资产合计		
资产总计			负债和净资产总计		

资产负债表的编制是对日常会计核算记录的数据进行归纳、整理和汇总后形成的。事业单位资产负债表的各个项目都设有“年初余额”“期末余额”两栏。其填列方法如下。

1.“年初余额”栏的填列

本表“年初余额”栏内各项数字，应当根据上年年末资产负债表“期末余额”栏内数字填列。如果没有特殊情况，年初数全年不变。如果本年度资产负债表规定的各个项目的名称和内容同上年度不相一致，应对上年年末资产负债表各项目的名称和数字按照本年度的规定进行调整，填入本表“年初余额”栏内。

2.“期末余额”栏的填列

事业单位资产负债表“期末余额”是指某一会计期期末的数字。“期末余额”的数据可根据总账科目，分不同情况予以填列。

对于报表项目名称及内容与总账科目含义完全一致的，可根据总账科目余额直接填列。如“短期投资”“财政应返还额度”等项目可根据“短期投资”“财政应返还额度”科目总账科目期末余额直接填列。

对于报表项目名称及内容涵盖若干个总账科目内容的，需要根据几个总账科目余额计算填列。如“货币资金”项目，应根据“库存现金”“银行存款”“零余额账户用款额度”科目的期末余额合计填列。

对于报表项目内容与总账科目内容不一致的，需要对总账科目分析调整后填列。如“长期投资”项目，应当根据“长期投资”科目期末余额减去其中将于1年内（含1年）到期的长期债券投资余额后的金额填列；“固定资产”项目，应根据“固定资产”科目期末余额减去“累计折旧”科目期末余额后的金额填列。

此外，还要注意有关项目应根据相关科目的不同方向的余额，以“—”号填列的情况，如“待处置资产损溢”等。上级单位或主管部门在编制汇总资产负债表时，应将上下级之间的对应科目数字予以抵消，即剔除关联业务重复数据后方可逐级汇总上报。上下级之间关联对应科目主要是收入类与支出类科目①。

根据上述原则，资产负债表“期末余额”栏各项目反映内容及其填列方法如下。

（1）资产类项目。

第一，“货币资金”项目，反映事业单位期末库存现金、银行存款和零余额账户用款额度的合计数。本项目应当根据“库存现金”“银行存款”“零余额账户用款额度”科目的期末余额合计填列。

第二，“短期投资”项目，反映事业单位期末持有的短期投资成本。本项目应当根据“短期投资”科目的期末余额填列。

第三，“财政应返还额度”项目，反映事业单位期末财政应返还额度的金额。本项目应当根据“财政应返还额度”科目的期末余额填列。

第四，“应收票据”项目，反映事业单位期末持有的应收票据的票面金额。本项目应当根据“应收票据”科目的期末余额填列。

第五，“应收账款”项目，反映事业单位期末尚未收回的应收账款余额。本项目应当根据“应收账款”科目的期末余额填列。

① 穆家乐，穆远东. 新事业单位会计制度：图解与案例 [M]. 上海：上海财经大学出版社，2013：211-212.

第六，“预付账款”项目，反映事业单位预付给商品或者劳务供应单位的款项。本项目应当根据“预付账款”科目的期末余额填列。

第七，“其他应收款”项目，反映事业单位期末尚未收回的其他应收款余额。本项目应当根据“其他应收款”科目的期末余额填列。

第八，“存货”项目，反映事业单位期末为开展业务活动及其他活动耗用而储存的各种材料、燃料、包装物、低值易耗品及达不到固定资产标准的用具、装具、动植物等的实际成本。本项目应当根据“存货”科目的期末余额填列。

第九，“其他流动资产”项目，反映事业单位除上述各项之外的其他流动资产，如将在1年内（含1年）到期的长期债券投资。本项目应当根据“长期投资”等科目的期末余额分析填列。

第十，“长期投资”项目，反映事业单位持有时间超过1年（不含1年）的股权和债权性质的投资。本项目应当根据“长期投资”科目期末余额减去其中将于1年内（含1年）到期的长期债券投资余额后的金额填列。

第十一，“固定资产”项目，反映事业单位期末各项固定资产的账面价值。本项目应当根据“固定资产”科目期末余额减去“累计折旧”科目期末余额后的金额填列。

“固定资产原价”项目，反映事业单位期末各项固定资产的原价。本项目应当根据“固定资产”科目的期末余额填列。

“累计折旧”项目，反映事业单位期末各项固定资产的累计折旧。本项目应当根据“累计折旧”科目的期末余额填列。

第十二，“在建工程”项目，反映事业单位期末尚未完工交付使用的在建工程发生的实际成本。本项目应当根据“在建工程”科目的期末余额填列。

第十三，“无形资产”项目，反映事业单位期末持有的各项无形资产的账面价值。本项目应当根据“无形资产”科目期末余额减去“累计摊销”科目期末余额后的金额填列。

“无形资产原价”项目，反映事业单位期末持有的各项无形资产的原价。本项目应当根据“无形资产”科目的期末余额填列。

“累计摊销”项目，反映事业单位期末各项无形资产的累计摊销。本项目应当根据“累计摊销”科目的期末余额填列。

第十四，“待处理资产损溢”项目，反映事业单位期末待处理资产的价值及处理损溢。本项目应当根据“待处理资产损溢”科目的期末借方余额填列；如“待处理资产损溢”科目期末为贷方余额，则以“—”号填列。

第十五，“非流动资产合计”项目，按照“长期投资”“固定资产”“在建工程”“无形资产”“待处理资产损溢”项目金额的合计数填列。

（2）负债类项目

第一，“短期借款”项目，反映事业单位借入的期限在1年内（含1年）的各种借款。本项目应当根据“短期借款”科目的期末余额填列。

第二，“应缴税费”项目，反映事业单位应交未交的各种税费。本项目应当根据“应缴税费”科目的期末贷方余额填列；如“应缴税费”科目期末为借方余额，则以“—”号填列。

第三，“应缴国库款”项目，反映事业单位按规定应缴入国库的款项（应缴税费除外）。本项目应当根据“应缴国库款”科目的期末余额填列。

第四，“应缴财政专户款”项目，反映事业单位按规定应缴入财政专户的款项。本项目应当根据“应缴财政专户款”科目的期末余额填列。

第五，“应付职工薪酬”项目，反映事业单位按有关规定应付给职工及为职工支付的各种薪酬。本项目应当根据“应付职工薪酬”科目的期末余额填列。

第六，“应付票据”项目，反映事业单位期末应付票据的金额。本项目应当根据“应付票据”科目的期末余额填列。

第七，“应付账款”项目，反映事业单位期末尚未支付的应付账款的金额。本项目应当根据“应付账款”科目的期末余额填列。

第八，“预收账款”项目，反映事业单位期末按合同规定预收但尚未实际结算的款项。本项目应当根据“预收账款”科目的期末余额填列。

第九，“其他应付款”项目，反映事业单位期末应付未付的其他各项应付及暂收款项。本项目应当根据“其他应付款”科目的期末余额填列。

第十，“其他流动负债”项目，反映事业单位除上述各项之外的其他流动负债，如承担的将于1年内（含1年）偿还的长期负债。本项目应当根据“长期借款”“长期应付款”等科目的期末余额分析填列。

第十一，“长期借款”项目，反映事业单位借入的期限超过1年（不含1年）的各项借款本金。本项目应当根据“长期借款”科目的期末余额减去其中将于1年内（含1年）到期的长期借款余额后的金额填列。

第十二，“长期应付款”项目，反映事业单位发生的偿还期限超过1年（不含1年）的各种应付款项。本项目应当根据“长期应付款”科目的期末余额减去其中将于1年内（含1年）到期的长期应付款余额后的金额填列。

（3）净资产类项目。

第一，“事业基金”项目，反映事业单位期末拥有的非限定用途的净资产。本项目应当根据“事业基金”科目的期末余额填列。

第二，“非流动资产基金”项目，反映事业单位期末非流动资产占用的金额。本项目应当根据“非流动资产基金”科目的期末余额填列。

第三，“专用基金”项目，反映事业单位按规定设置或提取的具有专门用途的净资产。本项目应当根据“专用基金”科目的期末余额填列。

第四，“财政补助结转”项目，反映事业单位滚存的财政补助结转资金。本项目应当根据“财政补助结转”科目的期末余额填列。

第五，“财政补助结余”项目，反映事业单位滚存的财政补助项目支出结余资金。本项目应当根据“财政补助结余”科目的期末余额填列。

第六，“非财政补助结转”项目，反映事业单位滚存的非财政补助专项结转资金。本项目应当根据“非财政补助结转”科目的期末余额填列。

第七，“非财政补助结余”项目，反映事业单位自年初至报告期末累计实现的非财政补助结余弥补以前年度经营亏损后的余额。本项目应当根据“事业结余”“经营结余”科目的期末余额合计填列；如“事业结余”“经营结余”科目的期末余额合计为亏损数，则以“—”号填列。在编制年度资产负债表时，本项目金额一般应为“0”；若不为“0”，本项目金额应为“经营结余”科目的期末借方余额（以“—”号填列）。

“事业结余”项目，反映事业单位自年初至报告期末累计实现的事业结余。本项目应当根据“事业结余”科目的期末余额填列；如“事业结余”科目的期末余额为亏损数，则以“—”号填列。在编制年度资产负债表时，本项目金额应为“0”。

“经营结余”项目，反映事业单位自年初至报告期末累计实现的经营结余弥补以前年度经营亏损后的余额。本项目应当根据“经营结余”科目的期末余额填列；如“经营结余”科目的期末余额为亏损数，则以“—”号填列。在编制年度资产负债表时，本项目金额一般应为“0”；若不为“0”，本项目金额应为“经营结余”科目的期末借方余额（以“—”号填列）。

（二）收入支出表

收入支出表或者收入费用表是指反映事业单位在某一会计期间的事业成果及其分配情况的报表。作为事业单位会计报表体系中重要的报表，收入支出表综合反映事业单位在某一会计期间内各项收入、支出和结转结余情况，以及年末非财政补助结余的分配情况。收入支出表按编制的时间不同，分为月报和年报。

事业单位的收入支出表（收入费用表）采用“竖式结构”，以多步式为主的格式，对收入按来源进行分类列示，对支出（费用）按功能进行分类列示，并按资金类别将结余划分为几大板块，分别列示“财政补助结转结余”“事业结转结余”和“经营结余”，同时反映非财政补助结余的形成及分配情况。其格式与内容见表6-2。

表6-2 收入支出表

会事业02表

编制单位： 年 月 日 单位：元

项目	本月数	本年累计数
一、本期财政补助结转结余		
财政补助收入		
减：事业支出（财政补助支出）		
二、本期事业结转结余		
（一）事业类收入		
1. 事业收入		
2. 上级补助收入		
3. 附属单位上缴收入		
4. 其他收入		
其中：捐赠收入		
减：（二）事业类支出		
1. 事业支出（非财政补助支出）		
2. 上缴上级支出		
3. 对附属单位补助支出		
4. 其他支出		
三、本期经营结余		
经营收入		
减：经营支出		
四、弥补以前年度亏损后的经营结余		
五、本年非财政补助结转结余		
减：非财政补助结转		
六、本年非财政补助结余		
减：应缴企业所得税		
减：提取专用基金		
七、转入事业基金		

收入支出表的编制是对日常会计核算有关收入、支出及结转、结余分配记录的数据进行归纳、整理和汇总后形成的。收入支出表的各个项目都设有“本月数”和“本年累计数”两栏。其填列方法如下。

本表“本月数”栏反映各项目的本月实际发生数。在编制年度收入支出表时，应当将本栏改为“上年数”栏，反映上年度各项目的实际发生数；如果本年度收入支出表规定的各个项目的名称和内容同上年度不一致，应对上年度收入支出表各项目的名称和数字按照本年度的规定进行调整，填入本年度收入支出表的“上年数”栏。

本表“本年累计数”栏反映各项目自年初起至报告期末止的累计实际发生数。编制年度收入支出表时，应当将本栏改为“本年数”。

收入支出表“本月数”栏各项目的内容和填列方法如下。

1. 本期财政补助结转结余

第一，“本期财政补助结转结余”项目，反映事业单位本期财政补助收入与财政补助支出相抵后的余额。本项目应当按照本表中“财政补助收入”项目金额减去“事业支出（财政补助支出）”项目金额后的余额填列。

第二，“财政补助收入”项目，反映事业单位本期从同级财政部门取得的各类财政拨款。本项目应当根据“财政补助收入”科目的本期发生额填列。

第三，“事业支出（财政补助支出）”项目，反映事业单位本期使用财政补助发生的各项事业支出。本项目应当根据“事业支出——财政补助支出”科目的本期发生额填列，或者根据“事业支出——基本支出（财政补助支出）”“事业支出——项目支出（财政补助支出）”科目的本期发生额合计填列。

2. 本期事业结转结余

第一，“本期事业结转结余”项目，反映事业单位本期除财政补助收支、经营收支以外的各项收支相抵后的余额。本项目应当按照本表中“事业类收入”项目金额减去“事业类支出”项目金额后的余额填列；如为负数，以“—”号填列。

第二，“事业类收入”项目，反映事业单位本期事业收入、上级补助收入、附属单位上缴收入、其他收入的合计数。本项目应当按照本表中“事业收入”“上级补助收入”“附属单位上缴收入”“其他收入”项目金额的合计数填列。

“事业收入”项目，反映事业单位开展专业业务活动及其辅助活动取得的收入。本项目应当根据“事业收入”科目的本期发生额填列。

“上级补助收入”项目，反映事业单位从主管部门和上级单位取得的非财政补助收入。本项目应当根据“上级补助收入”科目的本期发生额填列。

“附属单位上缴收入”项目，反映事业单位附属独立核算单位按照有关规定上缴的收入。本项目应当根据“附属单位上缴收入”科目的本期发生额填列。

“其他收入”项目，反映事业单位除财政补助收入、事业收入、上级补助收入、附属单位上缴收入、经营收入以外的其他收入。本项目应当根据“其他收入”科目的本期发生额填列。

“捐赠收入”项目，反映事业单位接受现金、存货捐赠取得的收入。本项目应当根据“其他收入”科目所属相关明细科目的本期发生额填列。

第三，“事业类支出”项目，反映事业单位本期事业支出（非财政补助支出）、上缴上级支出、对附属单位补助支出、其他支出的合计数。本项目应当按照本表中“事业支出（非财政补助支出）”“上缴上级支出”“对附属单位补助支出”“其他支出”项目金额的合计数填列。

“事业支出（非财政补助支出）”项目，反映事业单位使用财政补助以外的资金发生的各项事业支出。本项目应当根据“事业支出——非财政专项资金支出”“事业支出——其他资金支出”科目的本期发生额合计填列，或者根据“事业支出——基本支出（其他资金支出）”“事业支出——项目支出（非财政专项资金支出、其他资金支出）”科目的本期发生额合计填列。

“上缴上级支出”项目，反映事业单位按照财政部门和主管部门的规定上缴上级单位的支出。本项目应当根据“上缴上级支出”科目的本期发生额填列。

“对附属单位补助支出”项目，反映事业单位用财政补助收入之外的收入对附属单位补助发生的支出。本项目应当根据“对附属单位补助支出”科目的本期发生额填列。

“其他支出”项目，反映事业单位除事业支出、上缴上级支出、对附属单位补助支出、经营支出以外的其他支出。本项目应当根据“其他支出”科目的本期发生额填列。

3. 本期经营结余

第一，“本期经营结余”项目，反映事业单位本期经营收支相抵后的余额。本项目应当按照本表中“经营收入”项目金额减去“经营支出”项目金额后的余额填列；如为负数，以“—”号填列。

第二，“经营收入”项目，反映事业单位在专业业务活动及其辅助活动之外开展非独立核算经营活动取得的收入。本项目应当根据“经营收入”科目的本期发生额填列。

第三，“经营支出”项目，反映事业单位在专业业务活动及其辅助活动之外开展非独立核算经营活动发生的支出。本项目应当根据“经营支出”科目的本期发生额填列。

4. 弥补以前年度亏损后的经营结余

“弥补以前年度亏损后的经营结余”项目，反映事业单位本年度实现的经营结余扣除本年初未弥补经营亏损后的余额。本项目应当根据“经营结余”科目年末转入“非财政补助结余分配”科目前的余额填列；如该年末余额为借方余额，以“—”号填列。

5. 本年非财政补助结转结余

第一，“本年非财政补助结转结余”项目，反映事业单位本年除财政补助结转结余之外的结转结余金额。如本表中“弥补以前年度亏损后的经营结余”项目为正数，本项目应当按照本表中“本期事业结转结余”“弥补以前年度亏损后的经营结余”项目金额的合计数填列；如为负数，以“—”号填列。如本表中“弥补以前年度亏损后的经营结余”项目为负数，本项目应当按照本表中“本期事业结转结余”项目金额填列；如为负数，以“—”号填列。

第二，“非财政补助结转”项目，反映事业单位本年除财政补助收支外的各专项资金收入减去各专项资金支出后的余额。本项目应当根据“非财政补助结转”科目本年贷方发生额中专项资金收入转入金额合计数减去本年借方发生额中专项资金支出转入金额合计数后的余额填列。

6. 本年非财政补助结余

第一，“本年非财政补助结余”项目，反映事业单位本年除财政补助之外的其他结余金额。本项目应当按照本表中“本年非财政补助结转结余”项目金额减去“非财政补助结转”项目金额后的金额填列；如为负数，以“—”号填列。

第二，“应缴企业所得税”项目，反映事业单位按照税法规定应缴纳的企业所得税金额。本项目应当根据“非财政补助结余分配”科目的本年发生额分析填列。

第三，“提取专用基金”项目，反映事业单位本年按规定提取的专用基金金额。本项目应当根据“非财政补助结余分配”科目的本年发生额分析填列。

7. 转入事业基金

“转入事业基金”项目，反映事业单位本年按规定转入事业基金的非财政补助结余资金。本项目应当按照本表中“本年非财政补助结余”项目金额减去“应缴企业所得税”“提取专用基金”项目金额后的余额填列；如为负数，以“—”号填列。

上述4—7的项目，只有在编制年度收入支出表时才填列；编制月度收入支出表时，可以不设置此7个项目。

（三）财政补助收入支出表

财政补助收入支出表是指反映事业单位某一会计期间财政补助收入、支出、结转及结余情况的报表。它全面反映某一会计年度财政补助取得、支出及结转、结余情况，是主管部门、财政部门和有关信息使用者了解、评价事业单位财政拨款预算执行情况，进行财政拨款决策，加强财政拨款资金结转、结余管理的重要信息来源。财政补助收入支出表按年度编制。

事业单位财政补助收入支出表由财政补助结转结余年初数、本年归集及结余数和当年财政补助收支情况等7个部分组成，并分项列示，其格式与内容见表6–3。每个部分都反映基本支出和项目支出，基本支出中按人员经费和日常公用经费分别列示。除年初财政补助结转结余、调整年初财政补助结转结余两项外，其他项目都提供两年的比较数据。这些比较信息，为管理者和其他使用者分析、判断、合理安排事业单位财政补助拨款提供了基础信息。

表6–3　收入支出表

会事业03表

编制单位：　　　　　　　　年　月　日　　单位：元

项目	本年数	上年数
一、年初财政补助结转结余		
（一）基本支出结转		
1. 人员经费		
2. 日常公用经费		
（二）项目支出结转		
×× 项目		
（三）项目支出结余		
二、调整年初财政补助结转结余		
（一）基本支出结转		
1. 人员经费		
2. 日常公用经费		
（二）项目支出结转		
×× 项目		
（三）项目支出结余		
三、本年归集调入财政补助结转结余		
（一）基本支出结转		
1. 人员经费		
2. 日常公用经费		
（二）项目支出结转		
×× 项目		

（续表）

项目	本年数	上年数
（三）项目支出结余		
四、本年上缴财政补助结转结余		
（一）基本支出结转		
1. 人员经费		
2. 日常公用经费		
（二）项目支出结转		
×× 项目		
（三）项目支出结余		
五、本年财政补助收入		
（一）基本支出		
1. 人员经费		
2. 日常公用经费		
（二）项目支出		
×× 项目		
六、本年财政补助支出		
（一）基本支出		
1. 人员经费		
2. 日常公用经费		
（二）项目支出		
×× 项目		
七、年末财政补助结转结余		
（一）基本支出结转		
1. 人员经费		
2. 日常公用经费		
（二）项目支出结转		
×× 项目		
（三）项目支出结余		

财政补助收入支出表“上年数”栏内各项数字，应当根据上年度财政补助收入支出表“本年数”栏内数字填列。

财政补助收入支出表“本年数”栏各项目的内容和填列方法。

第一，“年初财政补助结转结余”项目及其所属各明细项目，反映事业单位本年初财政补助结转和结余余额。各项目应当根据上年度财政补助收入支出表中“年末财政补助结转结余”项目及其所属各明细项目“本年数”栏的数字填列。

第二，“调整年初财政补助结转结余”项目及其所属各明细项目，反映事业单位因本年发生需要调整以前年度财政补助结转结余的事项，而对年初财政补助结转结余的调整金额。各项目应当根据“财政补助结转”“财政补助结余”科目及其所属明细科目的本年发生额分别填列。如调整减少年初财政补助结转结余，以“—”号填列。

第三，“本年归集调入财政补助结转结余”项目及其所属各明细项目，反映事业单位本年度取得主管部门归集调入的财政补助结转结余资金或额度金额。各项目应当根据“财政补助结转”“财政补助结余”科目及其所属明细科目的本年发生额分别填列。

第四，“本年上缴财政补助结转结余”项目及其所属各明细项目，反映事业单位本年度按规定实际上缴的财政补助结转结余资金或额度金额。各项目应当根据“财政补助结转”“财政补助结余”科目及其所属明细科目的本年发生额分别填列。

第五，“本年财政补助收入”项目及其所属各明细项目，反映事业单位本年度从同级财政部门取得的各类财政拨款金额。各项目应当根据“财政补助收入”科目及其所属明细科目的本年发生额填列。

第六，“本年财政补助支出”项目及其所属各明细项目，反映事业单位本年度发生的财政补助支出金额。各项目应当根据“事业支出”科目所属明细科目本年发生额中的财政补助支出数填列。

第七，“年末财政补助结转结余”项目及其所属各明细项目，反映事业单位截至本年末的财政补助结转和结余余额。各项目应当根据“财政补助结转”“财政补助结余”科目及其所属明细科目的年末余额填列。

（四）会计报表附注

事业单位会计报表附注是为了便于会计报表使用者正确理解会计报表的内容而对会计报表的编制基础、编制依据、编制原则和方法及主要项目所作的解释，主要是对列示项目的文字描述或明细资料，以及对未能在会计报表中列示项目的说明等。事业单位的会计报表附注至少应当披露下列内容：

第一，遵循《事业单位会计准则》《事业单位会计制度》的声明。

第二，单位整体财务状况、业务活动情况的说明。

第三，会计报表中列示的重要项目的进一步说明，包括其主要构成、增减变动情况等。

第四，重要资产处理情况的说明。

第五，重大投资、借款活动的说明。

第六，以名义金额计量的资产名称、数量等情况，以及以名义金额计量理由的说明。

第七，以前年度结转结余调整情况的说明。

第八，有助于理解和分析会计报表需要说明的其他事项。[①]

四、事业单位年度财务报告的编报和审批

（一）年度财务报告的编报程序

事业单位在预算年度终了前，应根据财政部门或主管部门的决算编审工作要求，对各项收入账目、往来款项、货币资金和财产物资进行全面的年终清理结算，在此基础上办理年度结账，编写财务报告。

1. 年终清理和结算的主要事项

第一，清理并核对年度预算资金的收支和各项缴拨款项的真实性。事业单位在年度终结之前，对财政部门、上级单位和所属单位之间的全部预算数（包括追加、追减和上、下划拨数）以及应上缴、拨补的款项等，都应该按规定逐笔进行清理和结算，保证上、下级之间的年度预算数，领拨经费数和上缴、下拨数保持一致。

为了准确反映各项收支数额，凡属本年度的应拨、应缴款项，应在12月31日之前汇达对方。实行分级管理，分级核算的事业单位，对所属二级单位的拨款，应截至12月25日，逾期者一般不再下拨。

第二，确定年度收支范围。在年终结账之前，凡属本年度的各项收入均应及时入账，以便正确计算年终结余。本年度的各项应缴财政专户的预算外资金收入，应按有关规定，在年终之前全部缴入财政专户。凡属本年度的各项支出，应按规定的用途和使用范围，如实列账，确定各项支出的实际数额，以便正确计算年终结余。事业单位的年终决算，一律以截至12月31日的实际收支为准。

第三，清理并结算往来账项。为了真实、准确、合理地反映事业单位财产的实有数，在年终结账之前，应清理各种往来账项，并结清各种往来账项。应收的款项要如数收回并入账，应付的款项要如数偿付并入账，按规定应该转作各项收入的账项或应该转作各项支出的账项，及时转入有关账户，其目的就是将这些收支编入本年决算之中。

① 财政部：《事业单位会计制度》，财会〔2012〕22号。

总之，对各种债权、债务关系，要及时清理并进行款项的结算。如果有清理不完的往来账项，应分析具体原因，在决算报告中予以说明。

第四，核对银行存款和现金。现金是一项重要流动资产，应当定期进行清查核对，做到日清月结。每天业务结束之时，都应当盘点当日的库存现金数额，并与账面结余数相核对。如有不一致，应及时作出会计处理，编制“现金盘点报告表”，由出纳人员和盘点人员签字盖章，作为调整账面记录的原始凭证，并进一步查找不一致的原因，作出进一步的纠正处理。对银行存款的清查，是通过与开户银行核对账目的方法进行的。每月末开户银行均应向事业单位开列“对账单”，而事业单位则应将“对账单”的记录与本单位“银行存款日记账”的记录进行逐笔核对，检查双方的存款余额是否一致。如果不一致，则应首先检查是否有“未达账项”，对存在的未达账项，通过编制“银行存款余额调节表”进行调节，经过调节后，如若双方的存款余额一致，则说明双方会计记录是正确的。如果不一致，则说明双方的会计记录有错误，应当查明原因，及时处理。对未达账项，也应查明原因，及时作出有关会计处理，及时入账。

第五，进行财产清查。事业单位在年终结账之前，应对各项财产物资进行实地盘点清查。在进行清查时，应当有专人负责，保管人员实际参与。对清查的结果，可编制“账存实存对比表”，以求出各种财产物资的实有数，并与账面记录数相核对。如发现有盘盈、盘亏的情况，应及时查明原因，按规定作出会计处理，并及时调整账面记录，做到账实相符、账账相符，使年终决算报告能反映该单位财产物资的真实情况。

2. 在年终清理结算的基础上进行年终结账

年终结账包括年终转账、结清旧账和记入新账。

第一，年终转账。账目核对无误后，首先计算出各账户借方或贷方的12月份合计数和全年累计数，结出12月末的余额。然后，编制结账前的“资产负债表”，试算平衡后，再将应对冲结转的各个收支账户的余额按年终冲转办法，填制12月31日的记账凭单办理结账冲转。

第二，结清旧账。将转账后无余额的账户结出全年总累计数，然后在下面画双红线，表示本账户全部结清。对年终有余额的账户，在“全年累计数”下行的“摘要”栏内注明“结转下年”字样，再在下面画双红线，表示年终余额转入新账，旧账结束。

第三，记入新账。根据本年度各账户余额，编制年终决算的“资产负债表”和有关明细表。将表列各账户的年终余额数（不编制记账凭单），直接记入新年度相应的各有关账户，并在“摘要”栏注明“上年结转”字样，以区别新年度发生数。

事业单位的决算经财政部门或上级单位审批后，须调整决算数字时，应做相应调整。

（二）对年度财务报告的审批

财政部门收到经主管部门（或一级预算单位）汇总报来的单位年度财务报告后，要认真审核。审核的主要内容如下。

第一，审核编制范围是否全面，是否有漏报和重复编报现象。

第二，审核编制方法是否符合国家统一的财务会计制度，是否符合事业单位会计决算报告的编制要求。

第三，审核编制内容是否真实、完整、准确，审核单位账簿与报表是否相符、金额单位是否正确，有无漏报、重报项目以及虚报和瞒报等弄虚作假现象。

第四，审核报表中的相关数据是否衔接一致，包括表间数据之间、分户数据与汇总数据之间、报表数据与计算机录入数据之间是否衔接一致。

第五，将报表与上年数据资料进行核对，审核数据变动是否合理。

（三）审核的方式

财务报告审核应采取人工审核与计算机审核相结合的方法。

人工审核包括政策性审核和规范性审核。政策性审核主要以现行财务制度和有关政策规定为依据，对重点指标进行审核；规范性审核侧重于报告编制的正确性和真实性及钩稽关系等方面的审核。

计算机审核是利用软件提供的数据审核功能，逐户审核报表的表内、表间关系、检查数据的逻辑性及数据的完整性。

（四）财务报告的批复

财政部门对符合有关规定的事业单位财务决算，要在规定的期限内批复。财务决算批复的项目一般包括单位的全部财务收支数额。

对事业单位财务决算批复的主要内容：本财务年度各项收入数额；本财务年度各项支出数额；本财务年度各项支出的运用渠道；用上年事业基金弥补收支差额数；结余分配数包括提取职工福利基金数、转入事业基金数；专用基金收支数额包括修购基金提取数、支出使用数等。

单位财务决算经财政部门审查批准后，才表明本年度财务活动的完成。[①]

① 缪匡华 . 公共组织财务管理 [M]. 厦门：厦门大学出版社，2014：213-215.

第二节 事业单位财务分析

一、事业单位财务分析概述

事业单位的财务分析，就是依据事业单位的财务报表和其他有关信息资料，运用系统科学的财务分析方法，对事业单位的财务活动过程及其业绩成果进行研究、分析和评价，以利于事业单位的管理者、投资者以及政府管理机构掌握事业单位的资金活动情况并进行营运决策的一项管理活动。

对于主要以财政资金作为其资金来源的事业单位来说，依据国家有关的方针、法律、政策、法规、财务制度、经济纪律和其他相关标准和数据资料开展财务分析具有重要意义：

第一，促进事业单位加强预算管理，保证公共预算顺利实现；

第二，增强公共组织对业务发展状况的规律性认识；

第三，促进事业单位严格执行财务制度和财经纪律；

第四，有利于政府机构的管理和加强宏观经济调控。

二、事业单位财务分析的内容和形式

（一）事业单位财务分析的内容

《事业单位财务规则》第五十七条规定，事业单位财务分析的内容包括预算编制与执行、资产使用、收入支出状况等。

1. 预算执行情况分析

主要分析事业单位实际收支与预算安排之间的差异，及其差异产生的原因。其中，预算执行情况的分析着重在预算支出执行情况的分析。预算执行情况的分析，可以通过编制“预算支出执行情况分析表”进行，分别列示预算支出各项目的上年实际数、本年预算数、本年实际数，以及本年实际数占上年实际数的比重和占本年预算数的比重，并分析各项目本年实际数与预算数产生差异的原因。

2. 资产利用情况分析

主要分析事业单位固定资产、无形资产、存货等资产是否得到充分有效的运用，是否有不需要用的、未使用的资产；在用资产利用程度如何，是否有闲置浪费的现象；在用资产维护保养工作如何，是否有乱用、滥用、丢失、毁损和非正常报废现象；固定资产、无形资产、存货等资产的增加、减少是否正当、合理，手续是否完备。

3. 支出状况分析

主要分析事业单位各项支出尤其是财政预算资金是否按规定用途使用，是否符合费用开支标准，是否符合费用开支定额，有否超标准开支，有否铺张浪费，有否乱开支和乱摊销。可与本单位以前年度比，也可与其他单位比，找出差距及其形成原因，以便今后改进。①

（二）事业单位财务分析的形式

1. 按照财务分析的内容划分，分为全面分析和专题分析

全面分析是指对事业单位的各项财务活动进行全面、系统的综合分析。全面分析工作时间长、工作量大，要借助各种综合性资料有计划地进行。

专题分析是针对财务活动中某个特定项目、特定政策或特定问题而进行的专项分析。比如，为了控制单位的公用经费开支，可对差旅费、招待费、车辆运行费等支出情况进行专项分析。专项分析重点突出、针对性强、方式灵活，是事业单位在财务分析中经常运用的一种方法。

2. 按照财务分析的过程划分，分为事前分析、事中分析和事后分析

事前分析又称预测分析，是指在财务活动实施之前，对财务活动可行性、可靠性所进行的分析预测。一般来说，单位在编制年度预算之前，都需要进行事前分析。

事中分析又称控制分析，是指对某一个阶段或某一个特定时间的财务活动所进行的分析。这种分析，可以及时发现问题，总结经验，纠正偏差。事业单位都应在每季末对预算执行情况进行分析。

事后分析又称总结分析，是指在某项财务活动结束后所进行的总结分析。事业单位的年度财务决算分析，就属于典型的事后分析。

3. 按照财务分析的阶段性划分，分为定期分析和不定期分析

定期分析是按照规定的时间对财务活动进行的分析。它一般在财务报告期（月、季、年度）结束后进行。

不定期分析是一种临时性的检查分析，是为了研究和解决某些特定问题或者按照上级

① 刑俊英．预算会计（第三版）[M]. 大连：东北财经大学出版社，2014：379.

部门的要求，临时进行的一种分析。

三、事业单位财务分析的程序和方法

（一）财务分析的程序

进行事业单位财务分析，有四个步骤程序。

1. 财务分析信息收集整理阶段

明确财务分析目的、范围；制订财务分析计划；收集整理财务分析信息。

2. 会计分析阶段

会计分析是财务分析的基础，会计分析的目的在于评价事业单位会计所反映的财务状况与经营成果的真实程度。通过对会计政策、会计方法、会计披露的评价，揭示会计信息的质量，通过对会计灵活性、会计估价的调整，修正会计数据，为财务分析奠定基础，并保证财务分析结论的可靠性。

进行会计分析，一般可按以下步骤进行：阅读会计报告；比较会计报表；解释会计报表；修正会计报表信息。

3. 财务分析的实施阶段

（1）财务指标分析。

财务指标包括绝对指标和相对指标两种。对财务指标进行分析，特别是进行财务比率指标分析，是财务分析的一种重要方法或形式。财务指标能准确反映某方面的财务状况。进行财务分析，应根据分析的目的和要求选择正确的分析指标。正确选择与计算财务指标是正确判断和评价事业单位财务状况的关键所在。

（2）基本因素分析。

财务分析不仅要解释现象，而且要分析原因。因素分析法就是要在报表整体分析和财务指标分析的基础上，对一些主要指标的完成情况，从其影响因素角度，深入进行定量分析，确定各因素对其影响的方向和程度，为单位正确进行财务评价提供最基本的依据。

4. 财务分析综合评价阶段

（1）财务综合分析与评价。

财务综合分析与评价是在应用各种财务分析方法进行分析的基础上，与定性分析判断及实际调查情况结合起来，得出财务分析结论的过程。财务分析结论是财务分析的关键步骤，结论的正确与否是判断财务分析质量好坏的唯一标准。

（2）财务预测与价值评估。

财务分析既是一个财务管理循环的结束，又是另一财务管理循环的开始。应用历史或现实财务分析结果预测未来财务状况与单位价值，是现代财务分析的重要任务之一。

财务分析不能仅满足于事后分析原因，得出结论，而且要对单位未来发展及价值状况进行分析与评价。

（3）财务分析报告。

财务分析报告是财务分析的最后步骤，是对财务分析工作的总结。它将财务分析的基本问题、财务分析结论，以及针对问题提出的措施建议以书面的形式表示出来，为财务分析主体及其他受益者提供决策依据。

（二）事业单位财务分析方法

1. 比较分析法

比较分析法是通过两个有关可比指标进行对比，来分析指标之间互相联系的一种分析方法。通过指标对比，可以找出差距、揭露矛盾、分析原因，为解决问题提供线索。

在采用比较分析法进行分析时，通常是将本期实际数同以下三个指标进行对比分析：

第一，与本期预算数比较，可以发现实际与预算之间的差异，反映预算执行情况和完成进度，发现可能存在的问题，找出影响预算执行的主要因素。

第二，与上期或上年同期的实际数比较，可以了解和分析本单位不同时期收入与支出的增减变化趋势，了解业务活动或资金活动的发展趋势。

第三，与先进水平比较，揭示本单位与先进水平的差异，了解本单位存在的问题和明确改进措施。

2. 比率分析法

通过计算各种财务比率指标，从而找出各项目变化的规律。事业单位财务比率主要包括预算收入和支出完成率、人员支出与公用支出分别占事业支出的比率、人均基本支出、资产负债率等。

（1）预算收入和支出完成率。

预算收入和支出完成率衡量事业单位收入和支出总预算及分项预算完成的程度。

计算公式为：

预算收入完成率=年终执行数÷（年初预算数±年中预算调整数）×100%

其中，年终执行数不含上年结转和结余收入数

预算支出完成率=年终执行数÷（年初预算数±年中预算调整数）×100%

其中，年终执行数不含上年结转和结余支出数

预算收入完成率和支出完成率，可以反映事业单位预算收入和支出的完成情况及预算调整的合理性。

（2）人员支出、公用支出占事业支出的比率。

人员支出、公用支出占事业支出的比率，衡量事业单位事业支出结构。计算公式为：

人员支出比率＝人员支出 ÷ 事业支出 ×100%

公用支出比率＝公用支出 ÷ 事业支出 ×100%

此比率可以反映事业单位支出结构的合理性，也可以反映事业单位的人员支出和公用支出规模的大小。

（3）人均基本支出。

人均基本支出，衡量事业单位按照实际在编人数平均的基本支出水平。计算公式为：

人均基本支出＝（基本支出—离退休人员支出）÷ 实际在编人数

人均基本支出，可以反映事业单位人均支出的规模大小及其合理性。

（4）资产负债率。

资产负债率，衡量事业单位利用债权人提供资金开展业务活动的能力，以及反映债权人提供资金的安全保障程度。计算公式为：

资产负债率＝负债总额 ÷ 资产总额 ×100%

资产负债率，可以反映事业单位利用借入资金进行业务活动的能力，以及事业单位对债权人权益的保证程度。事业单位作为非营利组织，其资产负债率应保持比较低的水平。

此外，主管部门和事业单位还可以根据本单位的业务特点增加财务分析指标。具体方法可以参照行政单位财务分析方法。

四、事业单位财务分析报告的编写

事业单位财务分析报告是指事业单位在一定会计期间对单位进行财务活动情况分析的书面性报告。这是把事业活动和财务状况分析的数据、情况、成绩、问题、原因等，向有关领导和部门进行反映和说明的总结性书面报告。

事业单位财务分析报告格式内容包括提要部分、说明部分、分析部分、评价部分和建议部分。在编写事业单位财务分析报告过程中，要注意以下两个方面：

（一）积累素材，为撰写报告做好准备

1. 建立台账和数据库

通过会计核算形成了会计凭证、会计账簿和会计报表。但是，编写财务分析报告仅靠

这些凭证、账簿、报表的数据往往是不够的。这就要求分析人员平时就做好大量的数据统计工作，对分析的项目按性质、用途、类别、区域、责任人，按月度、季度、年度进行统计，建立台账，以便在编写财务分析报告时有据可查。

2. 关注重要事项

财务人员对业务运行、财务状况中的重大变动事项要勤于作笔录，记载事项发生的时间、计划、预算、责任人及发生变化的各影响因素。必要时马上作出分析判断，并将各类各部门的文件归类归档。

3. 关注业务运行

财务人员应尽可能争取多参加相关会议，了解行政、事业等各类情况，听取各方面意见。

4. 定期收集报表

财务人员除收集会计核算方面的有关数据之外，还应要求各相关部门及时提交可利用的其他报表，对这些报表要认真审阅，及时发现问题、总结问题。

5. 岗位分析

所有财务人员应对本职工作养成分析的习惯，这样既可以提升个人素质，也有利于各岗位之间相互借鉴经验。只有每一岗位都发现问题、分析问题，才能编写出内容全面的、有深度的财务分析报告。

（二）建立财务分析报告指引

建立分析工作指引，将常规分析项目文字化、规范化、制度化，就可以达到事半功倍的效果。

总之，内容完整，格式统一，数字准确，条理清楚，文字简练，重点突出，说理透彻，评价正确，建议合理，措施可行，是编写财务分析报告的总体写作要求。

第七章　事业单位财务管理的创新思考

第一节　基于大数据的事业单位财务管理

随着大数据科技的发展和进步，数字信息化建设的推进，大数据逐渐应用在不同的行业领域，发挥了先进的科技作用。财务管理工作是事业单位重要工作内容，是单位经济管理的核心，在大数据时代下通过采用先进的科学技术和手段，实现财务管理工作的创新模式，提升了财务管理工作的效率和质量，更好地开展了与时代发展需求相符的各项服务工作，从而提升了事业单位的服务能力和竞争力。

一、基于大数据的事业单位财务管理工作的特征

基于大数据的事业单位的财务管理工作具有以下几个方面的特征：一是事业单位的财务管理平台发生了较大变化。二是财务管理信息数据变得更全面和科学。传统形式下的财务管理工作使用较多的是纸质办公或者普通形式的计算机平台，而大数据时代下，财务管理平台应用了互联网技术，实现了财务相关信息的实时、全面录入，具备信息共享功能，使各项财务信息数据的真实性、全面性以及及时性得到了较大的提升。同时大数据信息技术具有较强的信息数据采集、分析和处理能力，不仅提升了财务信息数据的管理效率和质量，还降低了对工作人员技能的依赖程度，减少了人力、物力等管理成本的支出，为事业单位实现新时期的发展奠定了基础。

二、基于大数据的事业单位财务管理工作面临的现状问题

（一）缺少完善的财务管理制度

健全的财务管理制度是各项工作有效开展的基础和保障，科学完善的管理制度不仅可以促使工作的顺利开展，还可使各项工作的实施更具目标性和高效性。但目前很多事业单位缺乏相对科学的、规范的财务管理制度，特别是在大数据时代，缺少了完善的财务管理制度作为推动力，使得财务信息化建设得不到有效推进，事业单位相关工作的开展便无法

和社会发展、社会需求相挂钩，降低了服务质量和效率，阻碍了事业单位自身的发展。

（二）缺乏专业的财务管理人才

因受传统工作模式的影响，事业单位财务管理人员在工作中缺乏创新意识和方法，综合素养和专业能力不够高，风险意识薄弱，不能适应新时代财务管理工作的需求。再加上财务人员对现代信息数据技术掌握程度不够，无法对财务数据信息进行客观、科学、合理的分析和判断，这就容易造成财务报告等会计信息缺乏真实性和准确性，无法为单位经营决策提供参考，从一定程度上限制了单位的财务管理工作实现创新，阻碍了单位抗风险能力的提升，不利于单位的健康长远发展。

（三）缺乏财务管理信息化建设意识

大数据时代下事业单位缺乏财务管理信息化建设的工作意识，无法正确分析财务管理工作实施信息化建设所具有的重要推动力和促进作用，使得大数据科学技术的先进管理作用得不到有效利用和发挥。在大数据时代下，社会各行各业加大了数据信息化建设，社会需求也随之不断发生变化，而事业单位缺少了信息化建设使得其无法正确把握当下社会的具体需求方向和内容。事业单位的现状使其无法提升自身社会服务质量和效率，开展各项财务管理工作不仅增加了管理成本，管理效率也得不到有效提升，造成了资源的浪费。

三、基于大数据的事业单位财务管理工作的创新路径探索

（一）加强财务管理人才建设和培养

人才建设是实现各项工作创新提升的基础，大数据时代下想要实现事业单位的财务管理工作创新和提升，离不开管理人才的培养和建设。加强事业单位的财务管理人才建设和培养可以从以下三方面进行：一是定期组织财务管理工作人员的业务培训。大数据时代下制定培训制度过程中要充分重视信息化建设内容的培训，提升财务管理工作人员自身的创新意识和创新能力，注重专业知识和技能的培养，使财务管理工作人员依据自身工作岗位和内容实现职业能力的提升和综合素养的提高。二是聘请专业的信息数据技术人员到单位对财务管理工作人员进行实地培训。聘请行业内的先进人才实施针对性培训工作，使财务管理工作人员的日常工作得到较为全面的提升，使其工作创新更具现实意义。三是加强事业单位的财务管理人员职业素养的培训。开展专题活动，进行财务管理人员职业素养提升培训工作，结合单位的工作性质、服务性质、服务对象、社会需求等综合因素，提升财务管理人员职业素养。提升财务管理人员的职业道德，减少徇私舞弊、贪污受贿现象，提高

工作人员的责任心，对于发现的问题勇于指出和上报，以提升工作团队的纯洁性。并结合事业单位自身性质，提升财务管理工作人员的服务意识和创新意识，使其具备随时代进步而进步的意识和能力。

（二）提高财务预算管理的重视程度

很多事业单位缺乏财务预算管理重视度，部分事业单位的预算管理工作处在初期阶段，缺少科学合理的预算管理以及科学的财务数据信息支撑，使预算编制工作质量及效率得不到应有的提升，其财务信息数据的真实性以及精准性得不到保障，使得事业单位无法依据财务信息决策作出正确的工作调整和转变。财务预算管理工作关系着事业单位工作项目的具体计划编制、开展实施方案设置、目标设置等重要工作环节，缺少了该项工作的重视程度，使得预算编制工作结果与实际情况之间存在偏差，进而导致了事业单位项目工作开展方向上的偏差，严重制约事业单位社会服务功能的发挥。因此必须加强大数据科学技术应用，充分利用其先进的、科学的管理作用，来提升预算编制工作的效率和质量。首先需要建设相应的信息管理平台，使财务预算编制工作更具全面性，将所涉及的相关部门统一组织起来，及时补充各项财务信息，实施动态管理，提高预算编制的准确性。其次要加强预算管理制度的建设，按照精细化的要求做好预算编制工作，运用科学的管理制度来规范各项工作行为和内容，用制度来约束相关人员权利的实施，有效规范预算体系的管理。最后要加强财务人员工作能力的提升，要不断转变观念，创新思路，提高自身综合素质，使其具备先进技术的应用和操作能力，才能使大数据科学技术的作用得到充分发挥。

（三）实现财务管理工作模式的创新

大数据时代下事业单位财务管理工作模式的创新主要体现在以下三个方面：

首先，事业单位要加强财务管理工作理念的创新。充分认识到大数据信息科技对于财务管理工作的重要推动作用，先进的信息技术可以使财务管理工作具有信息共享、加强各部门之间的协同合作、实现信息数据的实时传递以及能够提高工作的便利性等特点，通过大数据技术拥有的海量信息资源实现对社会发展需求的全新认识，为事业单位各项工作的开展提供科学依据。

其次，加强财务会计和管理会计之间的融合。两者的深入结合，可以实现财务人员工作职能的转变，使目标成本管理理念得到切实落实，同时通过采用大数据信息技术可以提升资金管理效率，加大资金的流动性，为构建创新型的财务管理工作体系打下基础。

最后，利用大数据信息技术实现更多信息数据价值的提升。充分重视财务信息以及非财务信息的价值有效结合，通过先进的科学技术实现信息的采集、梳理、分析和价值利用，促进财务管理工作实现新时期的创新发展，提升单位竞争力。

（四）加强财务信息管理平台的建设

目前有关政府部门已经使用了智慧经济、智慧城市等信息共享平台，提升了信息数据的利用率，很大程度上满足了各项管理工作的信息数据需求，提升了工作决策的科学性及准确性。因此加强财务信息管理平台的建设，可以实现财务信息管理工作的有效提升，获取更多有效信息资源。在未来的发展趋势中，还可将财务信息管理平台与其他信息平台统一结合，加强信息沟通、共享和交流，实现信息资源的利用最大化。最后在进行财务信息管理平台建设过程中，可以通过设定权限等方式进行相应的信息数据安全管控，确保信息数据的安全完整。

第二节　基于人工智能的事业单位财务管理

人工智能的深化及创新，在推动事业单位财务进一步改革的同时，也面临众多挑战。随着社会发展，事业单位财务工作已经从过去传统式的管理模式逐步过渡到现代化的人工智能管理模式，在对相关工作者技能等的培训和强化上，不仅要定期进行融合培养，还要在个人专业素养和综合素养方面进行高效融合。人工智能时代的事业单位财务管理需要全面变革与创新，在提高竞争力的同时适应时刻变化的财务工作需求。

一、人工智能在事业单位财务管理中的应用状况与不足

（一）人工智能系统广泛应用于财务管理工作中

目前，我国事业单位财务管理工作基本上已经实现人工智能化，人工智能能够更好地提高工作效率和工作质量，成为财务工作人员的得力助手。然而需要重视的是，在高效工作的同时，也带来了诸多新的挑战。在人工智能全面覆盖的大环境下，财务人员要熟悉人工智能的操作流程，熟练掌握财务部门的日常工作流程，以更加积极的心态看待工作的变化。事业单位财务部门更要有效实施激发、激励机制，为财务人员的工作积极性创造有利条件，真正实现人工智能和人才的双赢管理目标。

（二）对人工智能系统存在的不足须正面认识

人工智能时代的事业单位财务管理工作不仅效率高且质量更加精准化，随着人工智能系统在财务管理工作中运用得越来越广泛，也必将进一步提高事业单位财务管理工作水

平。人工智能时代已经到来，但也要充分认识到人工智能技术仍存在一定不足，人工智能是通过机械化语言设定的程序，在收集数据的过程中以及进行逻辑判断时，由于是人工机器语言设定的程序，通过人工操作时可能会因为操作人员的知识水平存在差异化，直接导致人工系统出现误导性结论，由此呈现的财务数据或者是数据信息的有效参考价值也将大幅降低，甚至给事业单位的经济效益造成巨大损失或导致错误决策。基于这一前提，在推动其进一步深化运用的同时，应着重关注其所发挥的综合性价值，切实保障其在财务管理领域积极效应的发挥。

二、人工智能环境下事业单位财务管理工作的新变化

（一）财务预算水平明显提高

财务预算水平明显提高主要表现在预算的精准度和预见性两方面。财务部门预算是对事业单位会计年度内所有收入和支出情况的清算，按照细化预算编制、预设绩效目标、跨年滚动编制的要求，财务部门进一步推进预算方面的改革。事业单位财务部门的改革步伐与政府预算改革推进部门预算经济科目改革的步伐基本一致，一般都按照基本支出定额预算、项目支出绩效预算的原则，项目支出预算全面编制绩效目标，阐明资金用途、拨付时间进度及资金支出范围，着力提高财政资金预算的刚性约束。

（二）预决算的规范性和一致性逐步加强

事业单位财务决算必须符合预算要求，这是我国公共财政框架的要求。在以支付制度为主的预算执行制度中，财政预算资金是不可以拨付到其他实体资金账户中的，必须由单位财务部门根据预算的项目和用途进行详细划分，并且按照时间规定和项目的进度将资金拨付到规定账户。在人工智能技术投入使用后，事业单位在年底的预算执行数据汇总中，可以实现财务决算的规范性和一致性要求。

（三）财务管理兼顾时代性和效益性

借助人工智能技术，事业单位在财务管理效率和质量方面实现转型升级，财务工作也成功进入大数据信息化时代。随着人工智能科技的发展，事业单位在财务管理工作的效率和效能方面依托新技术、新手段，不断推动财务管理工作优化升级，实现了财务管理工作的信息化、高效化以及科技化。财务管理中重要的会计核算数据通过人工智能技术自动生成财务决算报表，彻底改变了财务工作人员大量重复的基础工作。人工智能技术的投入与使用，使得财务工作从核算逐步过渡到管理，把财务管理工作过渡到信息化管理，尤其是

财务管理的内部控制、风险防范以及绩效评价三方面更是效果显著，并且实现了事业单位财务管理从记账核算的传统型向绩效管理型的转变，这是事业单位财务管理的升级优势和最大价值。

三、人工智能技术对事业单位财务管理的影响

所谓人工智能技术，实质上是借由一定的技术手段来实现对人的智能模仿及研发创新等。在事业单位财务管理过程中，往往能够发挥显著的积极影响。人工智能信息技术进入各行各业的生产工作中，彻底改变了事业单位的运行管理效率，事业单位的财务管理工作就是其中之一，人工智能技术的应用已经成为财务管理工作的标志性变革趋势。

（一）有效提升财务信息质量

事业单位财务管理工作传统的方式主要依赖工作人员完成，在工作的过程中难以避免人为失误的出现，这就直接导致财务信息有效性较差，同时也为主观性人为造假或是欺诈等提供了方便。传统的财务人工管理模式还可能造成财务信息质量不高、财务信息可靠性低等问题，因此财务管理的时效性、真实性以及有用性大幅度降低。人工智能技术应用于事业单位财务管理工作中，大幅度提高了会计信息的时效性、真实性以及有用性，基本上避免了工作中的人为失误，确保了财务各项信息处理的效率和质量。

（二）可强化财务管理工作的专业性

纵观事业单位财务管理现状，不难发现，在各项工作的开展过程中，对制度的依赖程度非常深，极易引发重复性工作现象，尤其是人为因素介入后，很容易滋生腐败贪污现象，对事业单位的发展造成不良影响。基于这一前提，为实现财务管理全过程的规范性，人工智能技术投入使用后，可以有效杜绝外在因素的困扰，切实规范财务管理工作的全过程，同时达到进一步提升其专业水平的目的。人工智能技术还可以应对烦琐的、重复性高的日常财务管理工作，兼顾人工智能与高端财务管理人员两大优势，目的性较强地提升财务管理水准。

（三）构建财务风险预警系统平台

事业单位在日常生产运营过程中一旦遇到财务风险，传统财务管理一般采取的办法是定期对财务数据进行系统化的人工分析，并且根据结果对财务风险进行判断和分类，并依据数据分析制定多种应对财务风险的措施，这种传统型的财务风险防控方法已经不符合当前的财务风险形势。财务管理人员的分析判断，往往在财务风险发生后或者未能够及时

发现财务风险问题，还有可能因为判断错误或者分类不全面导致风险加剧，这可能给事业单位造成重大损失。人工智能技术依托先进的系统设置，各项设置环节都与事业单位的生产、经营以及财务进行了密切的数据系统连接，可以及时有效地获取第一手相关数据，人工智能的数据判断可以有效规避财务风险，提高事业单位解决财务风险的能力。

四、人工智能技术在事业单位财务管理中的应用

（一）专家系统

所谓专家系统，即在某项领域内具备专业化水平的程序化系统。简单来讲，该类系统主要指的是既具备专业的财务管理知识体系，能够满足该领域工作的高效运作，同时还能够实现相关问题的自动回复功能等。财务管理专家系统可以代替财务管理工作中专家的工作职能，在面对一些复杂的财务问题和管理时，人工智能技术能发挥其独特的技术、理念和财务管理效能，给出一个最佳的决策方案。

（二）财务识别系统

在事业单位财务管理工作中，传统的财务识别工作是工作人员通过手动完成的，因此财务识别工作的准确性和效率会出现偏差。随着社会的发展、科技的进步，人工智能技术融入各行各业。人工财务识别的缺点难以及时优化，在引入人工智能技术后，这一问题得以解决。在人工智能财务识别系统的指导下，改变了过去的财务识别方法，有效提高了事业单位财务识别的效率和准确性，为事业单位的生产、经营、发展提供了便利，同时为财务决策提供了更加高效、准确的财务数据和财务信息。

（三）财务分析系统

事业单位的财务管理工作，通过人工智能系统可以将收集到的原始业务、财务数据同一时间分配到各自独立的系统模块中，这些独立的系统模块在独立的同时还彼此相互联系，系统通过对财务数据的反复验证和推算，可以建立起适应各自单位的专属财务分析系统。即便是事业单位的业务和财务数据发生细微的变化，智能财务系统也会进行详细的备案，并且通过财务分析系统给出不一样的结果。人工智能技术可以更加准确地识别财务管理中的问题，也能够有效应对财务风险，在有效的时间内规避风险或者给出规避风险和解除风险的最佳方案。

（四）模式识别系统

模式识别系统是利用人工智能技术把事业单位财务管理工作中的财务信息工作进行归

纳、分类和总结，从而对事业单位财务信息能够进行及时有效的分析、处理以及预警评估的一种自动化识别系统。就模式识别来讲，通常可以将其概括为四种不同的模式类型：

第一，统计模式识别系统，简单来说就是系统运用获得、分析处理以及归纳总结财务信息资源的方式，对信息资源进行对比分析最终作出判断和决策。

第二，结构模式识别系统，主要是基于信息资源的结构化，最大的特点是各个基元之间存在某种特定的结构关系，并且在特定的规则和语法逻辑功能下系统可以自动进行识别的一种基本识别系统，借此能够最大限度保证错误识别率的高效运行。

第三，多源信息融合模式识别系统，这是对一些烦琐的且难以理解的财务对象，通过专项信息数据传递到人工智能系统，系统可以根据财务数据信息有针对性地识别数据对象。多源信息融合技术模式识别系统在事业单位财务管理工作中有着重要影响力。

第四，粗糙模式识别系统，主要功能是利用已有的财务数据，通过将识别的财务数据对象与已知的财务数据进行对比，来识别财务数据中的不确定性描述，并对不确定的财务数据给出相应的处理方案。

（五）经营预测系统

经营预测系统是事业单位财务管理工作中不可或缺的一部分，在事业单位的生产、经营、发展的过程中起到非常重要的作用，尤其是在合理配置资金和资源两方面发挥着重要作用。事业单位在未来的发展规划中，务必要制定未来的财务管理规划以及目标，这是事业单位经营必不可少的一项工作，因此经营预测系统就凸显重要地位。在实施人工筛选基础上，通过借由财务系统的常规处理，能够有效地进行相关数据信息的高效、客观筛选。由于人工筛选数据存在一定局限性，且往往不可避免地带有个人主观性色彩，加上数据缺乏代表性和不够全面等劣势，因此得出的预测结论也就难以具备客观性，可行性也大打折扣。运用人工智能系统后，事业单位在制定发展规划时可以合理有效地运用人工智能技术对单位的业务和财务进行全面的数据统计、分析，在全部的数据融合分析后，通过多维度的系统检测和运算，综合分析判断得出经营预测的结论，这是对事业单位制定短期规划和长期规划的科学化预测，对事业单位的长期稳定发展产生深远的影响。

第三节　基于新会计制度的事业单位财务管理

新会计制度的实施初期，会给事业单位的财务管理工作带来一定程度的影响，但是随着事业单位财务管理工作的开展，会潜移默化地改变事业单位财务管理工作内容，让事业单位财务管理工作各方面得到相应提升，进而保证事业单位长期发展。所以，新会计制度在事业单位财务管理工作中的落实，作为财务管理工作人员不仅要对该制度有一个整体把握，还应将新制度和旧制度有效结合，才能提升事业单位财务管理工作成效，提高事业单位竞争力。

一、新会计制度实施背景与创新

（一）新会计制度实施背景

在党的十八届三中全会中，有关政府部门明确表示要对权责发生制政府综合财务报告制度进行相应建设，建立这类制度是为了让当代事业单位预算管理会计体系更为完整。制定权责发生制充分说明中国政府对会计经济事务方面非常重视，如果还使用收付实现制达到核算的目的，与当代政府会计核算制度的要求不相符。权责发生制的出现，是由于政府部门在会计经济事务中对《预算法》中的权责发生制进行初次使用，《政府会计准则——基本准则》也是中国政府部门建立的新规范，充分体现了中国财税体制的进一步改革，不仅能够保证事业单位财务管理的效果，还能提升工作质量。

（二）新会计制度创新

1. 重建政府会计核算模式

为了与时俱进，事业单位想要适应当代社会发展需求，对财务会计和预算会计工作进行深入改革，制定了政府会计核算体系，该体系互相分离、互相作用。从事业单位财务管理现状来看，事业单位会计核算模式分为三种，第一双功能，第二双基础，第三双报告，这样的模式使财务会计、预算和决算一起进步。在经济业务方面，事业单位会开展会计核算工作，将权责发生制作为切入点，将收付实现制作为预算会计核算的前提条件，可以说，会计核算基础也因为平行记账模式发生了极大的变化，给会计核算工作开展带来了一定的挑战性，同时提升了事业单位财务会计工作能力。

2. 科学界定会计要素核算模式

随着新会计制度的实施，事业单位会计核算模式也发生了改变，这种制度下核算模式变为“5+3”，对会计要素进行了新的调整。权责发生制是财务会计核算的前提条件，涉及多个方面的会计要求，第一部分为资产，第二部分为负债，第三部分为净资产，第四部分为收入，第五部分为费用，收付实现制依然是预算会计核算的前提，其中会计要素也分为多个部分，第一部分为预算收入，第二部分为预算支出，第三部分为预算结余。在新会计制度背景下，会计要素的界定和企业会计要素没有太大的差别，让事业单位经济业务扩大了发展范围，也细化了会计科目，新会计制度影响下的会计核算更符合当代社会发展要求，更利于事业单位进步。

3. 确立资产负债计量属性

以往的会计制度会将实际成本法作为资产计量工作的基础，资产计量属性过于简单。新会计制度却不同，它确立了会计主体，资产及负债计量方法可以使用多元化的计量方法，如历史成本法、限制计量方法、成本计量方法等，这些计量方法的运用，能够进一步保证资产负债金额的发展。事业单位也可以根据具体业务状况合理选择计量属性，不仅能够保证财务管理效果，也能提升工作效率。

4. 完善了政府财务报告体系

以往政府部门在落实年末编制会计报表过程中，财务报告制度以收付实现制为前提，这也对事业单位该年度的预算资金及收支开展情况进行了整体展现，却忽略了实施成本问题，这完全与当代的市场需求背道而驰。新会计制度却有其独有的优势，通过落实新会计制度，使事业单位会计核算模式得到改变，通过开展双报表模式，也就是财务报表以及预算报表。通过这两种类型报表的运用，可以从整体体现事业单位实施成本及预算运行状况。以往的《政府会计制度》是以各个部门形成制度，新会计制度是从整体角度而言，对其进行统一化管理。要求医院、高校、行政事业单位等均实施权责发生制，并且建立了公共财政体制改革核算等内容，进一步细化了科目设立，对财务补助结转结余等会计核算进行规范要求，这也对收支状况的展现更为真实，对于政府部门而言，让会计工作管理达到规范化要求。

二、新会计制度给事业单位财务管理带来的改变

（一）工资薪金方面的改变

新会计制度的实施，有效规范了工作人员的薪金核算内容，将应付职工薪酬内容设置在会计科目内容中，也取消了一些科目，如应付工资、应付福利等。将工作人员福利费根据工作总额14%计提比例也取消了，加入根据具体发生额列支，如果和税收规定不相符，需要合理调整纳税部分。通过落实新会计制度，从整体上体现了不同科目人员的工资成本信息内容，事业单位财务管理成本也体现了客观性、透明化。

（二）固定资产核算方面的改变

新会计制度的实施，很大程度改变了固定资产的内容，具体如下。首先，执行“通用

设备”；其次，有效细化了后续计量的要求内容，并将“累计折旧”内容加入财务报表内容；最后，调整了专用设备最低价值核算标准，规定值达到1500元。通过上述内容的改变，不仅规避了固定资产核算不清晰的状况，更规范了事业单位固定资产核算工作内容。

（三）财务报表方面的改变

财务报表，其实就是对财务信息进行精练，由于新会计制度的实施，也改变了财务报表内容，完善了财务报表的内容和体系。新会计制度将财务报表分为多个部分，如资产负债表、收入支出表等。通过改变财务报表的内容，不仅加强了会计核算水平，为管理者在执行相应决策时，提供了精准、有效的财务信息依据。

三、新会计制度下对事业单位财务管理短期和长期影响

（一）短期内提升财务管理难度

在实施新会计制度初始阶段，一定程度上改变了事业单位财务管理会计核算工作内容，给会计工作带来一定的挑战性，事业单位必须面对这一短期过程。在这个过程中也规范了财务管理内容，而且规范要求达到一个新的高度，财务管理人员在开展财务会计、预算会计工作时，需要在这一时间段实行双分录和平行记账模式，核算工作更有难度，这无疑对财务工作人员的工作能力和工作素养有着极高的要求，因此，事业单位应改变财务管理工作人员的一些工作行为以及工作理念，加强工作人员的综合素养，让其积极学习，将新会计制度落实到实际工作中。

（二）长期实行提升财务管理水平

1. 加强了不同类型经济活动规范力度

事业单位应制定和落实财务管理制度。不同类型的收支、采购等业务必须符合制度的规范内容。规范化管理的落实离不开财务工作人员，事业单位应制定外部监测评估机制，让财务工作人员的工作能够顺利开展，才能规范事业单位不同类型的经济活动。以往的《政府会计制度》导致事业单位披露会计信息不积极。新会计制度却不同，针对事业单位会计信息披露内容进行严格规范，必须将单位会计信息及时反馈给公众，通过公开途径使公众了解事业单位资金运用状况，充分发挥公众的监督作用，才能让事业单位资金利用更加真实化、透明化。

2. 完善事业单位预算管理制度

从事业单位的角度来讲，预算管理水平及财务管理质量两者之间不是独立的，具有密切的关联性。随着新会计制度的实施，通过落实权责发生制，明确规定了事业单位财务管理信息的精确度。新会计制度从整体上推动了事业单位财务管理工作发展，使审核评价更具有实效性。新会计制度也让事业单位财务数据更为准确，这对完善事业单位预算管理制度具有十分重要的意义，更加强了事业单位预算管理能力。

3. 事业单位资产配置更为合理

以往的会计制度针对财务管理工作方面，没有规范资产折旧摊销内容，造成事业单位资产配置非常不科学，资产使用率大大降低。事业单位资产价值和使用状况缺乏真实性，而且有些资产价值虚增情况时常发生。所以，新会计制度的落实，将固定资产折旧、无形资产摊销等内容渗入，才能真实体现事业单位资产实际状况。

4. 健全财务管理体系

新会计制度明确规定，必须健全事业单位财务体系，使财务活动符合规范要求，事业单位需要将财政资产使用状况实时披露，必须真实、透明，进而体现群众的监督作用，事业单位才能合理使用财政资金。所以，新会计制度让会计管理体系更加完整，事业财务管理越来越规范化[①]。

四、新会计制度下事业单位财务管理现状

（一）制度建设落实不到位

虽然事业单位实施了新会计制度，但是在实际管理中执行不到位。由于新会计制度和事业单位会计准则内容有着极大的不同，事业单位颁布《事业单位会计准则》时，并没有将新会计制度内容作为基础，只是继续使用以往的制度内容，造成新会计制度在实际落实中效果不理想，进而失去了新会计制度的存在价值。

（二）国有资产管理缺乏规范性

资产的使用率和事业单位的发展之间有着不可分割的关系。新会计制度明确要求了固定资产折旧及无形资产摊销内容，但是很多事业单位依然使用旧制度，对于“累计折旧、累积摊销”会计科目内容也没有进行渗入。另外，一些事业单位缺乏固定资产管理意识，

① 王茜. 关于《政府会计准则——基本准则》实施后加强行政事业单位财务管理的思考 [J]. 财会学习，2016（21）：65+67.

忽视管理，重视采购情况问题较为突出，无疑让固定资产的作用被忽视，浪费资产现象严重。

（三）需加强财务人员能力

事业单位和企业不同，前者主要为公益性和服务性，因此，事业单位人事管理不严谨，事业单位的资金来源主要为财政拨款，单位内部没有竞争意识，工作人员也缺乏业务意识，不能主动学习，无疑导致事业单位会计工作无法进步和发展。

（四）会计报表体系不健全

在事业单位财务管理中，财务会计报表是不可缺少的一部分，财务会计报表能够将单位内部财务运行情况向公众透明展现，为事业单位管理者进行管理决策提供有效的信息依据。社会的发展对事业单位的工作内容也有着极高的要求，随着建立事业单位会计信息公示制度后，事业单位对内部财务会计报表编制工作也更加重视，并且实施了权责发生制。但是从工作现状来看，部分事业单位建设会计报表体系不健全，会计信息编制处理工作也缺乏完善性，财务显示不清晰问题非常突出，无疑造成事业单位财务会计报表不能作为参考信息，使会计报表失去了应有的价值意义。

（五）会计核算工作存在缺陷

随着新会计制度的执行，事业单位内部会计核算工作出现很多的缺陷和不足，对事业单位会计核算工作效率带来直接的影响，会计信息也缺乏完整性。和以往的会计制度对比来讲，新会计制度对财务会计核算工作内容进行了较大改变，部分事业单位在开展会计核算工作时，并没有将新会计制度内容有效执行，造成事业单位内部会计核算规范和核算目标不清晰。另外，由于财务会计工作人员专业能力较差，缺乏良好的素养，对新会计制度内容不能全面掌握和正确认识，在工作中依然使用旧的制度办公，不仅让会计核算操作缺乏规范性，也导致事业单位会计核算结果不达标。

五、新会计制度下提升事业单位财务管理策略

（一）完善财务管理制度

事业单位应将新会计制度作为基础有效开展财务管理工作，根据单位的具体状况合理完善有关制度，其中有财务、资产等管理内容，政府采买等制度规范，才能将新会计制度落实到实际工作中。

（二）全面清理资产负债

为了有效落实新会计制度，应在执行前全面清理资产负债，对资产的实际状况进行盘点，防止事业单位出现资产账目不实的情况，使国家资产大肆浪费。事业单位资产管理中存在很多的历史性问题，未有效处理报废固定资产，到了时间没有立即报废，收付款挂账时长、延迟等问题较多，无疑影响新会计制度的顺利落实。所以，事业单位应将新会计制度作为工作前提，将固定资产折旧、无形资产推销内容全面落实，对各个类型的资产进行分类等，更利于以后折旧摊销工作的有序开展。

（三）加强人员业务水平

由于旧的会计制度和新会计制度有着很大的差异性，随着新会计制度的落实，会对财务管理工作带来极大的改变。财务工作人员必须提升财务能力，定期开展有关业务培训，积极参加专家讲座，与相邻的事业单位建立良好的互动关系，这样才能提升财务工作人员的学习意识，让财务工作人员工作更热情，让新会计制度的执行更加顺利。另外，必须重视建设事业单位财务团队，以财务工作人员的专业水平为前提，为其安排适合的工作岗位，针对财务工作人员工作的不同，开展相应的培训活动，对单位人才进行有效管理。事业单位需要灵活运用用人体系，以社会招聘等为基础，对人才开展财务管理知识培训，让事业单位财务管理更有效率[①]。

（四）强化信息化技术应用

信息技术的发展和应用，对各个行业领域带来巨大的影响，事业单位建设发展也一样，事业单位应充分运用互联网信息化技术，建立健全财务管理系统，使会计工作的作用得到充分展现，才能进一步提升事业单位财务会计管理能力。事业单位财务管理部门应合理运用信息化技术，让会计制度改革真正落实，让各个部门之间能够通过信息交流、共享信息建立良好关系，才能加强财务管理工作成效。另外，事业单位应将信息化技术充分运用到会计改革工作中，要求财务会计工作人员必须掌握和落实信息化技术，对会计有关数据信息有一个全面认识，对每项财务数据信息进行统一整理和归类，具有价值的会计数据信息应使用信息化技术对其进行保存，防止因工作人员工作失误，造成会计核算出现问题，给事业单位财务工作造成一定的影响[②]。

---

① 王京京，屈昊，朱琳，等．政府会计准则：基本准则的实施对科研事业单位财务管理的影响 [J]. 农业科研经济管理，2017（2）：6-8+12.

② 贾授权．政府会计制度改革对事业单位财务管理的影响 [J]. 中小企业管理与科技（下旬刊），2021（4）：82-83.

（五）严格会计核算管理

新会计制度的产生是为了顺应市场需求，最终目的是对事业单位财务管理现状进行调整和改革。所以，事业单位必须有效落实新会计制度的每项内容，根据新会计制度内容将会计核算涉及的工作合理调整。事业单位必须对财务管理工作人员的专业水平、知识能力等方面加强培训，还需要将新会计制度明确要求的会计核算目标、作用等全面贯彻，使财务工作人员对新会计制度有一个正确认识，才能保证事业单位会计核算工作效率[①]。

（六）创新财务管理意识

事业单位财政资金的来源和其他企业不同，以国家财政部门支持为主，因而，有些事业单位只重视拨款资金到账时间以及资金额度，忽视了财政资金的管理重要性，造成一些项目涉及大的资金时，财务部门的监督权没有得到有效体现。对于这样的问题，财务部门应以新会计制度为依据，针对财务资金使用状况实施会计核算工作[②]。从中国发展现状来看，事业单位依赖国家财政部门资金支持是不能得到发展和进步的。作为事业单位，应以自身发展需求为基础，根据政府法规要求，对资金筹集途径进行不断扩展，才能有效落实资源配置工作。

第四节　基于科学化与精细化的事业单位财务管理

财政资金可以规范单位财务管理体系，提高财务会计核算水平和财务工作质量，同时财政资金直接关系着单位的运转管理工作效率，在事业单位发展管理的资金来源中占据着较大比例。然而，当前不少单位在财务管理方面，仍然沿用传统的财务管理模式，财务管理制度机制不够健全，财务管理手段落后，影响了财务管理职能的发挥。因此，相关单位需要完善财务管理体系，改进财务管理工作模式与工作措施，推进财务管理科学化、精细化。

一、事业单位财务管理科学化、精细化的内涵和特点概述

对于事业单位来说，推动财务管理科学化、精细化，主要是结合单位自身实际特点与发展需求等，优化单位内部财务管理体系，并建立符合财政管理和事业单位改革的财务管

① 罗旭．新会计制度下我国事业单位财务管理存在的问题和对策研究 [J]. 财会学习，2021（2）：33-34.

② 刘敬赏．新会计制度对事业单位财务管理的影响 [J]. 今日财富，2019（10）：119-120.

理制度，提高单位财务管理的标准化、规范化水平，进而确保单位职能的正常发挥。财务科学化、精细化的实质是在单位内部财务管理过程中，细化财务管理制度体系和财务工作流程，以此实现财务管理的精益化①。

事业单位财务管理有着明显的机构职能属性特点，主要集中在以下几个方面：

首先，预算管理占据主导地位。事业单位的公用属性决定了财务管理需要严格执行国家财政管理规定，如单位的各项财务收支需统一纳入财政部门预算之中进行统筹管理，由单位按照规定程序进行预算申报。预算计划需要经过财政部门审核批准，单位内部的各项经济活动和财务活动需要以预算计划为执行依据，因而预算计划是单位财务管理的重要主导，也是单位财务管理的核心内容。

其次，明显的成本导向性。作为非营利组织，虽然事业单位的资金来源渠道具有多元化特点，但其公益属性决定了单位的财务管理职能主要是服务于单位公共职能的履行。因此，在财务管理目标上有明显的成本导向性特点。

最后，烦琐复杂。事业单位涉及行业和领域较为广泛，不同的单位由于自身公共管理与公共服务职能不同，在业务活动特点上也有着较大的区别。在财务活动开展过程中，事业单位需要综合考虑行业领域的财务管理规章制度要求、职能要求及收支情况等，制定完善的财务管理策略，因而财务管理工作整体上相对较为复杂。

二、当前事业单位财务管理存在的问题

（一）财务管理组织架构体系不够健全

一些事业单位在内部管理活动中，没有充分重视财务管理工作。事业单位内部的财务管理组织机构设置还不够完善，不少单位都没有单独设立财务科室，往往由单位内部的综合科室承担财务管理工作，使得财务工作职能仅停留在简单的会计核算和出纳管理方面，无法与单位的业务活动之间形成有效融合。同时，一些事业单位的财务管理岗位职责分工不够明确，也没有开展专业系统的教育培训，导致单位内部财务工作人员的专业能力不足，影响了财务管理工作的质量和效果。

（二）预算管理体系存在薄弱环节

当前，不少单位的预算管理不够系统科学，预算编制内容覆盖不够全面，预算的编制方法不够科学，也没有结合单位的发展、业务活动及经济管理的实际需要，导致预算计划与预算执行之间出现偏离，预算计划难以得到有效落实。在预算具体执行过程中，还存在

① 朱莉菲．谈行政事业单位财务管理内部控制的现状及建议 [J]. 财会学习，2022（10）：143-145.

着预算执行乏力的问题，如预算支出没有严格按照单位预算项目进度执行，预算资金支出审批不够严格，有的随意扩大资金支出金额[①]。

（三）财务内控体系不够健全完善

目前，部分事业单位财务内控制度机制不够健全，在具体的管理过程中还没有建立一整套系统的规范和约束制度，导致岗位分离制度和授权审批控制执行不力、资金使用和资产清查等制度机制不够健全，影响了财务内控工作力度。同时，在财务内控体系中，部分事业单位缺乏有效的财务监督管理机制，如单位内部审计工作执行落实不到位，难以及时发现财务管理薄弱环节，难以及时解决影响内控有效性的问题，影响了财务工作的规范化水平。

（四）财务管理手段方式落后

目前，不少事业单位财务管理信息系统建设较为落后，财务管理系统与业务系统、办公系统之间还没有形成有效对接，导致财务信息系统无法及时共享单位业务活动和经济活动过程中的各类数据信息。另外，部分事业单位在财务管理的各项基础工作方面还存在着较多不足，如财务管理信息系统中业务流程整合不完善，对预算会计和财务会计并行下的财务会计核算处理不够细致。

三、提高事业单位财务管理科学化、精细化的具体策略

（一）提高单位财务管理科学化、精细化水平

首先，应进一步增强单位管理层的财务科学化、精细化意识，并结合经济活动和业务管理实际情况，健全财务工作机构，明确单位财务机构的工作职责。另外，应严格按照财务管理规章制度要求，规范单位内部财务工作，并做好日常经济业务的会计核算，规范财务审批活动，统筹推动预算执行管理与资产债务管理等工作正常开展。同时，还应该结合财务工作机构职责，细化单位财务管理工作内容，突出财务工作重点，优化财务工作流程，从而为财务管理科学化、精细化提供良好基础。

其次，应针对财务会计制度、财经法律法规、财政审计税务等方面进行系统专业教育，并结合财务会计管理工作要求新变化，组织开展专项业务学习培训，提升单位财务工作人员专业能力和职业素养，以确保单位财务人员可以熟悉各项财务工作业务[②]。

---

① 李莉．新形势下事业单位财务管理创新研究 [J]. 财经界，2021（11）：130-131.

② 施培忠．新预算法对行政事业单位财务管理的影响分析 [J]. 财会学习，2022（36）：81-82.

（二）革新事业单位财务管理模式

对于事业单位财务管理来说，要想实现财务管理工作科学化、精细化程度的提升，就应该按照《新预算法》和《事业单位财务规则》等政策文件相关要求，结合单位的实际情况，细化财务管理具体措施。具体来说，要重点对事业单位的负债管理、资产管理、记账管理、预决算管理、资金管理等多方面内容进行系统改进和完善。在单位财务管理的改进过程中，还应该将预算法与财务规则各项具体要求进行有机融合，进一步完善单位财务会计工作制度。例如，建立完善的单位财务风险预警管理体系，将单位的债务收入等纳入预算管理之中；以权责发生制和收付实现制来完善单位记账方法，进一步规范单位决算的编制审核；加强对资金结转、结余及专项基金的使用管理，以提高单位财务管理的规范化水平。同时，还应该根据事业单位改革发展方向和财务管理具体要求，构建事业单位财务分析指标体系，并细致全面地披露单位的经济活动相关情况，有效防范单位财政资金出现投入效率较低与资金浪费等一系列问题，进一步提升财务管理科学化精细化水平[①]。

（三）改进单位预算管理工作

首先，在预算编制方面，事业单位应该由财务部门根据业务活动实际需要来测算分析预算计划，并结合各个业务部门目标计划，评估分析预算需求的合理性和可行性，做好各个职能部门预算需求的事前预测。同时，应根据不同的预算项目，采取零基预算、滚动预算、弹性预算、增量预算等不同的预算编制方式，尽可能地细化预算项目，提高预算编制的精细化程度。

其次，应该加强对预算执行过程的监督管理，严格按照预算计划进行资金开支，确保资金支出的范围、标准等符合预算规定，并定期总结预算的具体执行情况，以确保预算管理目标的顺利实现。

最后，还应该根据单位预算管理实际来开展预决算数据对比，准确把握单位预算编制和执行情况等，从而针对性地改进预算管理策略，提高单位预算管理的整体水平。

（四）规范会计核算工作体系

会计核算在财务管理中有着非常重要的作用。事业单位的财务会计核算应该严格按照收支两条线的管理规定，规范经费开支的报销程序等，明确费用具体的开支标准、审批权限等内容。例如，对于通过财政拨款渠道所获得的收入，应该按时提交用款计划，并及时登记入账；对于单位的各种非税收入，则应严格规范收入流程。另外，要优化费用管理流

① 秦彩凤．“双体系”下行政事业单位财务管理体系研究 [J]. 财会学习，2022（11）：11-14.

程，强化对报销申请的财务审核和审批管理，确保各项凭证填写符合规定流程。在单位会计核算管理方面，还应该按照政府会计制度的相关要求，做好双分录记账管理，并按照实际支出来源的不同和真实的科目，完善会计档案管理，提高单位会计核算水平。

（五）突出财务管控的重点内容

事业单位开展财务管理工作应该紧盯薄弱环节，突出财务管理重点。

首先，应该建立完善的货币资金管理制度，及时登记和定期核对库存现金、内部现金及银行存款日记账等，确保账实一致，并注重单位内部财务印章管理，严格执行印鉴分管制度。

其次，应该建立健全国有资产管理制度，形成集资产管理监督、审计、清查核算于一体的资产管理体系，并规范资产购置、维护、使用、处置等环节，从而避免出现资金或者资产闲置浪费的问题。

再次，应该建立完善采购管理工作制度，区分政府集中采购和自行采购，规范采购验收环节，以提高采购资金使用效益。

最后，应结合单位业务活动的实际情况，建立经济合同管理制度，规范合同的范本制定、订立履行、合同归档、纠纷处理等相应的业务流程，进一步细化完善合同授权审批程序，加强对合同内容的审查认定，以确保合同的效力。

（六）完善单位财务管理信息系统

在财务管理中，事业单位应该按照业财融合理念，将财务管理信息系统从传统的以财务会计核算为主的信息化管理模式，向财务会计核算、资产管理、预算控制、内部控制等全流程管理延伸，以此实现单位内部经济业务活动数据实时共享，提高信息数据的采集效率，并加大挖掘深度。在构建财务管理信息系统方面，应该建立单位内部信息沟通机制，优化财务数据信息的归集、整理、加工、分析、传递等流程，确保信息数据在单位管理层和职能科室之间流动。

另外，单位财务管理信息系统应该涵盖财务会计、管理会计、税务服务、报账服务、财资管理、绩效管理、电子会计档案、财务共享服务等一系列内容，以实现单位财务管理的智能化。同时，应将单位财务管理信息系统与财政管理、国库核算等系统进行对接，以确保财务管理信息系统覆盖单位财务工作的全过程[①]。

① 苏月琴.强化管理会计应用提高行政事业单位财务管理水平——基于新政府会计制度[J].中国管理信息化，2021，24（11）：26-27.

（七）加强单位财务内控体系建设

健全完善的财务内控体系，是确保单位财务管理活动规范高效的重要基础，也是提高财务管理科学化精细化的重要内容[①]。

首先，在财务内控体系的具体执行方面，应该在内部营造良好的财务内控环境，确保财务内控活动范围覆盖经济活动和业务流程，并动员单位内部各个职能科室共同参与财务内控管理，从而在内部营造良好的财务内控工作氛围。

其次，应该结合单位经济活动和业务活动的实际特点，系统地梳理单位管理过程中的各类风险，并针对单位内部的重大经济决策、预算资金管理、财务会计核算、资产资源管理、业务活动管理等建立完善的内部控制管理制度，以提高单位财务管理的科学化、精细化水平[②]。

最后，应该对单位财务活动和经济活动的规范性、决策程序的合规性、预算执行的有效性、收支管理和资产管理的规范性等具体的经济事项进行监督，并采取引进第三方评估、行业监督、政府主管部门监督等多种方式，构建全方位的审计监督工作体系，解决财务管理方面出现的各类问题，以促进单位财务管理水平的整体提升。

① 刘肖玲.《政府会计制度》下加强行政事业单位财务管理的探讨 [J]. 当代会计，2019（18）：59-60.

② 张明阳. 信息化环境下事业单位财务管理模式的问题分析与建议：读王盛《财务管理信息化研究》的思考 [J]. 学术评论，2021（6）：86-92.

参考文献

[1]滕玉成，于萍.公共部门人力资源管理[M].上海：复旦大学出版社，2018.

[2]章小波.公共部门人力资源管理[M].广州：广东人民出版社，2017.

[3]谭融.公共部门人力资源管理（第3版）[M].天津：天津大学出版社，2017.

[4]宋晓梅，吕瑛副.公共部门人力资源管理案例分析[M].呼和浩特：内蒙古大学出版社，2016.

[5]唐志红.人力资源招聘·培训·考核（第3版）[M].北京：首都经济贸易大学出版社，2017.

[6]缪匡华.行政事业单位财务管理[M].北京：清华大学出版社，2013.

[7]骆雪娇.行政事业单位绩效考核管理工作研究[M].北京：经济日报出版社，2019.

[8]蔡文.公共部门人力资源管理[M].上海：复旦大学出版社，2017.

[9]倪星，谢志平.公共部门人力资源管理[M].沈阳：东北财经大学出版社，2015.

[10]宁宁.公共人力资源与政府绩效管理优化[M].长春：吉林人民出版社，2021.

[11]杨艳东.公共部门人力资源管理[M].开封：河南大学出版社，2013.

[12]张强，吴克昌.公共部门人力资源管理[M].武汉：华中科技大学出版社，2013.

[13]廉茵.公共部门人力资源管理（第2版）[M].北京：对外经济贸易大学出版社，2013.

[14]王庄.科研事业单位人事管理问题及对策探究[J].科技创业月刊，2022，35（02）：109-111.

[15]刘瑞雪.加强事业单位人事管理信息化建设的要点分析[J].办公自动化，2022，27（11）：18-20.

[16]谭树磊.基于人工智能的事业单位财务管理研究[J].中国总会计师，2022，228（07）：152-154.

[17]贾明宝.新会计制度改革背景下的事业单位财务管理策略[J].商业观察，2022，146（16）：67-70.

[18]陈丽娟.事业单位财务管理科学化与精细化研究[J].投资与创业，2022，33（16）：106-108.

[19]黄劲峰.事业单位人力资源管理与财务管理协同发展分析[J].黑龙江人力资源和社会保障，2022，478（14）：110-112.

[20]迟庆文."互联网+"时代下的事业单位人力资源管理创新趋势探讨[J].市场周刊·理论版，2022（5）：167-170.

[21]施培忠.新预算法对行政事业单位财务管理的影响分析[J].财会学习，2022（36）：81-82.

[22]秦彩凤."双体系"下行政事业单位财务管理体系研究[J].财会学习，2022（11）：11-14.

[23]廖小霞.大数据时代下事业单位财务管理的创新路径探索[J].财会学习，2021，299（18）：44-45.

[24]李娟.事业单位工作人员培训与开发中存在的问题及对策探讨[J].商讯，2021，231（05）：181-182.

[25]苏月琴.强化管理会计应用提高行政事业单位财务管理水平：基于新政府会计制度[J].中国管理信息化，2021，24（11）：26-27.

[26]肖昌竹.事业单位人力资源管理与财务管理的协同效应研究[J].行政事业资产与财务，2021（24）：2.

[27]段雪.大数据时代下企业人力资源管理与财务管理协同发展分析[J].中国集体经济，2021（18）：2.

[28]贾鹏鹏.加强事业单位人事管理信息化建设的要点分析[J].中小企业管理与科技（下旬刊），2021（11）：1-3.

[29]袁得杰. 事业单位人事管理的问题分析和对策[J]. 信息周刊，2020（12）：1.

[30]方凌.事业单位人事管理制度改革[J].人力资源，2020，473（20）：34-35.

[31]宋平.事业单位人事档案管理的必要性及策略[J].办公室业务，2019（24）：175.

[32]窦宗香.论基层事业单位人事管理的信息化建设[J].中外企业家，2019（08）：71-72.

[33]向丹.浅谈事业单位人力资源管理信息化建设模式[C].//北京大学经济管理学院."决策论坛——管理决策模式应用与分析学术研讨会"论文集（上）.武汉：决策与信息，2016：1.

[34]姜毅.文化事业单位人事管理浅析[J].办公室业务，2014，200（15）：15-16.